Elfie Horak

Und sie gehören doch zusammen!

Elfie Horak

Und sie gehören doch zusammen!

Vom Haben zum Sein in der Partnerschaft

© 1999 by Elfi Horak
Alle Rechte: Elfie Horak, Hamburg 1999
Grafik: Carola Marcus, Hamburg
Umschlaggestaltung: Peter-Andreas Hassiepen, München
Herstellung: Books on Demand GmbH, Norderstedt
Printed in Germany

Zu beziehen: Im Buchhandel über Libri, oder
über Internet: http://www.amazon.de

ISBN 3-9806024-0-0

Inhalt

1 Das Wichtigste 9
2 Zusammenfassung 15

Erster Teil
Mann und Frau

3 Claudia 23
Tatkräftige Männer haben Frauen, denen viel einfällt
Zu müden Männern fällt Frauen nichts mehr ein 26

Die Tatkraft des Mannes erzeugt Werte
Die Gedankenkraft der Frau erzeugt Energie 33

4 Sony 38
Der Geist der Frau ist für den Mann anstrengend 41

5 Ralph 48
Ein Mann trägt Verantwortung für die Frau
Eine Frau trägt Verantwortung für den Mann 49

6 Tanja & Ralph 54
Güter machen starr
Geist macht lebendig 56

7 Alexandra 60
Ein Mann hat Spaß Gas zu geben
Eine Frau hat Spaß zu steuern 63

8 Bettina 65
Mann und Frau werden eins 67

9 Rainer 72
    Richtige Kerle können Frauen tragen, oder:
    Der Sprung in die Männlichkeit 78

10 Rainer & Victoria 88
    Richtige Frauen können Männer verwöhnen, oder:
    Das Wagnis der Weiblichkeit 91
    Ist der Mann erfolgreich, so trägt die Frau die Last
    seines Erfolges 98

11 Jan & Bettina 111
    Eine große Liebe ist schwer auszuhalten 114

12 Tanja 119
    Ein Mann soll die Frau erobern 121
    Der Wunsch des Mannes ist die Unerträglichkeit
    der Frau
    Der Wunsch der Frau ist die Unerträglichkeit des
    Mannes 125

13 Tanja & Marc 130
    Ein Mann wünscht sich eine Mutter
    Eine Frau wünscht sich den Vater 133

14 Ralph & Ellen 136
    Blüten ohne Baum vertrocknen 139
    Beide müssen wachsen, dann kommt jeder ungeschoren
    weiter 152

15 Paula 157
    Schönheit erzeugt Energie 159

16 Linda 163
    Schöne Frauen machen Männer mächtig
    Mächtige Männer machen Frauen schön 167

17 Andy & Gabi 170
    Der Mann erlebt
    Die Frau lebt 174

18 Sony & Michael 180
    Frauen regieren die Welt, dazu brauchen sie Männer, die
    die Arbeit machen 185

19 Das Kleid der Königin 192
    Und sie lebten glücklich und zufrieden bis an ihr Lebens
    ende, oder:
    Der Königsweg der Ehe 194

20 Jenny 200
    Ein Mann will Sex
    Eine Frau will Liebe 203
    Große Jungs machen Frauen müde
    Powermädchen machen Männer schlapp 222

Zweiter Teil

Welt und Mensch

21 Bill & Paula (1) 241
    Wer hoch hinaus will, von dem wird viel verlangt 247

22 Bill & Paula (2) 249
    Liebe gibt Energie 252

23 Julie 255
    Glück ist harte Arbeit 258

24 Jenny & Adrian (1) 262
    Wer austeilt muß einstecken können 266

25 Jenny & Adrian (2) 268
    Die Welt der Frau ist der Mann
    Die Welt des Mannes ist die Welt 272

26 Das Energiegesetz 277

1

Das Wichtigste

Wenn Sie einige Seiten dieses Buches gelesen haben, können Sie den Eindruck gewinnen, es schicke uns wieder zurück in die Vergangenheit. Sätze wie: Der Mann ist der Ernährer und sie steht am Herd, oder der Mann regiert die Welt und die Frau den Mann, passen in die heutige Zeit nicht hinein. Was ist der Sinn eines solchen, man könnte meinen, rückwärtsgewandten Buches?

Der erste Eindruck trügt. Dieses Buch ist gerade heute hoch aktuell, denn es gibt Orientierung. Nicht an der Vergangenheit, sondern an natürlichen Gesetzen. Es zeigt, welche Gesetze beachtet werden müssen, damit eine Ehe glücklich wird.

Was ist mit natürlichen Gesetzen gemeint? Wir alle müssen im Leben zwei Instanzen gerecht werden. Zum einen, den Anforderungen unserer Gesellschaft. Wir müssen arbeiten, Miete bezahlen oder juristische Gesetze beachten.

Zum anderen gibt es eine ganz andere Instanz, die wir genauso beachten sollten: Die natürlichen Gesetze, das Pochen unserer Natur. Darauf sollten wir hören, damit unser Leben sich entfalten kann. Wir müssen essen, schlafen, brauchen Liebe und Wärme. Das lernen wir bereits als Kind.

Später finden wir heraus, was uns gut tut, machen Erfahrungen mit der Sexualität und müssen die Umbrüche so mancher Entwicklungsstufen meistern. Unsere Natur folgt Gesetzen, nach denen wir uns richten sollten, damit es uns gut geht.

Auch in einer Partnerschaft wirken natürliche Gesetzmäßigkeiten. Davon handelt dieses Buch. Sie steuern, ob wir uns voller Energie oder kraftlos fühlen, ob wir voller Lebensfreude oder niedergedrückt sind, ob unsere Partnerschaft uns bereichert oder scheitert. Das Wissen um diese Gesetze ist uns heute verloren gegangen. Genauso wie wir Maßnahmen treffen sollten, um unseren Körper lebendig und fit zu halten, verlangt auch unsere Partnerschaft bestimmte Verhaltensweisen, damit wir glücklich miteinander sind.

Wer die Gesetze der Partnerschaft kennt, weiß was zu tun ist. Nur so einfach, wie es sich hier anhören mag, ist es leider doch nicht. Die Schwierigkeit ist, neben den natürlichen Gesetzen, auch den äußeren, von der Gesellschaft diktierten Anforderungen gerecht zu werden.

Heute leben wir in einer Zeit, in der es bereits schwierig ist, das grundlegendste Gesetz der Ehe zu beherzigen, nämlich das Gesetz der Polarität. Damit Mann und Frau sich wohl fühlen, so verlangt es unsere Natur, sollte ein Mann sich männlich und eine Frau sich weiblich verhalten. Beide sollten sich unterscheiden und Pole bilden. Der Unterschied zwischen beiden ist wichtig, denn erst aus der Differenz entsteht Spannung und Anziehung, die Basis für Erotik, Liebe und Sex.

In unserer Gesellschaft hingegen gilt heute die Gleichstellung. Sie zwingt viele Frauen dazu, den gleichen Leistungsanforderungen zu genügen, wie ihre männlichen Kollegen. Gleiches Verhalten gleicht Mann und Frau einander an. Dies ist ein Missachten des Gesetzes der Polarität und führt zu erheblichen Konsequenzen.

Mit dem Verschwinden des Unterschieds zwischen Mann und Frau, verschwindet auch die Anziehung und die erotische Liebe, die gerade auf diesem Unterschied beruht. Wir beobachten heute eine Tendenz zu brüchigen Partnerschaften, immer mehr Singles, Einsamkeit, Verrohung und immer weniger Lust auf Sex. Die Differenz zwischen Mann und Frau gehört zu den Grundbausteinen jeder glücklichen Partnerschaft und stabilen Gesellschaft. Sie ist die Basis für Antrieb und Lebensfreude.

Die Meisten von uns haben keine andere Wahl. Wirtschaftliche Notwendigkeiten, die hohen Scheidungszahlen, das Risiko des Widereinstiegs im Beruf und die geringe Anerkennung weiblicher Werte zwingen viele Frauen dazu, ihren Mann zu stehen, auch wenn die Natur etwas anderes von uns fordert.

Damit mehr Partnerschaften wieder stabil und glücklich werden, wäre es wichtig, dass die Gesellschaft auf die natürlichen Gesetze mehr Rücksicht nimmt. Aber dafür müssen wir sie erst kennen. Mit diesem Buch möchte ich Ihnen meine Kenntnisse über die Natur von Mann und Frau und die natürlichen Prozesse, die in jeder Partnerschaft ablaufen weiterreichen.

Jetzt werden Sie vielleicht fragen: Warum werden diese Zusammenhänge nicht schon in der Schule gelehrt? Es kann aber auch sein, dass Sie sagen: Unsinn! Wer sagt denn, dass das alles stimmt? Warum soll eine Frau ihre Weiblichkeit verlieren, wenn sie leistungsorientiert arbeitet? Und warum soll es keine erotische Liebe zwischen zwei Menschen geben, die sich gleichen? Ich sehe diese Zusammenhänge nicht ein.

Die Schwierigkeit ist, dass die Gesetze unserer Natur uns nicht auf Anhieb einsichtig sind. Als Kind sehen wir die grundlegendsten Lebensnotwendigkeiten nicht ein. Zum Beispiel genügend zu essen, nicht so viel Schokolade oder rechtzeitig schlafen zu gehen. Erst ganz allmählich lernen wir auf die Erfordernisse unserer Natur zu hören. Häufig erst durch schlechte Erfahrungen. Auch wenn wir Erwachsen sind gehen diese Lektionen weiter, unser Leben lang. Ob wir wollen oder nicht, wir werden uns selbst immer bewusster. Es ist so, als sähen wir unser Leben zunächst durch eine dunkel getönte Brille. Unser Schicksal sorgt dafür, dass diese Brille immer heller wird und wir mit der Zeit einen immer besseren Durchblick haben. So soll es sein. Das Leben vollständig zu erkennen, sich allem bewusst sein, wird uns nie gelingen, denn das hieße, den göttlichen Plan zu durchschauen. Wir können aber sehr wohl immer mehr Licht ins Dunkle bringen.

Beim Thema Partnerschaft blickt heute kaum noch jemand durch. Darum stockt Ihnen vermutlich der Atem, wenn Sie Sätze lesen wie: 'Der Mann verdient das Geld und sie gibt es aus', und Sie werden spontan meinen: Das ist doch falsch! Klar, auf unsere heutige Gesellschaftsordnung bezogen haben Sie vermutlich Recht. Welche Frau kann sich heute noch auf den Mann als Ernährer verlassen? Mit hoher Wahrscheinlichkeit brächte es ihr wirtschaftliche Nachteile und düstere Aussichten für die Zukunft. Solche Aussagen sind daher auch nicht als Handlungsanweisung gemeint, sondern sollen Sie primär auf eine dahinterliegende Wahrheit aufmerksam machen. Sie sind mögliche Ausdrucksformen der von allen Moden und Zeitströmungen unabhängigen Gesetze unserer Natur. Da die Normen unserer Gesellschaft einigen dieser natürlichen Gesetze entgegenstehen, ist es nicht für jeden ratsam, sich entsprechend der Gesetze unserer Natur zu verhalten.

Wenn Sie dieses Buch nicht nur flüchtig lesen, so können Sie feststellen, dass sämtliche Aussagen einen gemeinsamen Nenner haben. Dieser gemeinsame Nenner ist die polare psychische Dynamik jedes Menschen. Es ist ein Ablauf ähnlich wie das Atmen. Wenn wir ihn nicht stören, so versorgt er uns in einem pulsierenden Rhythmus mit Energie. Dieser psychische Atemrhythmus ist der Schlüssel zum Verständnis von Partnerschaften.

Im Laufe meiner psychotherapeutischen Tätigkeit fiel mir auf, dass in jeder Paarbeziehung eine gemeinsame Entwicklung einsetzt. Das psychische Atmen, das jeder als Single allein absolvieren muss, will sich in einer Partnerschaft auf beide aufteilen. Der Mann gewinnt die Kraft für beide einzuatmen, die Frau wird befähigt für beide auszuatmen. Auf beide wirkt in einer Beziehung ein Druck, der jeden auf seine Seite drängen will. Diese Entwicklung macht jeden auf den anderen angewiesen und bindet beide zusammen. Heute machen viele Paare den Fehler und wollen oder können diesem Druck nicht nachgeben. Beide wollen verkürzt gesagt einatmen, also den männlichen Pol besetzen. Mit dieser Strategie kann eine Beziehung höchstens ein paar Jahre ganz zufrieden stellend verlaufen. Irgendwann steht jedes Paar vor der Wahl, die Strategie zu ändern, unglücklich oder krank zu werden oder sich zu trennen.

Nachdem ich diese psychische Dynamik der Partnerschaft verstanden hatte, habe ich sie in manchen Werken klassischer Literatur wieder gefunden. Unter anderem in der Bibel. Im Sündenfall oder in der Geschichte von Jakob und Esau erkenne ich eine Abbildung genau dieser psychischen Struktur. Auch die griechischen Mythologien sind eine Fundgrube für Hinweise auf diese polare psychische Dynamik.

Die meisten Aussagen in diesem Buch sind polar formuliert. Sie sollen verdeutlichen, wie sich Mann und Frau, die ihre polaren Seiten eingenommen haben unterscheiden und zeigen, wie sich dieser Unterschied im täglichen Leben bemerkbar machen kann. Sie sollen helfen, dass sich jeder seiner Stärken und Schwächen bewusst wird und zur Erkenntnis beitragen, dass erst in der Ergänzung eine lebenswerte Partnerschaft möglich ist.

Dieses Buch ist eine Zusammenstellung all der Gedanken und Aufzeichnungen, die zu meinem Verständnis der psychischen Dynamik – dem Energiegesetz – wie ich es im letzten Kapitel genannt habe, beigetragen haben. Sie waren ursprünglich nicht für die Öffentlichkeit bestimmt. Für mich bedeutete die Auseinandersetzung mit dem Thema eine Revolution meiner Überzeugungen und meines Denkens und die Antworten auf viele Fragen. Das ist der Grund, weshalb ich mich letztlich doch entschlossen habe, meine Aufzeichnungen zu veröffentlichen. Vielleicht können die Antworten, die ich gefunden habe, Ihnen auch das geben, was sie mir gegeben haben: Eine Ahnung von dem Sinn unseres Lebens und das Wissen um die Existenz einer gewaltigen Kraft, in die wir eingebettet sind. Mein Ringen, das Wirken eines Zipfels dieser Kraft aufzudecken, brachte mir Zufriedenheit, Lebensfreude und den Durchbruch in ein besseres Leben.

Das Lesen dieses Buches ist ein Abenteuer, denn es erfordert Mut in dunkle unbewusste Regionen vorzustoßen. Es ist eine Entdeckungsreise, die sich lohnt, denn sie führt Sie zu sich selbst.

2

Zusammenfassung

„O, populäres Thema. Wie müssen denn beide miteinander umgehen, damit eine Beziehung funktioniert, kannst du das in wenigen Sätzen sagen?" Christopher schaute sich um, ob es auf diesem Fest einen Platz gab, wo wir uns ungestört unterhalten konnten.

„Ja schon, aber in einer knappen Form wird es dich vermutlich schokken: Der Mann sollte sich um die Welt und die Frau um den Mann kümmern."

Christopher blickte mich amüsiert an. „Das schockt mich überhaupt nicht, ganz im Gegenteil, das ist schon lange meine Meinung. Mich wundert nur, daß du als Powerfrau das sagst. Du schickst die Frauen also wieder zurück in die Vergangenheit!"

Warum meinen offenbar alle, daß es für Frauen nur zwei Möglichkeiten gibt? Stark und emanzipiert oder langweilig am Herd. Ich ließ mich dankbar in einen Sessel fallen. Es war mörderisch, auf diesen hohen Schuhen auch nur einen Schritt zu laufen.

„Nein ganz und gar nicht. Es geht in die Zukunft! Die Emanzipation hat etwas sehr Wertvolles geleistet. Sie hat Frauen auf ihre Stärke aufmerksam gemacht. Damit sollte die Emanzipation nicht stehen bleiben. Jetzt heißt es, im nächsten Schritt, die Stärke der Frau in die richtige Richtung und zwar in die weibliche Richtung zu lenken. Mann und Frau sind gleich stark. Zumindest ist es von unserer Natur so vorgesehen. Wir sind wie

Beuger und Strecker, wie das Ein- und Ausatmen, wie Tag und Nacht. Wir sind gegensätzlich angelegt und ergänzen uns zu einer Einheit. Wer die Dynamik des Miteinanders beider Pole verstanden hat, weiß wie eine Ehe zu führen ist. Wenn ein Mann sich männlich und eine Frau sich weiblich verhält, entsprechen wir den Forderugnen unserer Natur. Heute drängen allerdings Mann und Frau gleichermaßen auf die männliche Seite. Das gleicht beide einander an"

„Da magst du Recht haben. Ich finde auch, daß die Menschen sich verändert haben. Es gibt heute viele androgyne Typen."

„Ja, nur damit wird es schwer, eine gute Ehe zu führen. Es führt meist zu Machtkämpfen und schwächt beide."

Christopher blickte mich erstaunt an.

„Die heutige Tendenz zur Gleichheit ist ein Zeichen, daß wir, und meist auch schon unsere Eltern, wenig für die Ausbildung der einen oder anderen Seite getan haben. Nach der Natur sollen Mann und Frau sich in der ersten Lebenshälfte in die Pole hineinentwickeln. Dafür müßten beide sich entsprechend verhalten. Nur so werden wir gegensätzlich. Du müßtest jetzt total Mann sein. Wer es gelernt hat, was es heißt, eine Frau oder ein Mann zu sein, kann sich in der zweiten Lebenshälfte daranmachen, die Fähigkeiten der anderen Seite dazuzugewinnen. Damit läßt die Spannung zwischen den Polen allmählich wieder nach. Wenn einem Paar dieser Bogen gelingt, fühlen sich beide ihr Leben lang erfüllt und zufrieden. In der Zeit der größten Gegensätzlichkeit, also ist er ganz Kerl und sie Vollweib, ist die Anziehungskraft am stärksten, der Mann ist hungrig auf die Frau, und sie kann ohne ihn nicht leben. Aber das gegenseitige Verständnis ist am geringsten. Im Alter ist es dann andersherum."

„Das läßt hoffen." Christopher lachte.

Er nahm eine Havanna aus seiner oberen Jackettasche und zündete sie sich genußvoll an.

„Wie wird denn ein Mann zu einem Kerl und sie zu einem Vollweib?" Christopher beugte sich neugierig vor.

„Normalerweise wird ein Mann männlicher, wenn er die Verantwortung dafür übernimmt, wie es altmodisch heißt, der Ernährer zu sein. Und eine Frau wird weiblicher, wenn sie die Verantwortung für das Wohl der

Familie übernimmt und für sie sorgt."
„So? du meinst kochen und Kinder erziehen?"
„Und ein schönes Zuhause schaffen, sich für die Menschen einsetzen, die ihr wichtig sind. Das gehört alles dazu."
Christopher schaute mich ungläubig an und prüfte, ob ich ihn auf den Arm genommen hatte. Dann schüttelte er den Kopf.
„Ich dachte Frauen hätten sich aus dieser Rolle nun endlich befreit?"
„Ja, das stimmt. Nur leider haben wir mit der Emanzipation zu viel über Bord geworfen. Weibliche Qualitäten sind auf der Strecke geblieben."
„Das sind ungewöhnliche Ansichten. Ich vermute, daß keine Frau in diesem Raum," Christopher schaute sich um, „ sie mit dir teilt."
Ich lachte. „Das glaube ich auch. Es ist noch gar nicht so lange her, da war eine solche Vorstellung für mich auch absurd. Wenn ich damals jemandem begegnet wäre, der die Ansichten vertreten hätte, wie ich heute, hätte ich mich vermutlich noch nicht einmal auf eine Diskussion eingelassen. Ich hätte sie als völlig unakzeptabel und abwegig abgetan. Doch dann habe ich, durch meine Arbeit als Therapeutin, etwas erkannt. Ich bin auf eine natürliche Gesetzmäßigkeit aufmerksam geworden. Was ich erkannt hatte, konnte ich zunächst nicht glauben. Es stellte mein ganzes Selbstverständnis als Frau auf den Kopf. Dann wurde mir manches klar. Zum Beispiel, warum eine Beziehung, so wie sie sich die meisten vorstellen, garnicht funktionieren kann. Na ja und dann habe ich von meinen alten Überzeugungen Abschied genommen."
„Was für eine Gesetzmäßigkeit meinst du denn?"
„Was ich eben bereits gesagt habe. In jeder Ehe wirkt eine natürliche rhythmische Kraft. Sie ist ein Gesetz unserer Natur. Genauso wie das Atmen."
„Wie macht sich diese Kraft bemerkbar?"
„So ähnlich, wie sich jede Pflanze zum Licht neigt, so gibt es bei jedem Menschen den natürlichen Impuls, in die Welt hinauszuziehen und dort irgendetwas zu bewegen. Dort scheint für ihn die Sonne, dort ist das Ziel seines Strebens."
Mir wurde das Gespräch zu ernst, und ich versuchte, ihm wieder mehr Leichtigkeit zu geben. „Sobald Mann und Frau ein Paar werden, beginnt

ein natürlicher Veränderungsprozeß. Gesetzt den Fall beide lassen diese Veränderung auch zu, so bewirkt er, daß eine Frau sich nicht mehr so sehr für die Welt, sondern vielmehr für ihren Mann interessiert. Die Sonne der Frau wird ihr Mann."
Christopher bereitete das Gespräch sichtlich Vergnügen. „Den Verdacht habe ich auch schon gehabt."
Ich schaute ihn mit meinem charmantesten Lächeln an. Wenn er wüßte, welche Konsequenzen sich für ihn hinter dieser Aussage verbergen, fände er das Gespräch nicht mehr so komisch und würde sofort beschließen, jede Frau auf Händen zu tragen. „Es ist nichts anderes zu tun, als diese natürliche Kraft nicht zu stören. Dann werden beide wie Tag und Nacht. Er ist der Kerl und sie ganz Weib, es entsteht Spannung, und beide ziehen sich an. Eine Folgerung, die sich daraus ergibt ist: -"
Ich lächelte Christopher an.
„ - Ein Mann regiert die Welt, und eine Frau regiert den Mann."
Christopher mußte husten.
„Was war das eben? Ich habe dich nicht ganz verstanden."
„Der Mann regiert die Welt."
„Und wie ging es dann weiter?"
„Die Frau regiert den Mann."
Christopher kämpfte noch mit einem Hustenreiz. „Und das ist nun also ein Gesetz?"
„So wirkt es sich aus. Erst wenn sich der Mann um die Welt und die Frau um den Mann kümmert, leben beide entsprechend ihrer Natur. Das ist die Basis, auf der sie sich ein Leben lang wohl fühlen können."
Er runzelte die Stirn.
„Heißt das etwa, daß eine Frau nicht berufstätig sein soll?"
„So hört es sich im ersten Moment zwar an, ist aber nicht so gemeint. Es gibt viele Aufgaben, die es einer Frau ermöglichen, entsprechend ihrer Natur zu arbeiten. Aber dafür muß es immer einen Mann geben, den sie zu ihrer Sonne erklären kann."
Christopher lachte schallend. „Mir sind ehrlich gesagt doch die Frauen lieber, die sich nicht nur auf mich, sondern sich auch auf ihren Beruf konzentrieren."

„Das glaube ich dir nicht," griente ich zu ihm herüber. „Oder hast du kein Interesse mehr daran, dich zu verlieben und Sex zu haben?"
„Wieso?" fragte Christopher verblüfft.
Nivelliert sich der Unterschied zwischen Mann und Frau, flauen Sex und Liebe ab."
„Ich wollte immer eine Frau haben, die unabhängig von mir ist und ihr eigenes Geld verdient."
„Und vermutlich prickelnden Sex haben. Das geht nach der natürlichen Ordnung auf Dauer nicht. Schwimmen gehen, ohne naß zu werden, funktioniert auch nicht. Es ist entweder das eine oder das andere möglich."
„Aber hör mal, du kannst doch keiner Frau heute empfehlen, sich hauptsächlich um ihren Mann zu kümmern. Die meisten müssen genauso arbeiten wie er, weil sonst das Geld nicht reicht! Von den hohen Scheidungszahlen ganz zu schweigen. Frauen müssen heute ihren Mann stehen!"
„Ja, ich gebe dir Recht. Heute ist es aus vielerlei Gründen vernünftig, daß Frauen sich beruflich genauso engagieren wie Männer. Nur unsere Natur reagiert darauf mit entsprechenden Konsequenzen. Eine Frau, die ihren Mann stehen kann braucht nach der natürlichen Ordnung keinen mehr und verliert die Kraft, einen Mann anzuziehen. Die sexuelle Spannung und die Freude auf den Partner lassen nach."
„Also doch zurück in die Vergangenheit?"
„Nein, ganz sicher nicht. Damals wurden Frauen von Männern dominiert. Das ist in der natürlichen Ordnung genauso wenig vorgesehen, wie die Tendenz zur Gleichheit von heute. Die Natur will, das nicht nur einer, sondern beide das Sagen haben. Jeder für seinen Verantwortungsbereich. Der Mann trägt die Verantwortung dafür der Ernährer zu sein und die Frau trägt die Verantwortung dafür, dem Leben Qualität zu geben."
„Ich dachte, ihr Frauen seid mit der kleinen Verantwortung am Herd nicht mehr zufrieden."
Ich lachte. „Das ist das alte Vorurteil. Frauen, die nicht arbeiten wie ein Mann, stehen am Herd. Das ist doch Unsinn. Um Lebensqualität zu schaffen wird sehr viel mehr verlangt als nur am Herd zu stehen. Die natürliche Ordnung verlangt von beiden den gleichen Krafteinsatz. Genauso wie das Einatmen zum Leben genauso viel beiträgt, wie das Ausatmen. Nur

beide haben etwas völlig anderes zu tun. Wenn er einen Bären erlegt hat, so ist es ihre Aufgabe, ihn aufzubereiten, und die Familie damit zu versorgen. Oder er produziert für eine Gruppe von Menschen irgendwelche Güter, so könnte sie diese Güter verteilen und dafür sorgen, daß sie so verwendet werden, daß sie dem Wohl dieser Menschen dienen."
Christopher war nachdenklich geworden.
„Das läßt sich heute kaum realisieren."
„Ja leider. Wir gehen heute davon aus, dass bei einer entsprechenden Ausbildung alle Aufgaben von Mann und Frau gleich gut erledigt werden können. Das ist zwar richtig, nur das Wohlbefinden, die Zufriedenheit und vor allem die Partnerschaften leiden."
„Wie bist du auf diese Zusammenhänge aufmerksam geworden?"
„Als Psychotherapeutin hatte ich die Chance, die Funktionsweise der Psyche zu beobachten. Mir fiel auf, daß in der Psyche zwei gegenläufige Prozesse wirksam sind, ähnlich, wie beim Atmen. Dieser Rhythmus versorgt dich mit Energie, mit Lebensenergie, die jeder Mensch wie Nahrung zum Leben braucht. Der psychische Atemrhythmus ist ein Energierhythmus."
Christopher dachte nach. „Und du meinst, wenn der Mann sich als Ernährer versteht und sie die urweiblichen Aufgaben übernimmt, dann sind die Voraussetzungen gegeben, so daß dieser Rhythmus störungsfrei ablaufen kann?"
„Ja, davon bin ich überzeugt. Das wäre ideal."
„Und wie macht es sich bemerkbar, wenn ich in vollen Zügen diese Energie," Christopher suchte nach dem passenden Wort, „inhalliere?" Er blickte neugierig zu mir herüber.
„Deine Partnerschaft wird schöner und du fühlst dich wohl. Außerdem wirst du mit der Zeit stärker, stabiler. Du hast das Gefühl, daß dir niemand etwas anhaben kann. Die Konsequenzen sind noch viel weitreichender als ich dir hier mit wenigen Worten erklären kann. Sie wirken sich auch auf deinen Erfolg im Beruf aus. Du wirst leistungsfähiger und kannst dich höheren Herausforderungen stellen."

Erster Teil

Mann und Frau

3

Claudia

Claudia, 16 Jahre alt, hat sich das erste mal richtig verliebt. Sie will gerade das Haus verlassen, da fängt ihr Vater sie ab.
„In dem Aufzug willst du doch nicht etwa vor die Tür gehen!"
„Gefall' ich dir nicht?"
„Dafür brauchst du einen Waffenschein. So laufen gleich zehn Männer hinter dir her."
„Ein bestimmter reicht mir."
„So?"
„Ja, er heißt Dirk, er ist auch an meiner Schule."
„Daß du dich aber nicht so schnell auf ihn einläßt!"
„Papi ist eifersüchtig!"
„Ich bin nicht eifersüchtig. Es ist nur meine Pflicht, auf dich aufzupassen."
„Da mußt du dir überhaupt keine Sorgen machen. Dirk wohnt zwei Häuser weiter, und seine Eltern kennst du sogar. Und wenn es dich beruhigt, stell ich ihn dir mal vor."
„Mir macht es Sorgen, wenn du mit ihm schläfst."
„Wenn man befreundet ist, kann das schon mal vorkommen - aber was ist daran denn schlimm?"

„Mit Sexualität wird heute viel zu unbedacht umgegangen und den Kürzeren ziehen immer die Frauen."
„Wieso denn das?"
„Weißt du, in der Sexualität gibt eine Frau dem Mann etwas. Sie gibt ihm Energie. Das macht den Mann stark, und die Frau schwächt es."
„Aber es ist doch für beide schön!"
„Ja, das schon, aber eine Frau verliert dadurch ihren Biß. Du bist noch zu jung, um das zu merken. Auf jeden Fall solltest du, wenn du am nächsten Tag eine wichtige Arbeit schreiben mußt, nie mit deinem Freund schlafen."
„Du meinst, ich gebe was, und er kriegt was?"
„Ja. Ein Mann wird durch Sex stark. Ihm fällt mehr ein, er kann sich besser konzentrieren, er kann länger arbeiten, weiß, was er will, so was eben. Und für eine Frau gilt das Gegenteil. All das, was er gewinnt, verliert sie."
„Dann dürfte ja eigentlich keine Frau mit einem Mann schlafen."
„So lange sie ihren Biß braucht und im Leben was erreichen will, tut sie sich damit keinen großen Gefallen."
„Ich möchte aber was erreichen und einen Freund haben."
„Was meinst du wohl, welche Chancen ein Rennfahrer hat, Sieger zu werden, wenn seine Reifen zu wenig Luft haben?"
„Keine so guten."
„Siehst du, und genau genommen haben seine Reifen nicht nur zu wenig Luft, sondern er schleppt auch noch einen Anhänger hinter sich her."
„Das wird ja immer besser."
„Ja, für den Mann. Denn eine Frau hat die wundervolle Gabe, dem Mann alle Belastungen zu nehmen, damit er seine PS auf die Straße kriegt und voll durchstarten kann."
„Und die Frau müht sich ab und kommt von der Startlinie nicht weg. Weißt du was Papi? Das finde ich total ungerecht!"
„Beschwer dich beim lieben Gott. So ist das nun mal und ich finde, das ist eine geniale Einrichtung."

„Ja, das kann ich mir denken."
„Als deine Mutter und ich damals heirateten, haben wir uns darüber geeinigt, daß ich für die Karriere zuständig bin, und sie arbeitet so viel, wie es ihr Spaß macht. Ich muß doch jemanden haben, für den ich arbeite. Für mich allein lohnt all der Aufwand doch nicht."
„Und du meinst, daß eine Frau erst mit einem Mann schlafen sollte, wenn sie verheiratet ist?"
„Na, ja, man soll ja auch keine Katze im Sack kaufen. Ich möchte nur, daß meine Tochter nicht verheizt wird. Dafür bist du mir viel zu wertvoll. Was brauchst du eigentlich jetzt schon einen Freund, solange du mich hast?"
„Papi, das ist nicht das Gleiche."
„Schon gut. Aber vergiß nicht, ich bin immer für dich da, wenn du mich brauchst."
„Du bist ein großartiger Papi. Kann ich so wirklich nicht zu Dirk gehen?"
„Nun zieh schon los und paß auf dich auf!"

Unglaubliche Erkenntnis:

Tatkräftige Männer haben Frauen, denen viel einfällt
Zu müden Männern fällt Frauen nichts mehr ein

Eine Frau gibt einem Mann Energie, auch wenn viele Männer diese Tatsache nicht wahrhaben wollen. Im Gegenteil, sie behaupten eher, daß Frauen ihnen ihre Energie nehmen und begründen es mit der Erfahrung, daß Gespräche mit manchen Frauen anstrengend sind. Sex entspannt und macht müde. Von einem Energiegewinn kann also keine Rede sein. Wenn ein Mann so argumentiert, dann versteht er unter Energie das, was auch mit Antrieb oder Dynamik bezeichnet wird. An seinem Antrieb oder zuweilen auch Nicht-Antrieb ist eine Frau zwar nicht unbeteiligt, gemeint ist in diesem Zusammenhang mit Energie etwas ganz anderes.

Um das zu verstehen, zunächst einige grundsätzliche Überlegungen über das Wesen von Mann und Frau. Mann und Frau sind eine von den unzähligen polaren Erscheinungsformen der Welt, wie das Ein- und Ausatmen, Beuger und Strecker, plus und minus, Tag und Nacht, Bewußtes und Unbewußtes.

Diese Gegensätze gehören zusammen und bilden eine Einheit. Jeder Pol ist auf den anderen angewiesen. Einen Pol kann es ohne den anderen nicht geben. Jedoch bildet nicht jeder Mann das polare Gegenstück zu jeder Frau. Beide müssen erst eine Beziehung miteinander eingehen. Dann treibt ein natürlicher Entwicklungsprozeß beide in die Gegensätzlichkeit. Ein Mann wird zum männlichen Pol, die Frau wird zum weiblichen Pol. Idealerweise werden beide so unterschiedlich, wie der Tag ganz anders ist als die Nacht und das Einatmen ganz anders ist als das Ausatmen. Je extremer die Entwicklung beide in die Pole drängt, desto höher wächst die

Spannung zwischen den Geschlechtern an. Jeder fühlt sich vom anderen angezogen und ist auf ihn angewiesen.

Diese Spannung spüren beide als Power. Das Leben beginnt zu pulsieren. Beide fühlen sich wohler und lebendiger als ohne Partner. Allerdings weist die Power beider, mit der Zeit immer deutlicher, jeweils in eine andere Richtung. Ein Mann entwickelt seine männliche und eine Frau ihre weibliche Power.

Männliche Power ist Tatkraft. Er kann mehr leisten, mehr und höhere Ziele in Angriff nehmen und schafft mehr. Er entwickelt ein verstärktes Interesse an all dem, was in der Welt los ist und möchte teilhaben an dem, was die Welt ihm zu bieten hat. Er möchte viel sehen, Eindrücke aufnehmen und etwas erleben. Es wird ihm mit der Zeit immer wichtiger, etwas in Besitz zu nehmen und zu erwerben. Männlichkeit verfolgt das Ziel, **etwas zu haben.** Das können materielle wie immaterielle Werte, also eine berufliche Position, eine Auszeichnung, Wissen, Macht und Einfluß, Stärke oder eine spezielle Fähigkeit sein. Jede Handlung, die auf ein irgendwie geartetes Haben zielt, bei der ein Mensch danach strebt, sich etwas anzueignen, ist mit männlicher Tatkraft gemeint. Ich bezeichne dieses Haben im Folgenden vereinfachend mit Werten oder Verdiensten. Um Mißverständnissen vorzubeugen, möchte ich deutlich betonen, daß diese Begriffe nicht nur materiellen Besitz bezeichnen.

Um Werte zu schaffen, muß ein Mann außen aktiv werden, sich mit der Welt auseinandersetzen und handeln.

Eine Frau spürt das Anspringen ihrer weiblichen Power durch einen sich langsam einschleichenden Veränderungsprozeß. Genauso wie ein Mann, bemerkt eine Frau, am Anfang einer Beziehung, einen Anstieg ihrer Leistungsfähigkeit. Doch bald beginnt ein natürlicher Prozeß die Power der Frau in eine andere Richtung zu lenken. Meist ohne, daß sie es merkt, reduziert sich allmählich ihre Tatkraft. Sie möchte meist weiterhin ihre beruflichen Ziele verfolgen, es fällt ihr jedoch mit der Zeit immer schwerer. Demgegenüber fallen seine Anforderungen ihm normalerweise immer leichter. Es wird der Anschein erweckt, daß sein Zugewinn an Kraft auf ihre Kosten geht. Läßt eine Frau diese sich anbahnenden Veränderungen zu, hat sie meist immer weniger Interesse daran, aktiv im Leben ihren Mann zu stehen und wie er, tatkräftig etwas zu erwirtschaften. Dafür erwacht in ihr ein gänzlich anderes Interesse. Ihre weibliche Power drängt nach vorn. Was ist damit gemeint?

Springt ihre weibliche Power an, so interessiert sie sich immer mehr dafür, aus sich selbst und allem, was ihr gehört, etwas zu machen. Sie möchte ihre Persönlichkeit entwickeln und beginnt, sich für Maßnahmen zu interessieren, die dafür geeignet sein könnten, sich selbst aufzuwerten und ihr Bedeutung zu verleihen. Junge Frauen brauchen dafür meist alle möglichen Utensilien. Kleidung, Schmuck aber auch Bildung, Verschönerungen, Diät oder Disziplin können erforderlich werden. Diese Anstrengungen zielen auf ein Gefühl, dem Selbstwertgefühl. Sie möchte erfassen, wer sie selbst ist und welche Bedeutung sie hat. Weiblichkeit verfolgt das Ziel, jemand zu sein. Um von sich selbst sicher zu erkennen, wer sie ist, und welchen Stellenwert sie hat, muß sie innen aktiv werden, sie muß sich mit sich selbst auseinandersetzen und nachdenken.

Weibliche Power ist Gedankenkraft. Das Denken, das hier gemeint ist, ist nicht zu verwechseln mit intellektuellem Denken, sondern es basiert auf Gefühlen. Es ist ein Fühldenken oder emotional gesteuertes Denken. Es bezeichnet die Fähigkeit, die Bedeutung bestimmter Lebensumstände an dem Maßstab der Gefühle, die diese Ereignisse in ihr auslösen zu erfassen. Sind sie gut oder schlecht? Fördern sie Leben oder hemmen sie und machen krank? Mit anderen Worten: Weibliche Power setzt psychische Verarbeitungs- bzw. Bewußtwerdungsprozesse in Gang.

Die Kraft, die zu dieser inneren Auseinandersetzung aufgebracht werden muß, ist die besondere Stärke einer Frau. Das ist weibliche Power. Kaum einer Frau ist diese natürliche Veranlagung bewußt, entsprechend weiß sie nicht wie wichtig es ist, diese Fähigkeit konsequent einzusetzen. Heute blicken die meisten Frauen auf männliche Power. Tatkraft zählt. Kaum jemand weiß, was weibliche Power überhaupt ist, welche Auswirkungen sie hat, und wie lebenswichtig sie ist.

Männliche Power möchte etwas haben.
Weibliche Power möchte jemand sein.

Weibliche Power ist in allen Eigenschaften der männlichen Power diametral entgegengesetzt. Ihre Kraft wirkt nicht außen in der Welt, wie die männliche Power, sondern im Menschen - präzise gesagt im Unbewußten. Ist die Tatkraft des Mannes außen aktiv, so ist weibliche Power außen passiv, jedoch innen, im Unbewußten aktiv. Was ein Mann tut, ist sichtbar, was eine Frau hauptsächlich leistet, ist unsichtbar. Bewußtseinsentwicklung kann man nicht sehen, wenngleich das Resultat auffällt. Männliche Power fragt, was habe ich? Weibliche Power fragt, wer bin ich?

Wenn der Aktionsraum weiblicher Power hauptsächlich im Unbewußten stattfindet, so heißt das nicht, daß weibliche Power unmerklich abläuft. Sie wird zum Teil deutlich und häufig sogar schmerzhaft gespürt. Sie sollte idealerweise aktiv eingesetzt werden. Dann denkt eine Frau über irgendwelche Sachverhalte nach, die sie oder ihre Familie betreffen und setzt sich mit ihnen auseinander. Immer mit dem Ziel Erkenntnisse darüber zu gewinnen, was für sie selbst oder für die Menschen, für die sie Verantwortung trägt, das Beste ist, was ihr Leben fördert und sie in ihrer Entwicklung weiterbringt. Welche Lebensumstände sind dafür geeignet, welche Maßnahmen müssen getroffen werden, und was muß verändert werden? Diese Fragen möchte eine Frau ergründen und sich Klarheit darüber verschaffen.

Weibliche und männliche Power bedingen sich, wie das Ein- und Ausatmen. Die eine Seite ist die Voraussetzung, damit die andere Seite aktiv werden kann.

Kann das wahr sein?

Die Power des Mannes ist Tatkraft. Er möchte handeln, etwas in der Welt bewegen und schaffen.

Die Power der Frau ist Gedankenkraft. Sie möchte sich mit Dingen auseinandersetzen, überlegen und begreifen.

Die Kraft des einen ist Voraussetzung für die Kraft des anderen.

Mann und Frau aktivieren sich gegenseitig. Jeder gibt dem anderen Power.

Allein leben macht lahm.

Das kann möglich sein

Männliche Power wirkt nach außen und ist sichtbar. Sie zeigt sich in der Fähigkeit, Vorhaben zu realisieren und Dinge bewegen zu können.

Weibliche Power wirkt nach innen und ist unsichtbar. Sie zeigt sich in der Fähigkeit, sich Gedanken zu machen, zu überlegen, Bedeutungen zu erfassen, Vorstellungen und Ideen zu entwickeln.

Damit Taten erfolgen, muß ein Mann aktiv werden.
Um klare Gedanken zu fassen, braucht eine Frau Ruhe.

Je größer die Tatkraft des Mannes, desto mehr Gedanken macht sich die Frau.

Je mehr die Frau denkt, desto mehr Tatkraft entwickelt der Mann.

Einen tatkräftigen Mann erkennt man an ihrer Fähigkeit zur gedanklichen Auseinandersetzung.

Die Gedanken und Überlegungen der Frau machen einen Mann tatkräftig.

Ein Mann, der viel tut, hat eine Frau, die viel bedenkt.
Ein Mann, der wenig tut, hat eine Frau, die wenig bedenkt.

Nein, niemals!

Der Antrieb des Mannes ist seine Frau.

Das kann sein

Weibliche Power zieht Männer an.
Eine tatkräftige Frau, die wenig bedenkt, kann ein Mann nicht begehren.

Männliche Power zieht Frauen an.
Einen tatenlosen Mann, der viel bedenkt, kann eine Frau nicht begehren.

Ein männlicher Mann bewegt viel, eine weibliche Frau hat viele Ideen.

Hohe männliche Power gibt einem Mann Potenz und Stärke.

Hohe weibliche Power gibt einer Frau innere Stärke. Sie gibt ihr die Fähigkeit, psychischen Belastungen immer besser widerstehen zu können.

Das kann schon sein

Frauen, denen nichts mehr einfällt, haben müde Männer.
Zu müden Männern fällt Frauen nichts mehr ein.

Unglaubliche Erkenntnis:

Die Tatkraft des Mannes erzeugt Werte
Die Gedankenkraft der Frau erzeugt Energie

Der Wert weiblicher Power ist für den Fortbestand von Leben genauso wichtig wie männliche Power. Männliche Kraft erzeugt zumindest für den Lebensunterhalt notwendige materielle Mittel. Weibliche Kraft erzeugt eine geistige Essenz, ich nenne sie Energie. Entwickelt sich das Bewußtsein des Menschen, wird diese Energie freigesetzt. Sie ist Lebensenergie.

Pointiert gesprochen, stehen sich als Leistungsresultate von Mann und Frau Materie und Energie gegenüber.

Ihre Energie befähigt das, was geschaffen wurde, überhaupt genießen zu können. Zum Verständnis ein Vergleich mit körperlichem Geschehen: Nicht der Erwerb von Lebensmitteln macht satt. Erst muß gegessen und verdaut werden. Erst müssen den Lebensmitteln die Nährstoffe, also die Energie entzogen werden. Die Psyche funktioniert ähnlich. Was geleistet wurde, muß verinnerlicht werden. Der geistige Nährwert des Geschaffenen muß erkannt werden. Dieser gedankliche Prozeß geschieht mittels weiblicher Power. Dabei wird Energie frei. Er macht satt, gibt Befriedigung und Genuß.

Männliche Power hat nicht die Fähigkeit, Energie zu produzieren. Im Gegenteil, sie läßt bei ihm ein Energiedefizit wachsen. Dies ist ein entscheidender Unterschied zwischen Mann und Frau. Männliche Power kostet Energie, weibliche Power gewinnt Energie. Das heißt nicht, daß jede Frau ausreichend weibliche Power hat. Eine Frau, die männlich orientiert arbeitet, verarmt genauso an Energie wie er. Erst wenn sie auf Weiblichkeit umschaltet, springt ihre Fähigkeit an, Energie zu erzeugen.

Jeder kann diese Energie spüren. Strahlt ein Zuhause Wärme, Freude und Geborgenheit aus, so ist das ein Zeichen von viel Energie. Eine solche Atmosphäre lädt ein aufzutanken und gibt Entspannung und Erholung. Demgegenüber ist eine Atmosphäre geringer Energie kalt und unwirtlich. Sie ist keine Oase der Erholung, sondern meist nur ein Ort zum Schlafen.

Keiner kann seine Aufgabe ohne den anderen erledigen. Das, was er schafft, ist für sie die Voraussetzung, etwas zu verarbeiten und Energie zu erzeugen. Ihre Energie ist für ihn die Voraussetzung, das, was er erwirtschaftet hat, überhaupt genießen zu können, und sie gibt ihm Kraft, erneut seine männliche Power zum Zuge zu bringen und etwas zu schaffen. Niemand darf in die eigene Tasche wirtschaften. Erst wenn jeder seine Leistungen dem anderen zur Verfügung stellt, ist ein pulsierender Lebensrhythmus gewährleistet.

Ohne ihre Energie fühlt er sich, trotz äußerer Erfolge innerlich leer. Ohne seine Verdienste hat sie nichts, und ohne ihre Energie bedeuten seine Verdienste ihm nichts. Jeder geht leer aus.

Dieses ist das Patentrezept für eine zufriedene und glückliche Partnerschaft - wenn es nicht eine Schwierigkeit gäbe, und die heißt Angst. Jeder braucht zwar die Leistungen des anderen, um selbst mit optimalen Startbedingungen für seine Arbeit anzutreten. Jeder möchte vom anderen etwas haben, aber am liebsten nichts geben. Vom eigenen Verdienst loslassen macht Angst. Diese Angst gilt es, in einem stetigen Entwicklungsprozeß zu überwinden. Wer noch nicht soweit ist, kann eine solche Lebensform noch nicht ertragen. Wer sie meistert, für den beginnt das Leben zu pulsieren. Jeder erhält vom anderen, was er braucht. Es stellt sich ein Gefühl des Erfülltseins und der Ganzheit ein. Das, was sich jeder vom Leben heimlich erhofft!

Kann das wahr sein?

Männliche Power verbraucht Energie und erwirtschaftet Verdienste.
Weibliche Power verbraucht Verdienste und produziert Energie.

Männlicher Power verdient Geld.
Weiblicher Power gibt es aus.

Ist das wirklich wahr?

Erwirtschaftet ein Mann etwas, so sichert er damit seine wirtschaftliche Existenz, und er verschafft sich ein entsprechendes Ansehen. Was er schafft, und sein Ansehen können wachsen. Er kann reicher werden.

Produziert eine Frau Energie, so wird sie klüger. Sie gewinnt Einsichten, Weitblick und eine entsprechende Ausstrahlung. Ihr Geist kann wachsen. Sie kann ein höheres Bewußtseinsniveau erreichen.

Ein Mann kann nur dann seine Aufgabe optimal erledigen, wenn seine Frau ihn mit ausreichend Energie versorgt.

Das geht zu weit!

Genauso kann eine Frau ihre Aufgabe nur dann optimal erledigen, wenn der Mann sie in seine Verdienste mit einbezieht. Eine Frau braucht das Bewußtsein der Zugehörigkeit zu dem, was ein Mann geschaffen hat. Nur unter dieser Voraussetzung ist es ihr möglich, so viel Energie zu erzeugen, wie er braucht.

Ein Mann ist auf die Energie der Frau angewiesen.
Eine Frau ist auf die Zugehörigkeit zu den Verdiensten des Mannes angewiesen.

 Wird ein Mann zum König, wird sie zur Königin und bleibt nicht etwa „nur" Hausfrau.

Niemand kann seine Aufgabe ohne den anderen erledigen. Getrennte Wege führen immer zu Einschränkungen. Niemand kann allein das erreichen, was er zu zweit erreichen könnte.

Findet dieser Austausch von Geist und Gütern im pulsierenden Rhythmus statt, kann Energie ungehindert fließen. Beide fühlen sich wohl und glücklich. Falls einer seine Aufgabe vernachlässigt, kommt der Lebensrhythmus ins Stocken. Beide verarmen an Energie, und die Power beider erlahmt.

Das darf nicht wahr sein!

Je mehr eine Frau den Gegenpol des Mannes bildet, desto größer ist seine Power. Seine Potenz und Kraft, die sich meist in seinen Verdiensten widerspiegeln, steht in direktem Verhältnis zu seiner Fähigkeit, die Andersartigkeit seiner Frau auszuhalten.

Je geringer die Gegensätzlichkeit beider, desto mehr reduziert sich seine Power, desto schwerer hat er es, irgend etwas aufzubauen. Ein Mann, der sich wünscht, daß seine Frau arbeitet wie er, reduziert sein Lebensgefühl. Er fühlt sich leer und bremst sein eigenes Fortkommen.

Ein Mann kann das, was er erworben hat, nur in dem Maße unbeschwert genießen, wie eine Frau ihn energetisch versorgt.

Eine Frau kann ihr Leben nur dann unbeschwert genießen, wenn sie zumindest ein Minimum an materiellen Mitteln zur Verfügung hat.

Ein Mann, der viel arbeiten kann, aber zu wenig Energie hat, fühlt sich belastet und in seinem Lebensgefühl reduziert. Er fühlt sich arm.

Eine Frau, die viel Energie produzieren kann, aber zu wenig materielle Mittel hat, ist arm.

Das ist unmöglich!

Wenn Mann und Frau leistungsorientiert arbeiten, verhungern beide im Überfluß.

4

Sony

Sony (verheiratet) und Bettina (wieder Single) sitzen am Samstag morgen in einem Café beim Frühstück und wollen gleich zusammen shoppen. Jan (seit einer Woche wieder Single) trifft beide zufällig und setzt sich dazu.
„Jan, wie siehst du das? Ich finde, es ist irre schwierig, den richtigen Partner zu finden und Sony meint, ich bin selbst schuld. Wieso klappt es eigentlich bei dir nie?"
„Wenn ich das wüßte. Die Frau, die ich suche, gibt es nicht!"
Sony hat über dieses Thema gerade ein Buch gelesen und ergreift die Gesprächsführung. „Unsinn. Auf jeden Topf paßt ein Deckel. Wie sollte die Frau deiner Träume denn sein?"
„Sie sollte hübsch und charmant sein, eine gute Figur und was im Kopf haben. Und vor allem, sie sollte sich nicht an mich klammern. Die letzten beiden Beziehungen haben selbstverständlich meinen Hausstand vereinnahmt, so getan, als wenn alles ihnen gehört und wollten gleich bei mir einziehen. Da war es sofort aus. Jeder muß doch seine Unabhängigkeit und seine Individualität behalten! Das ist mir das Wichtigste."
„Dann wirst du noch lange warten müssen."

„Du machst mir Mut."
„Den brauchst du jetzt auch. Frauen, die du schön findest, haben genau die Eigenschaften, die du vermutlich schwer ertragen kannst. Hast du die Kraft dazu, das auszuhalten? Frauen, die was im Kopf haben, brauchen Männer, die was in der Tasche haben. Oder präziser gesagt: Frauen mit Geist brauchen Männer mit Macht. Wie steht's denn da bei dir? Und Frauen, die trotz Sex nicht bei dir einziehen wollen, sind ca. 60 Jahre oder älter. Du siehst, du mußt dich überhaupt nicht beeilen."
Jan will protestieren, Bettina kommt ihm zuvor. „Was bin ich froh, daß du auch so denkst. Ich bin total erleichtert. Ich dachte schon, mit mir wäre etwas falsch. Aber mit einem Mann, der möchte, daß ich mein Leben so weiterführe, wie bisher und Panik bekommt, wenn ich bei ihm einziehen will, kann ich überhaupt nichts anfangen. Wenn ich einen Mann liebe, möchte ich geradezu in ihn hineinkriechen. Ich möchte mich als ein Teil von ihm fühlen. Nur so kann eine Beziehung schön sein. Sonst kann ich auch mit meiner Oma zusammenziehen. Die kocht dann wenigstens für mich."
Jan ist nachdenklich geworden, und Sony wendet sich an Bettina. „Und wie sollte dein Traummann sein?"
„Er sollte nur ein richtiger Mann sein. Nicht so ein Weichei. Er sollte es schon im Leben zu irgend etwas gebracht haben und mich an seinem Leben teilhaben lassen. Nicht einer, für den ich die Miete bezahlen muß. Aber das ist doch wohl nicht zu viel verlangt oder? Er sollte mir das Gefühl geben, daß ich zu ihm gehöre. Was sein ist, muß auch mein sein. Das ist mir das Wichtigste. Ich suche einen Mann, dessen Frau ich sein kann."
„Tja Bettina, das verlangt auch einiges von dir. Du wünscht dir einen männlichen Mann. Dazu paßt nur eine weibliche Frau, also eine Frau, die sich um ihren Mann kümmert und für ihn da ist. So ähnlich, wie deine Oma für dich. Bist du bereit dazu? Und, was ich eben schon sagte, Männer, die was erreicht haben, brauchen Frauen, die Geist haben. Eine geistlose Frau kann keinen Mann begeistern und einen er-

folgreichen Mann schon gar nicht."
Bettina ist verblüfft. „Die Sache mit der Oma ist doch wohl nicht dein Ernst?"
Jan fängt das Thema an zu amüsieren. "Kennst du ein geistreiches Chat-Forum?"

Unglaubliche Erkenntnis:

Der Geist der Frau ist für den Mann anstrengend

Setzt ein Mann seine Tatkraft ein, und läßt sie ihre weibliche Power zum Zuge kommen und erzeugt damit Energie, so können beide wachsen. Durch seine Arbeit können beide immer reicher werden. Durch ihre Arbeit kann sich die Persönlichkeit beider entwickeln. Beide können ein höheres Bewußtseins- oder Energieniveau erreichen.

Was ist das Merkmal eines Menschen mit einem hohen Bewußtsein? Umgangssprachlich sagt man, er sei weise, oder er hat einen weiten Horizont und meint damit mehr als Schulwissen. Man bezeichnet ihn meist als große Persönlichkeit und spürt eine große Ausstrahlung. Entwickelt sich das Bewußtsein eines Menschen, so ist er immer besser in der Lage zu überblicken, was sein Tun bedeutet, und welche Auswirkungen es hat. Ein Kind lebt noch weitgehend unbewußt. Es weiß noch nicht, was es heißt, auf eine heiße Herdplatte zu greifen, oder die Fensterscheibe des Nachbarn als Zielscheibe zu benutzen. Entwickelt sich das Bewußtsein, erfaßt ein Mensch immer besser die Konsequenzen seiner Handlungen. Irgendwann überblickt er, welche Auswirkungen es hat, Flüsse mit Abwässern zu verschmutzen, den Regenwald abzuholzen, schulische Anforderungen zu senken oder sich scheiden zu lassen. Hat ein Mensch ein hohes Bewußtseinsniveau, überblickt er, was bestimmte Lebensumstände für Menschen bedeuten, was gut, im Sinne des Fortbestandes von Leben ist und was Leben hemmt oder tötet.

Auch wenn die Aktivitäten weiblicher Power nicht sichtbar sind, so sind sie nicht weniger anstrengend als die Tätigkeiten des Mannes. Ein höheres Bewußtseinsniveau ist nicht leicht zu erringen. Bevor ein neuer Bewußtseinsinhalt ans Licht tritt, muß sie sich damit auseinandersetzen. Sie muß erfühlen, was ein Ereignis oder eine Sache für sie persönlich bedeutet: Ist ein Lebensumstand für sie gut oder schlecht? Baut er sie auf, gibt er ihr ein gutes Gefühl und wird damit für sie bedeutend, oder zieht er sie herunter, ist er schädlich und macht sie krank? Sie muß entsprechend diesem Empfinden Lebensumstände bewerten und sie in ihrer Bedeutung begreifen. Bevor dieser Prozeß bewältigt ist, kann er eine schwer zu tragende Last sein.

Unter Bewußtseinsentwicklung kann sich kaum jemand etwas vorstellen, darum versuche ich im Folgenden, anschaulich zu machen wie sich dieser Prozeß bei einer Frau, die in einer Beziehung lebt, bemerkbar machen kann.

Bewußtseinsentwicklung beginnt tief unbewußt. Ähnlich, wie bei einer Schwangerschaft, merkt sie zunächst nichts. Doch mit der Zeit spürt sie Druck und Belastung. Das Maß seiner Herausforderungen bestimmt das Maß ihrer Belastung. Mit anderen Worten: Die Belastung seiner Tätigkeit übernimmt sie und hat die Aufgabe, in einem Prozeß innerer Auseinandersetzung, diese Belastung zu bewältigen und abzubauen. Seine männliche Power bestimmt, welche Kraft in ihr wirksam wird. Sie kann nicht ausweichen. Verfolgt er hohe Ziele, wird viel von ihr verlangt. Das Leben wird für sie immer schwerer, ohne daß sie genau ausmachen kann, was sie bedrückt. Häufig möchte sie in diesem Stadium mit jemandem reden. Wenn sie aussprechen kann, womit sie sich herumschleppt, fühlt sie sich schon leichter. Bei zunehmender Last wird sie aufmerksam und überlegt, was mangelhaft und nicht in Ordnung ist. Sie fühlt das Bedürfnis, etwas zu bereinigen. Irgendetwas muß verbessert werden. Meist projiziert sie ihre gefühlten Defizite auf ihre Umgebung und meint, daß irgendetwas in ihrer Umgebung nicht stimmt. Sie findet irgendwelche Zustände nicht tragbar, nicht schön oder nicht ausreichend genug. Das zwingt sie zu gedanklicher Auseinandersetzung, und sie entwickelt Strategien, diese Mängel auszuräumen. Mit welchen Mitteln kann ich die momentan defizitäre Lage verbessern? Ihr Denken und Suchen nach Lösungen läuft jetzt auf Hochtouren. Sie denkt, überlegt, verwirft und überdenkt erneut. Alle möglichen Informationsquellen prüft sie, in Hinblick auf ihre Tauglichkeit, ihr weiterzuhelfen. Irgendwann weiß sie ziemlich genau was fehlt und macht sich gezielt an die Arbeit. Sie packt an, verbessert, verschönert, kauft ein, organisiert oder räumt um. Hat sie die Defizite beseitigt, fühlt sie sich wieder wohl. Druck und Belastung haben sich aufgelöst.

Bei diesem Prozeß ist sehr viel mehr geschehen, als das, was an äußeren Veränderungen sichtbar ist. Aus tief unbewußten Bereichen hat sie etwas zu Tage gefördert, ihr ist etwas bewußt geworden. Sie hat Bewußtsein gebildet.

Ihre neu gewonnenen Erkenntnisse bewirken, daß sich ihre Belastung auflöst, und ihre Probleme verschwinden. Genauer gesagt, bringt die Energie, die mit dieser Entwicklung frei wird, den erlösenden Effekt. Eine Frau hat normalerweise den Wunsch, ihre neuen Einsichten an ihn weiterzugeben. Hört ein Mann ihr zu, setzt sich mit ihren Ideen auseinander und macht sich ihre neuen Ansichten zu eigen, so hat er die Chance mitzuwachsen.

Der Mann begreift die Welt über die Frau.

Solche Dialoge sind für manche Männer anstrengend. Sie halten den Redefluß ihrer Frau zeitweise nur begrenzt aus. Um pulsierenden Lebensrhythmus aufrecht zu erhalten, braucht ein Mann dieses geistige Futter und neigt dazu, es sich auf bequemerem Wege zu holen. Zeitung und Fernsehen bieten ihm eine solche Möglichkeit. Jedoch zwingen Medien nicht zur Auseinandersetzung und zum Umdenken und haben nicht den Effekt, wie seine Frau.

Das ist vergleichbar mit jemandem, der Sport treiben müßte und sich anstelle dessen lieber eine Sportsendung ansieht. Dies ist einfacher, gibt auch eine gewisse Befriedigung, macht aber nicht fit. Männer, die den Einfluß einer Frau abwehren und sich nicht die Mühe machen, sich mit ihren Ideen auseinanderzusetzen, laufen nicht nur Gefahr, in ihrer Entwicklung zu stagnieren. Druck und Belastung sammeln sich immer mehr an.

Kann das wahr sein?

Ein Mann sorgt für das Haben.
Eine Frau sorgt für das Sein.
Ein Mann, der Güter produziert, hat was.
Eine Frau, die Geist produziert, ist was.

Männer, die viel haben, brauchen Frauen, die viel sind.
Frauen, die viel sind, brauchen Männer, die viel haben.

Männer suchen Frauen, die sie begeistern.
Frauen suchen Männer, die sie begütern.

Männer schauen nach Frauen, die viel sind und vergessen, wieviel sie selbst haben.
Frauen schauen nach Männern, die viel haben und sehen nicht, wer sie selbst sind.

Geistvolle Frauen passen zu begüterten Männern.

Erst durch den Einfluß eines Mannes wird die Welt verändert. Erst durch den Einfluß einer Frau wird der Mensch verändert. Jede äußere Veränderung übt auf den Menschen einen Druck aus, der ihn zwingen will, innerlich nachzuziehen.

Ein Mann spürt diesen Druck durch die Einflußnahme seiner Frau. Jede Auseinandersetzung und Gespräche mit ihr, sollten bei ihm zu einem Entwicklungsprozeß führen.

Durch den Geist der Frau steigt ein Mann höher.
Durch die Verdienste des Mannes kommt eine Frau weiter.

Ein Mann leistet etwas, das man anfassen kann.
Die Leistung der Frau kann man nicht anfassen.

Die Arbeit eines Mannes sieht man, wenn sie gemacht ist.
Die Arbeit einer Frau sieht man, wenn sie nicht gemacht ist.

Hat ein Mann seine Arbeit erledigt, dann ist etwas da.

Hat eine Frau ihre Arbeit erledigt, dann glänzt es.

Das kann nicht wahr sein!

Ein Mann kann nur so viel erreichen, wie seine Frau dem an Geist entgegensetzen kann.

Je höher das geistige Niveau der Frau, desto steiler die Karriere des Mannes.

Stagniert das geistige Niveau der Frau, stagniert seine Karriere.

Eine kleingeistige Frau bremst die Karriere des Mannes.

Ein Mann, der nichts schafft, hemmt die geistige Entwicklung der Frau.

Das beste Karrieretraining für einen Mann ist eine geistreiche Frau.

Ein Mann, der einen hohen Posten anstrebt, sollte sich freuen, wenn seine Frau etwas für ihren Geist tut.

Ein Mann, der eine geistreiche Frau liebt, hat Glück gehabt.

Das darf nicht wahr sein!

Ein Mann gewinnt Geist durch die Frau.
Eine Frau erhält Güter vom Mann.

Sein Verdienst gibt einem Mann Ansehen (äußere Größe).
Geist gibt einer Frau Größe (innere Größe).

Eine Frau gewinnt Ansehen über den Mann.
Ein Mann gewinnt Größe über die Frau.
Ein Mann wird so viel Größe entwickeln, wie seine Frau im Bewußtsein lebt, das Ansehen zu genießen, das er in ihren Augen hat.

Der Kopf des Mannes ist die Frau.
Ein(en) Mann kleidet die Frau.

Geizige Männer sind kleingeistig.

Hinter jedem großen Mann steht eine große Frau.

Hinter einem kleinen Mann fällt eine Frau nicht auf.

Das ist unmöglich!

Wird die Frau größer als ihr Mann, macht er ihr Vorschriften.
Wird sie noch größer, zeigt er keine Achtung mehr.
Hat sie ihn deutlich überholt, ist seine Potenz tot.

Die Größe eines Mannes erkennt man daran, in wie weit er den Geist seiner Frau aushält, ohne seine Potenz zu verlieren.

Große Frauen sind für kleine Männer anstrengend.

Manche Männer stellen viel dar, und es ist nichts dahinter.
Manche Frauen stellen wenig dar, und es ist viel dahinter.

Manche Männer wünschen sich große Frauen und machen sie klein. Dann haben sie kleine Frauen. Nur wenige erkennen die Chance, an ihnen zu wachsen.

Erreicht ein Mann viel, so wird seine Frau größer. Aber nur, wenn er auf sie hört, wird er bald die Größe besitzen, die er sich durch seine Arbeit verdient hat.

Verliert eine Frau ihren Mann, verliert sie an Ansehen.
Verliert ein Mann seine Frau, verliert er an Ausstrahlung.

Das geht zu weit!

Wird eine Frau vom Mann kurz gehalten, bleiben beide klein.

Das geht entschieden zu weit!

Frauen können Männer wachsen lassen. Dazu muß ein Mann nur richtig zuhören.

5

Ralph

Linda und Ralph treffen sich auf einem Fest bei Michael und Sony. Linda ist die beste Freundin von Ellen.
„Ralph, warum heiratest du eigentlich nicht?"
„Die Frau zum Heiraten habe ich noch nicht gefunden."
„Und Ellen? Du bist doch jetzt schon drei Jahre mit ihr zusammen!"
„Manchmal habe ich den Verdacht, daß sie nur einen Versorger sucht."
„Na und? Versorgt sie dich denn nicht?"
„Eher nicht. Sie bügelt noch nicht einmal meine Hemden."
„Und du lädst sie noch nicht einmal zum Essen ein. Dann würde ich dir vermutlich auch kein Hemd bügeln. Wie sollte denn die Frau zum Heiraten sein?"
„Mir zumindest die Hemden bügeln."
„O ja, und ohne, daß du sie zum Essen einladen mußt. Ich habe die ideale Frau für dich!"
„Wen denn?"
„Deine Mutter!"

Unglaubliche Erkenntnis:

Ein Mann trägt Verantwortung für die Frau
Eine Frau trägt Verantwortung für den Mann

Männliche Power zielt auf das Wissen, etwas zu haben. Dazu gehört mindestens das Erwirtschaften zum Leben notwendiger materieller Güter. Weibliche Power entwickelt Bewußtsein. Nun stellt sich die Frage: Was hat eine Frau konkret zu tun? Soll sie sich nur gedanklich mit irgendwelchen Sachverhalten auseinandersetzen, oder gibt es für sie auch praktische Arbeit?

Ein archaisches Grundmuster, das Hinweise zur Beantwortung dieser Frage geben könnte, heißt: Männliche Arbeit zerstört Leben, weibliche Arbeit erzeugt Leben. Indem ein Mann z.B. einen Bären erlegt, einen Baum fällt oder Korn erntet, beendet er Lebensprozesse. Er raubt der Welt ihre Ressourcen. Jetzt könnte es die Aufgabe der Frau sein, diese Produkte so einzusetzen, das Leben erhalten und gefördert wird. Damit schließt sich ein energetischer Kreislauf. Die Mittel, die er der Welt nimmt, transformiert sie in Energie, und gibt sie an die Welt zurück. Nehmen wir an, er erlegt einen Bären, so ist es ihre Aufgabe, seine Beute so zu verwerten, daß alle satt werden.

Oder er nimmt Land in Besitz, baut eine Burg und stellt sie ihr zur Verfügung. Sie kümmert sich darum, daß Menschen in der Burg leben können, daß sie sich wohl fühlen, und daß Leben gedeiht. Sie erzeugt den Geist und die Atmosphäre.

Ein Mann trägt Verantwortung für die Frau, er muß dafür sorgen, daß sie etwas hat.

Eine Frau trägt Verantwortung für den Mann, sie muß sich darum kümmern, daß aus ihm etwas wird.

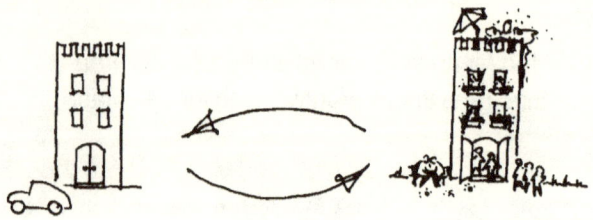

Ihr Verantwortungsbereich umschließt vielfältigste Aufgaben, die einer Grundbedingung gehorchen sollten. Sie sollten einer Frau ermöglichen, mit seinem Besitz so umzugehen, daß er der Familie und den Menschen, die zu ihrer Gruppe gehören, zugute kommt. Sein Haben muß sie zum Wohl von Menschen anwenden. Wenn der Bär erlegt ist, ist noch niemand satt. An dieser Stelle beginnt ihr Part. Alles, was er aufgebaut oder in Besitz genommen hat, dazu gehören all seine Verdienste, Auszeichnungen, sein materieller Besitz oder auch Freunde und Bekannte, auch seine Erlebnisse, sollte eine Frau übernehmen und etwas daraus machen. Ihre Aufgabe besteht darin, sich darum zu kümmern, daß alle notwendigen Lebensbedürfnisse abgedeckt werden, und die Menschen, die zu ihr gehören, sich wohl fühlen.

Den Bären, den er erlegt hat, muß sie verwerten und verteilen. Den Freundeskreis sollte sie pflegen. Sein Geld sollte sie für ihn und die Familie ausgeben, aus seinen Erlebnissen oder beruflichen Ereignissen sollte sie für die Familie förderliche Konsequenzen ziehen etc. Das Arbeitsspektrum, das sich hieraus ergibt ist unendlich groß. Hervorheben möchte ich, daß zum Wohlfühlen auch Erholung, Genuß und Entspannung gehören, darüberhinaus all das, was dem Leben Glanz, Farbe und Bedeutung verleiht. Darum zählt es auch zu ihren Aufgaben, Ereignisse, wie z.B. Geburtstage, eine bestandene Prüfung, den Abschluß einer wichtigen Arbeit, den Besuch eines besonders geschätzten Gastes oder einen Konzertbesuch, ihrer Bedeutung gemäß angemessen zum Ausdruck zu bringen.

Der kleinste Rahmen ihrer Tätigkeit bezieht sich auf den engsten Familienkreis. Dann verwendet sie seinen Verdienst für die Familie. Wächst sein Verantwortungsbereich, so sollte ihre Kompetenz mitwachsen. Der Kreis der Menschen, um deren Wohl sie sich kümmert, sollte größer werden. Sie sollte erfassen, was sein Tun für diese Menschen bedeutet, sich dafür einsetzen, daß ihnen das Resultat seiner Arbeit dient und ihre Bedürfnisse genügend berücksichtigt werden. Das ist ihre Arbeit. Nehmen wir an, ein Mann erreicht das Höchste, was möglich ist und nimmt die Welt in Besitz, so trägt sie die Verantwortung für das Wohl aller Menschen. Er wird Herrscher der Welt, und sie wird Schirmherrin der Menschen. Diese Aufgabe ist mit Nachdenken allein nicht zu bewältigen, sondern verlangt praktischen Einsatz, genauso wie seine Tätigkeit.

Entsprechend dieser Aufgabenverteilung gehen beide völlig andere Arbeitsbeziehungen ein. Der Bezugsrahmen des Mannes ist die Welt. Er braucht es, zum Geschehen der Welt dazuzugehören. Diese Bedingung ist dann gewährleistet, wenn er eine Arbeit hat. Der Bezugsrahmen einer Frau ist ihr Mann. Für sie ist es wichtig, zu ihm oder zu seiner Gruppe dazuzugehören und in seinen Rahmen integriert zu sein. Diese Zugehörigkeit kann ihr ersatzweise auch ihr Vater, Bruder, Sohn, ihr Chef oder zur Not auch die Firma, in der sie arbeitet liefern.

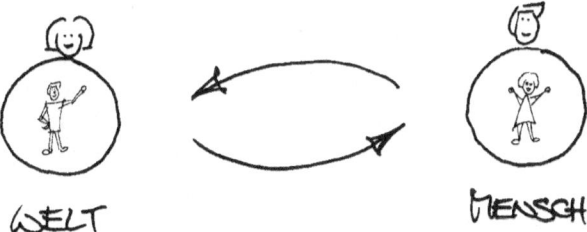

Es ist für die seelische Gesundheit von fundamentaler Bedeutung, daß jeder sein Bezugssystem hat. Ist das Terrain, das er in der Welt absteckt, die Plattform ihrer Tätigkeit, so kann sich zwischen Mann und Frau eine Spannung aufbauen, und beide haben die Chance, zufrieden und glücklich zu leben. Ist dieses Bezugssystem nicht gegeben, das ist dann der Fall, wenn er keine Arbeit hat und sie allein auf sich gestellt ist, so fühlen sich beide dezentriert und verloren. Es besteht die Gefahr, krank zu werden. Es ist wichtig, daß ein Mann in Beziehung zur Welt und sie in Beziehung zum Mann arbeiten kann.

Beide können jedoch nur dann erfolgreich sein, wenn die männliche und weibliche Power ausgewogen sind. Beide müssen mit gleicher Kraft und in eigener Verantwortung arbeiten.

Solange ein Mann noch aus einer kindlichen Motivation heraus agiert und primär das Wohlwollen anderer, des Vorgesetzten, des Unternehmens oder der Eltern erringen möchte, nach dem Motto: Ich tue all das, was man von mir erwartet, dafür erwarte ich, daß man mich freundlich behandelt, mir z.B. mehr Gehalt oder einen besseren Job anbietet, solange kann sich kein ausgewogenes Kräfteverhältnis aufbauen. Das gleiche gilt für die Frau. Alles, was sie tut, darf nicht aus der Motivation gespeist werden, das Wohlwollen ihres Mannes zu bewirken. Nach dem Motto: Ich tue alles, was er von mir erwartet, dafür erwarte ich, daß er auf meine Wünsche eingeht. Manche Frauen beraten sich gern mit ihrem Mann, um damit heimlich die Verantwortung an ihn abzugeben. Ob und wie die Wände gestrichen werden, ob ein Freund zum Abendessen geladen wird, ob ein großer Empfang stattfindet, oder ob es erforderlich ist, für eine wichtige Sache eine Woche allein zu verreisen. Die Initiative, die Verantwortung und die Entscheidung, was zu tun ist, liegt allein bei ihr. Die Entschuldigung, ihr Mann wünscht etwas nicht oder habe zu wenig Zeit, darf es nicht geben. Idealerweise sollte ein Mann sich auf das Leben, das seine Frau initiiert, freuen und sich darum bemühen, an gemeinsamen Terminen teilzunehmen. Falls Termine kollidieren, darf es für die Frau nicht heißen zurückzustecken.

Kann das wahr sein?

Ein Mann trägt die Verantwortung, mindestens für seine Familie zu sorgen.
Eine Frau trägt die Verantwortung, sich mindestens um ihre Familie zu kümmern.

Ein Mann trägt die wirtschaftliche Verantwortung für eine Gruppe von Menschen.
Eine Frau trägt die Verantwortung für das Leben dieser Gruppe von Menschen.

Ein Mann verantwortet alles, was er außen tut.
Eine Frau verantwortet alles, was sie innen tut.

Ein Mann muß Leben vernichten, um Mittel zum Leben zu gewinnen. (Z.B. den Bären erlegen, Bäume fällen.)
Eine Frau muß Mittel zum Leben verbrauchen, um Leben zu gewinnen. (Z.B. eine Mahlzeit bereiten, den Kamin anzünden.)

Das ist wohl wahr!

Übernimmt eine Frau ihre weiblichen Aufgaben, fühlt sich ein Mann ausgefüllt.

Übernimmt ein Mann seine männlichen Aufgaben, fühlt sich eine Frau bereichert.

6

Tanja & Ralph

Tanja und Ralph in der Mittagspause beim Italiener.
Tanja kennt Ralph schon lange, aber so hektisch wie heute, war er schon lange nicht mehr. „Ralph, warum heiratest du eigentlich nicht?
„Die Frage hat mir gestern Abend schon mal jemand gestellt. Ich habe meine Mutter noch nicht gefunden."
„Machst du gerade eine Therapie?"
„Seit kurzem denke ich darüber nach. Hat das bei dir eigentlich was gebracht?"
„So viel, daß ich sehen kann, daß du unglücklich bist und Ellen auch."
„Frauen stellen nur Forderungen. Das kann einen ganz schön mürbe machen."
„Zu recht! Sie geben ja auch viel und wollen nur was Angemessenes zurück haben."
„Ellen gibt nichts."
„Wieso, habt ihr keinen Sex miteinander?"
„Gelegentlich."
„Dann gibt sie dir schon reichlich."
„Ich gebe ihr genauso viel Sex, wie sie mir gibt. Da geben wir uns nichts."
„Du gibst ihr nichts."

„Du meinst, die Sache mit der Energie?
„Ja sicher."
„Ellen redet auch immer so einen Unsinn. Ich habe allein genug Energie. Dafür brauche ich keine Frau."
„Wie lange hast du denn schon mal ohne eine Freundin gelebt?"
„Weiß nicht. Nie lange."
„Dann weißt du überhaupt nicht, wovon die Rede ist. Wenn du allein lebst, kommst du zwar eine Zeitlang noch rund, aber bald nicht mehr weiter. Und irgendwann steckst du dann im Stau."
„In was für einem Stau denn?"
„Du bist innerlich blockiert. Du bekommst deine PS nicht mehr auf die Straße. Du kannst vor Kraft nicht mehr laufen, und nichts geht mehr. Ellen bringt diese Kraft zum Fließen, und zwar, indem sie dir ihre Energie gibt, beim Sex wohlgemerkt. Erst dann geht es wieder aufwärts. Du siehst, Ellen ist da ein großer Faktor."
Ralph stöhnt, „ein zermürbender Faktor."
„Wenn du mich so aushöhlen würdest, ohne das Loch wieder zu stopfen, dann würde ich dir auch Streß machen. Wenn es nach mir ginge, gäbe es Sex nur, wenn eine Gemeinsamkeit und eine gemeinsame Kasse in Sicht wäre. Sonst kein Sex. Ich bin da zwar auch nicht so konsequent, aber besser wäre es."
Ralph hat jetzt keine Lust, darüber nachzudenken. „Entschuldige, aber ich muß jetzt gehen. Auf mich wartet noch ein Berg Arbeit."
„Nicht weglaufen! Ich erwarte eine Stellungnahme!"
„Was soll ich dazu sagen? Für mich ist das, was du sagst, schlicht Erpressung. Wenn es sich rumspricht, wird es schwer für die Männer."
„Wieso? Dann würden mehr heiraten!"
„Das meine ich ja."
Tanja kann nicht begreifen, wieso Ralph so eine Panik vor einer Ehe hat. „Du hast nur Angst. Manche Menschen müssen zu ihrem Glück gezwungen werden."
„Was bin ich froh, daß keiner das tut."
„Dann kannst du auch nicht glücklich werden und Ellen auch nicht."

Unglaubliche Erkenntnis:

Güter machen starr
Geist macht lebendig

Die Energie der Frau ist wie Öl für den Motor des Mannes. Zu wenig Öl läßt den Motor trotz größter Kraft immer schwerer laufen und irgendwann blockieren. Dann steckt er fest, und es geht nicht weiter. Wird rechtzeitig Öl nachgefüllt, kommt der Motor in Schwung, und seine Kraft kann wieder voll wirksam werden.

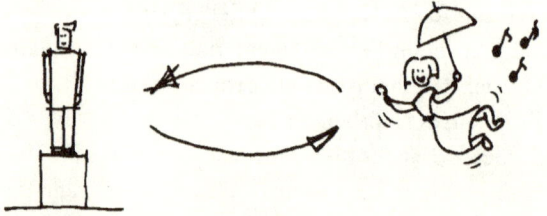

Je länger ein Mann etwas geleistet hat, desto weniger Energie steht ihm zur Verfügung. Tankt er nicht rechtzeitig auf, so fühlt er sich ausgebrannt und innerlich blockiert.

Erfolgreiche Männer werden gezwungen, ein immer höheres Energieniveau zu erreichen. Mit jedem Mehr an äußerer Leistung müssen sie energetisch nachziehen, sonst wird ihr Leben mühevoll, festgefahren oder sie werden krank.

Das gelingt einem Mann am einfachsten, durch die Hilfe einer Frau. Ihre Energie macht es ihm leicht zu wachsen, und ein höheres Bewußtseinsniveau zu erreichen. Läßt er sich durch sie beeinflussen, so verändern sich Standpunkte, Sichtweisen und Meinungen. Sachverhalte, die er bisher massiv abgelehnt, vielleicht sogar bekämpft hat, sieht er auf einmal in einem anderen Licht und kann sie annehmen. Sein Leben wird leichter. Er steht einen Schritt mehr über den Dingen und kann viele Probleme, die ihn noch bis vor kurzem bedrückten, gelassener sehen. Innere Blockaden oder Unerträg-lichkeiten, die sich als Aggressionen zeigten, lösen sich auf.

Das stetige Erklimmen eines immer höheren Energieniveaus hat Einfluß auf das Altersempfinden. Wer diese Entwicklung meistert, ist mit seinem Alter sein Leben lang zufrieden und möchte mit Jüngeren nicht tauschen. Männer, die nicht wachsen, haben es schwer, älter zu werden. Ihr gefühltes Alter hinkt hinter ihrem tatsächlichen Alter zurück. Das ist keinesfalls positiv zu sehen, sondern macht unglücklich. Wer in den Spiegel schaut und sich nicht mehr leiden mag oder schlimmer noch, wer sich nur in junge Mädchen verliebt, die kein Interesse zeigen, verzweifelt. Diese Auswirkungen sind noch harmlos im Vergleich zu der größten Gefahr, die eine versäumte innere Entwicklung mit sich bringt. Innere Blockaden türmen sich auf. Nach außen wirkt ein solcher Mann mit der Zeit starr und festgefahren. Es gilt nur noch seine Meinung. Anderen Ansichten hört er nicht mehr zu. Er ist nicht mehr bereit, auf neue Meinungen einzugehen, sich mit ihnen auseinanderzusetzen, daran zu lernen und zu wachsen. Bei einem solchen Mann hat eine Frau keinerlei Möglichkeit mehr, auf ihn Einfluß zu nehmen. Ihre Meinungen und Ideen blockt er ab.

Kann eine Frau nicht mehr zu ihm vordringen, sich nicht mit ihm auseinandersetzen und ihn nicht zu irgendetwas, das ihr wichtig ist bewegen, so verliert sie das Interesse an ihm als Mann. Ein Mann, der sich nicht mehr von ihr befruchten läßt, verliert an männlicher Attraktivität. Sie findet ihn langweilig und uninteressant.

Hohe innere Blockaden machen einsam. Sie erschweren Liebe. Liebe verlangt, diese Blockaden zu überwinden. Frauen rütteln an diesen Blockaden und versuchen, sie zum Einsturz zu bringen. Dann wäre der Weg frei zu lieben.

Läßt ein Mann dies nicht zu, indem er ihren Einfluß abwehrt, so engt ihn versäumte Entwicklung immer mehr ein. Das Ungleichgewicht zwischen zu viel an Haben und zu wenig Energie wird zum Dauerzustand und blockiert pulsierenden Lebensrhythmus. Mit der Zeit wird sein Hunger nach Energie immer größer. Er spürt dies an einem zunehmenden inneren Druck. Er droht, psychisch zu ersticken.

Kann das wahr sein?

Die Energie der Frau löst innere Blockaden des Mannes. Sie gibt ihm eine innere Freiheit, auch tatsächlich das zu erreichen, was er will.

Ein veränderter Standpunkt kann blockierte Energie wieder zum Fließen bringen.

Um zu einer neuen Sichtweise zu gelangen, muß ein Mensch umdenken, er muß Bewußtsein entwickeln.

Das kann nicht wahr sein!

Ohne den geistigen Einfluß seiner Frau fällt es einem Mann normalerweise schwer, ein höheres energetisches Niveau zu erreichen.

Ohne den geistigen Einfluß seiner Frau reduziert sich die Lebensenergie des Mannes. Das hat zunächst nichts mit seinem Antrieb zu tun. Zumindest eine Zeitlang ist ein Mann noch in der Lage, viel zu leisten. Jedoch reduziert sich sein Lebensgefühl. Sein Optimismus weicht einer nüchternen Betrachtung und versinkt bald in dunkle Stimmungslagen. Alles was er tut, erscheint ihm leer und freudlos.

Das pralle Leben hat sich von ihm zurückgezogen. Er fühlt sich belastet und ausgebrannt.

Ohne den geistigen Einfluß einer Frau läuft ein Mann Gefahr, sich immer weniger lebendig zu fühlen. Er kann in seinem Denken unbeweglich werden und geistig erstarren.

Mann und Frau brauchen einander. Ein Mann braucht eine Frau. Ihr Einfluß bahnt ihm den Zugang, sich innerlich lebendig zu fühlen.

Eine Frau braucht einen Mann. Sein Einfluß erweitert ihre Möglichkeiten, am äußeren Leben teilzuhaben.

Fehlt einem Mann die Frau, fühlt er sich leblos.
Fehlt einer Frau der Mann, erlebt sie nichts mehr.

Das ist unmöglich!

Ein guter Gradmesser für die geistige Flexibilität eines Mannes ist das Interesse junger Frauen, sich mit ihm zu unterhalten.

Ein Mann kann seine Bewußtseinsentwicklung auch ohne den Einfluß einer Frau vorantreiben. Dann ist es günstiger, wenn er keine Bindung zu einer Frau eingeht, keinen Sex hat und viel für seinen Geist tut.

7

Alexandra

Alexandras Mann Adrian ist vor kurzem ausgezogen. Seitdem lebt sie mit ihren beiden Kindern allein. Tagsüber sind ihre Kinder im Kindergarten oder spielen mit den Kindern ihrer Freundin Jenny.
Es ist kurz vor 18 Uhr. Alexandra sitzt in einer Konferenz zusammen mit den beiden Inhabern der Firma, Frederic Schulz, Maximilian Roth und mehreren Kollegen.
Herr Schulz wendet sich an Alexandra: „Frau Arndt, was halten Sie davon?"
„Ich bin für 5 cm!" Sie denkt: Jetzt reden fünf Männer schon eine Stunde lang darüber, ob das Logo 5 cm oder 6 cm lang sein soll. Ob so oder so, wir verkaufen damit kein Stück mehr. Wenn ich es entscheiden könnte, wäre das Thema in einer Minute vom Tisch.
Herr Roth schaltet sich ein. „Ich bin auch für 5 cm. Wenn wir größer werden, paßt der BAR Code nicht mehr auf die Packung. Dann müssen wir die ganze Gestaltung verändern."
Alexandra denkt: Jetzt geht es wieder von vorn los. Alle Anwesenden scheinen das größte Vergnügen an diesem Thema zu haben. Als wenn

es nichts Wichtigeres gäbe. Wie Kinder, die schauen, was passiert, wenn sie den Zug mal durch einen Tunnel, mal über eine Brücke, mal rechts und mal links herum fahren lassen. Wohin und wozu er fährt, spielt dabei überhaupt keine Rolle. Stundenlang spielen und ausprobieren wie sich was bewegen läßt und zwar schnell, mit großer Kraft und nach vorn. Das macht Spaß.
Was hätte ich in dieser Zeit alles Wichtiges erledigen können. Janina braucht dringend ein Paar neue Schuhe und Benjamin eine warme Jacke. Vielleicht schaffe ich das morgen in der Mittagspause.
Himmel, in zehn Minuten muß ich gehen. Sonst gibt es heute Abend nichts zu essen.
Herrn Schulz fällt ein, daß er gleich beim Squash verabredet ist.
„Nach den vorgetragenen Argumenten scheint es das Günstigste zu sein, bei 5 cm zu bleiben. Vielen Dank Frau Arndt, meine Herren, einen schönen Abend."
Alexandra denkt: Jetzt als erstes zum Kindergarten. Was werden die Kinder für einen Spaß haben, wenn sie hören, daß wir heute Abend Kekse backen.'

Auf dem Korridor:

„Maximilian, was hältst du von Frau Arndt?"
„Ist eine tüchtige Frau. Sehr schnell und effizient, aber -"
„Was aber?"
„Diejenigen, die mit ihr zusammen arbeiten, haben nichts zu lachen."
„So? Warum?"
„Bevor ein Thema allen anfängt Spaß zu machen, ist es bereits abgehakt."
„Einerseits ja gut."
„Und sie weiß immer genau, wo sie hin will. Ihre Konzepte für zukünftige Entwicklungen und welche Strategien und Ziele sich daraus

ergeben, sind geradezu genial. Das fällt richtig auf. Nur das Umsetzen ist nicht so ihre Sache. Jan hat lange nicht so brillante Ideen wie sie, aber unterm Strich bewegt er mehr. Darum hat man ihn zur Beförderung vorgeschlagen und nicht Frau Arndt. Eigentlich ist das nicht o.k., denn sie kann eindeutig mehr und hat auch den besseren Blick für das Wesentliche. Beide als Team wären gut. Ich weiß noch nicht wie ich das entscheide. Vermutlich stimme ich dem Vorschlag zu."
Frederic ist froh, daß er mit Personalfragen nichts zu tun hat. „Sie ist eine attraktive Frau, sehr gute Figur. Sie heißt doch Alexandra nicht wahr? Ist sie eigentlich verheiratet?"

Unglaubliche Erkenntnis:

Ein Mann hat Spaß, Gas zu geben
Eine Frau hat Spaß, zu steuern

Einen Mann interessiert alles, was schnell ist, Kraft hat und sich bewegt.
Eine Frau interessiert, was man damit machen kann.

Einen Mann interessiert es, etwas zu schaffen.
Eine Frau interessiert es, das Geschaffene zu nutzen.

Ein Mann hat Spaß am Prozeß des Schaffens. Hat er es geschafft, hört für ihn der Spaß auf. Für sie fängt der Spaß an.

Ein Mann fragt: Was läßt sich alles bewegen?
Eine Frau fragt: Wie läßt sich Mangel beseitigen?

Ein Mann möchte etwas anstellen.
Eine Frau möchte etwas abstellen.

Das gemeinsame Arbeiten von Mann und Frau ist für die Frau eine Geduldsprobe und für den Mann frustrierend.

Das gemeinsame Arbeiten von Mann und Frau streßt normalerweise die Frau und entspannt den Mann.

Eine Frau ist darauf aus, ein Ziel zu erreichen - egal wie.
Ein Mann ist darauf aus, etwas in die Welt zu setzen, egal, was er damit anrichtet.

Eine Frau weiß, wo es hingehen muß.
Ein Mann weiß, wie man dahin kommt.

Eine Frau kennt das Ziel.
Ein Mann kennt viele Wege.

Eine Frau weiß, was zu tun ist.
Ein Mann weiß, wie man etwas bewegt.

Eine Frau hat Ideen.
Ein Mann hat Werkzeuge, sie zu realisieren.

Das darf nicht wahr sein!

Eine Frau ist darauf aus, ihren Mann zu bewegen.
Ein Mann ist darauf aus, die Welt zu bewegen.

Ein Mann hat Spaß daran, Geld zu verdienen.
Eine Frau hat Spaß daran, Geld auszugeben.

Ein Mann handelt in der Gegenwart.
Eine Frau bedenkt die Zukunft.

8

Bettina

Bettina ruft morgens ihre Freundin Linda an.
„Ich hatte einen ganz merkwürdigen Traum."
„Erzähl mal!"
„Ich lief an der Hand meiner Mutter. Meine Mutter trug ein schwarzes Kleid und ich ein weißes. Auf einmal kam eine Frau mit einem weißen Kleid auf uns zu und riß mich von der Hand meiner Mutter los, nahm mich auf den Arm und lief mit mir weg. Dann waren wir in einer Gegend, die hatte ich noch nie vorher gesehen. Ich schaute an mir herunter und bemerkte, daß ich auf einmal ein schwarzes Kleid trug.
Dies war so eine Art Vorspann. Dann kam ein Schnitt. Ich stand in der Kirche und Jan und ich heirateten."
„Ziemlich verrückt. Aber wieso denn Jan? Das hast du doch hoffentlich nicht Rainer erzählt!"
„Um Gottes Willen nein! Das gäbe nur Streß."
„Aber irgendwie ist der Traum schön. Findest du nicht?"
„Mir hat er Angst gemacht."
„Aber daß du heiratest, könnte doch bald sein, oder?"

„Wenn er mich auf den Arm nehmen kann."
Linda versteht nicht. „Wie bitte?
„Wenn er mich trägt."
„Du meinst doch wohl, wenn er dich erträgt."
„Wenn er bereit ist, mich zu tragen und ich bereit bin, diesen Zustand auszuhalten."
„Ich glaube, du träumst noch."

Unglaubliche Erkenntnis:

Mann und Frau werden eins

Wenn Mann und Frau sich verlieben, erwacht zunächst unmerklich ein natürliches Bedürfnis, ein Heim zu schaffen und Nachkommen zu zeugen. Unabhängig davon, ob ein Mensch dies will oder nicht. Die Natur drängt beide dahin, sich miteinander auf Dauer zu verbinden. Es reicht keinesfalls aus, nur zusammenzuleben, vielleicht auch zu heiraten, aber alles andere bleibt wie bisher. Bindung erfordert einen Entwicklungssprung. Es ist der größte, wichtigste und auch der schwerste Entwicklungsschritt im Leben eines Menschen. Es ist der Schritt vom Jungen zum Mann und vom Mädchen zur Frau und wird durch die Hochzeit symbolisiert. Erst wenn dieser Schritt geschafft ist, setzt eine gemeinsame Entwicklung ein, die beide in die Gegensätzlichkeit führt und zu einer sich ergänzenden Einheit macht.

Die Hochzeit symbolisiert einen Entwicklungssprung.

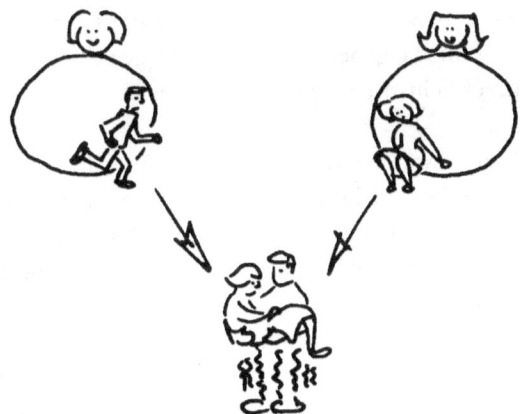

Der Brauch, bei dem ein Mann seine Frau am Tage der Hochzeit über die Schwelle trägt, sagt präzise, worum es geht: Die Frau muß sich fallen lassen, er muß sie tragen, und dabei gilt es für beide, eine Schwelle zu überschreiten. Was ist damit gemeint?

Seine Frau zu tragen, erfordert vom Mann, für beide seine Tatkraft einzusetzen und fürs Haben zu sorgen. Das bedeutet, die wirtschaftliche Verantwortung zu übernehmen. Dazu muß er sich aus dem Verantwortungsbereich seiner Mutter lösen und in eine Position aufsteigen, in der er Verantwortung trägt.

Von der Frau wird gefordert, sich fallen zu lassen. Das bedeutet, ihn machen zu lassen. Dafür übernimmt sie die Verantwortung, daß seine Bedürfnisse abgedeckt werden und er und später die Familie sich entwickeln. Indem sie aufhört, selbst Ziele tatkräftig anzugehen, wird ihre Fähigkeit geweckt, Energie zu erzeugen. Eine Frau wechselt aus der energieempfangenden Haltung des Kindes in die energiespendende Haltung der Frau.

Wenn der Entwicklungssprung zum Erwachsenen geschafft werden soll, so müssen beide dem anderen etwas geben. Dazu muß jeder etwas aufgeben - ein Mann seine Verdienste und eine Frau die Realisierung ihrer eigenen auf Erwerb ausgerichteten Ziele. Beiden macht dieser Schritt gleichermaßen Angst.

Die Natur drängt zwar beide in die Gegensätzlichkeit, jedoch geschieht dieser Wechsel nicht von selbst. Mann und Frau sollten die Kraft aufbringen und sich dazu entschließen. Natürliches Bedürfnis und Wollen sollten im Einklang stehen, nur so ist es möglich, sich wohl und zufrieden zu fühlen.

Leben Mann und Frau zusammen, ohne den geforderten Entwicklungsschritt zu machen, so bauen sich mit der Zeit immer größere psychische Spannungen auf. Sie entladen sich meist in Meinungsverschiedenheiten und Streit. Solange die Ursache nicht beseitigt ist und beide den geforderten Entwicklungsschritt nicht vollziehen, bauen sie sich immer wieder auf und wachsen mit der Zeit immer höher an. Parallel wird zu wenig Energie erzeugt. Energiemangel reduziert Lebensfreude. Das Leben erscheint leer. Beide beschleicht das Gefühl, nur noch zu funktionieren, aber nicht mehr zu leben.

Wer längere Zeit durchhält meint, ihm schnürt es die Luft ab. Er fühlt sich abhängig, eingeengt und blockiert, im Vorwärtskommen behindert, festgehalten oder gefesselt. Kurzum er ist unglücklich, lebt ein quälendes Leben und kann krank werden. Die Natur will beide dazu zwingen, den geforderten Entwicklungsschritt zu machen oder sich zu trennen.

Ein Mann sollte den Mut aufbringen, den Sprung in die Männlichkeit zu wagen und von der Frau wird verlangt, das Wagnis der Weiblichkeit einzugehen. Dies ist der Ausweg aus dem Gefühl der Abhängigkeit und Unfreiheit. Dies gilt für Mann und Frau gleichermaßen. Es ist der Start in eine völlig neue Lebensphase.

Kann das wahr sein?

Wenn Mann und Frau sich verlieben, so drängt die Natur beide dahin, einen Entwicklungssprung zu machen. Der Junge soll zum Mann, das Mädchen soll zur Frau werden.

Ein Kind empfängt materielle Mittel und Energie.
Ein Junge soll die empfangende Haltung des Kindes aufgeben und in die materielle Mittel gebende Haltung des Mannes wechseln.
Das Mädchen soll die empfangende Haltung des Kindes aufgeben und in die energiespendende Haltung der Frau wechseln.

Eine Frau kann nur Energie erzeugen, wenn ein Mann sie trägt. Damit sich eine Frau vom Mann getragen fühlt, ist es notwendig, daß Mann und Frau eine Bindung eingehen.

Das kann nicht wahr sein!

Wer viel erreichen will braucht viel Energie. Wenn ein Mann sich bindet, so steht ihm weitaus mehr Energie zur Verfügung, als er allein aufbringen kann.

Die Bindung zu einer weiblichen Frau kann einen Mann erfolgreich machen.

Karrieren werden von Männern gemacht und von Frauen getragen.

Ein Mann, der keine Bindung eingeht, hat es schwer, Karriere zu machen. Ihm mag es gelingen, nach außen einiges zu erreichen, jedoch fällt es ihm schwer, in seinen Erfolg hineinzuwachsen. Er wird seinen Erfolg wahrscheinlich nicht halten können und nach einer gewissen Zeit auf sein Ausgangsniveau zurückfallen.

Hinter jedem großen Mann steht eine große Frau.

Das ist schon möglich.

Fühlt sich eine Mutter mit ihrem Kind verbunden, fließt Energie. Fühlt sich eine Frau mit ihrem Mann verbunden, fließt auch Energie. Mann und Kind werden von der Frau gleichermaßen mit Energie versorgt.

Das Gefühl der Verbundenheit schafft Glück und gute Laune.

Hohe Energie, Abwesenheit von Problemen, Freude und Glück ist für den Mann leicht erreichbar, wenn er sich mit einer weiblichen Frau verbunden fühlt.

Hohe Energie, Abwesenheit von Problemen, Freude und Glück ist für eine Frau leicht erreichbar, wenn sie ein Kind hat.

Eine Frau, die männlich orientiert arbeitet, kann dieses Glück nie erleben.

Ein Mann mit einer männlich orientierten Frau kann nie das Glück erleben, das ihm mit einer weiblichen Frau möglich ist.

Eine glückliche Ehe kann den Mann erfolgreich machen.

Das geht zu weit!

Ohne die Bindung zu einer Frau verlangt Glück viel geistige Auseinandersetzung oder Anspruchslosigkeit.

9

Rainer

Rainer, Student, 23, kommt durch den Garten in das Haus seiner Eltern und läuft seiner Mutter in die Arme.
„Rainer, Junge, das ist ja toll, daß du dich mal wieder blicken läßt!"
„Hey!" Rainer läßt seine Sporttasche fallen. „Ich muß sofort wieder weg. Ich hol' nur kurz meine Hemden raus."
„Willst du eine Tüte Kekse mitnehmen, ich habe sie extra für dich gebacken."
Rainer ist genervt. „Wie oft soll ich das noch sagen. Nein will ich nicht! Du behandelst mich immer noch wie ein kleines Kind. Begreif endlich, ich bin erwachsen."
Seine Hemden liegen dort, wo sie immer liegen. Er nimmt seine Sporttasche und sieht darin die Kekstüte.
„Du lernst es nie!" Er packt die Kekse wieder aus.
„Ich meine es doch nur gut mit dir!"
Im Gehen gibt er seiner Mutter einen flüchtigen Abschiedskuß „Ciao!"
„„Kommst du Sonntag zum Essen?"
Rainer läßt sein Motorrad aufheulen und biegt auf die Straße.

Rainer kommt vom Sport und schaut kurz bei Bettina vorbei.

„Ich habe heute 90 kg gestemmt!"
Bettina ärgert sich, daß sie sich gleich mit einer Freundin verabredet hat. „Ist das viel?"
„Keine Ahnung, die Frau. Ein bißchen mehr Sport würde deinem Hintern auch gut tun."
Bettina beleidigt: „Frauen haben nun mal einen anderen Hintern."
„Laß mal, du hast eine tolle Figur."
„Wollen wir uns heute einen schönen Abend machen? Ich bestell' uns eine Pizza."
„Ich muß noch mal weg."
„Immer läßt du mich allein. Es ist so schön, wenn wir zusammen sind, aber du haust ständig ab."
„Und du klammerst. Du bist machmal wie meine Mutter."
„Ich klammere nicht. Ich will nur mehr mit dir zusammen sein."
„Wir treffen uns um eins in der Disco. Kommst du auch?"
„Ja, o.k.!"
„Ciao!"
„Ciao!"

Am nächsten Morgen bei Bettina.

„Den ganzen Abend hast du dich nur mit anderen Frauen unterhalten. Ich kam mir total blöd vor."
Rainer zieht seine Jeans an und will Brötchen holen. „Nicht schon wieder - das nervt."
„Nun sag doch mal was dazu. Haben wir nun eine Beziehung oder nicht? Manchmal glaube ich, du liebst mich überhaupt nicht mehr."
Rainer stöhnt: „Doch, ich liebe dich."
„Was liebst du eigentlich an mir?"

73

„Das weißt du doch. Du bist eine tolle Frau. Du machst einen super Job, verdienst dein eigenes Geld, hast was im Kopf und siehst auch noch Klasse aus. Alle beneiden mich um dich."
Bettina spürt, daß sie irgend etwas von ihm braucht, was er ihr nicht gibt. „Ist das alles?"
„Das ist verdammt viel, fast zu viel."
Bettina versucht, ihn wieder ins Bett zu ziehen." Ich glaube, wir haben heute morgen etwas vergessen."
Rainer muß jetzt raus. Er hält es nicht aus, wenn sie ihn festhalten will. „Jetzt nicht."

Eine Woche später

Linda und Bettina treffen sich nachmittags im Café.
„Was ist eigentlich mit dir und Rainer los. Stimmt was nicht?"
„Er hat nur immer so viel zu tun."
„Ich dachte, ihr wolltet heiraten. Ist das noch aktuell?"
„Ich bin mir nicht mehr so sicher. Unsere Beziehung ist ziemlich stressig im Moment."
„Wieso?"
„Ich hab kein Vertrauen mehr zu ihm. Ich möchte mich bei einem Mann fallen lassen und bei ihm geht das nicht. Er würde mich nicht auffangen. Wenn ich was leiste und einen guten Job mache, bewundert er mich. Er schaut dann richtig an mir hoch. Dann will er sich am liebsten bei mir einklinken und ich soll ihn mitziehen. Wenn ich das nicht mache, passiert rein gar nichts. Dann hängt er nur passiv herum und tut keinen Handschlag. Oder er macht sein eigenes Programm, ist ständig unterwegs und ich stehe außen vor. Dann erzählt er mir noch nicht einmal wo er gewesen ist. Er schließt mich völlig aus und merkt noch nicht einmal, was er mir damit antut. Wenn ich mich beschwere meint er, ich solle mich doch auch, genauso wie er, mit

meinen Freunden treffen. Er fände es gut, wenn ich unabhängig von ihm bin und meinen eigenen Kreis habe. Stell dir das einmal vor! Wozu brauche ich denn dann einen Mann? So kann ich mich doch nicht als Frau fühlen! Ich sehne mich danach, endlich einmal an der Seite eines Mannes die Frau zu sein. Das geht nur, wenn ich an einem Mann hoch schauen kann. Auf einen Mann, der von mir Initiative und Unabhängigkeit erwartet und mich wegen meiner Leistungen bewundert, schaue ich herab. Ich fühle mich dann wie ein Kumpel von ihm oder wie ein Neutrum. Einen solchen Mann kann ich nicht gebrauchen. Wir werden uns wohl trennen."
„Schade!"
„Finde ich auch. Aber stell dir vor, ich bekäme ein Kind von ihm und wäre dann nicht mehr die strahlende Karrierefrau. Dann wäre er gefordert. Dann hätten wir glaube ich nur noch Streit."
„Davor hat er vermutlich panische Angst."
„Ich aber auch."

Drei Jahre später, an einem Sonntagabend nach dem Abendessen. Vater und Sohn stehen auf der Terrasse.

Der Vater bietet seinem Sohn eine Zigarre an. „Was macht eigentlich die Firma?"
„Geht ganz gut. Wir stellen laufend neue Leute ein."
„Und wie kommst du zurecht?"
„Im März werde ich Vertriebsleiter."
„Junge, ich bin stolz auf dich. Du machst anscheinend einen guten Job! Merk dir, das ist für einen Mann das Wichtigste. Und wie geht es mit den Frauen? Du hast doch jetzt eine neue Freundin, ist sie denn was zum Heiraten?"
„Wozu heiraten, es geht doch auch so."
„Junge, du mußt heiraten. Du mußt eine Frau haben, sonst kannst du

kein Mann werden. Oder ist sie stärker als du, hat sie die Hosen an, dann klappt es bald im Bett nicht mehr. Dann such' dir 'ne andere."
„Nein, mit Victoria ist das jetzt ganz anders. Früher habe ich nach Frauen Ausschau gehalten, die ich bewundern konnte. Victoria bewundert mich und das tut mir gut. Ich habe nie gewußt, daß ich genau so eine Frau immer gesucht habe."
„In ihrer Gegenwart mußt du dich stark fühlen. Dann ist sie richtig."
„Sie tut so viel für mich. Mittlerweile fühle ich mich richtig verantwortlich für sie."
„Dann läuft es ja gut. Ein Mann trägt Verantwortung für die Frau. Das ist zwar erst schwer, aber nur so wirst du was im Leben. Du mußt für eine Familie sorgen. Zuerst denkst du, du könntest die Verantwortung nicht tragen und wenn du heiratest, ist alles aus. Dabei fängt alles erst an. Du wirst sehen, mit der Zeit gefällt es dir immer besser. Biete ihr ein anständiges Zuhause und laß sie da machen was sie will. Du mußt überhaupt nichts tun. Das ist das Schöne. Ihr nirgendwo hineinreden, ihr keine Vorschriften machen, sie einfach nur in Ruhe lassen. Laß sie sein, wie sie will. Alles andere kostet nur Kraft. Ändern kannst du Frauen doch nicht und begreifen schon gar nicht. Nur einen Gefallen müssen wir ihnen tun. Frauen wollen reden. Früher habe ich mit deiner Mutter nie geredet. Das war ein Fehler. Mit Frauen kannst du dich gut beraten.
Im Wesentlichen reicht es, wenn du voll Power deinen Job machst, zu ihr freundlich bist und zu ihr hältst. Viel mehr kann ein Mann nicht tun."
Rainer beschleicht wieder dieses Handschellengefühl und will flüchten. Er legt seine Zigarre hin und in dem Moment merkt er, wie kindisch er sich verhält. Heute flüchtet er nicht. Egal was passiert, er hält durch. „Ist glaube ich, alles noch zu früh."
„Schon gut, du machst das schon. Wieviel Mitarbeiter habt ihr eigentlich bei euch in der Firma?"
„450 ca."
„Und wieviel Leute sind dir unterstellt?"

„Jetzt acht, in der nächsten Position mehr."
„Eine ganz schöne Verantwortung!"
Rainer schnippt die Asche von der Zigarre. „Ja, aber nur am Anfang. Da wächst man rein."

Ein paar Monate später:

Rainer schließt die Tür zu seinem Appartement auf.
„Liebling, ich komme nur kurz, um meine Sportsachen zu holen, ich muß sofort wieder weg."
Victoria hat seine Sqashtasche schon in den Flur gestellt. „Ich habe mich schon gewundert, wo du bleibst. Jetzt schaffst du es kaum noch."
Sie hält ihm eine Tüte Kekse entgegen. „Willst du die Kekse mitnehmen? Ich habe sie extra für dich gebacken!"
Rainer schmunzelt. „Ja, lieb von dir."
Victoria stopft ihm die Tüte in seine Squashtasche.
Rainer umarmt sie kurz. „Du hast einen so wundervoll weichen Hintern."
„Dein Knackarsch wäre mir lieber."
„Bloß nicht!"
„Aber jetzt hau' endlich ab. Du bist doch zum Abendessen wieder hier?"
„Ja, ich beeil' mich."
Victoria ist froh, daß sie jetzt noch gut eine Stunde Ruhe hat, um zu duschen und sich auf den Abend vorzubereiten. „Ich freue mich auf dich!"
Rainer schultert seine Sporttasche. „Ich mich auch!"

Unglaubliche Erkenntnis:

Richtige Kerle können Frauen tragen, oder:
Der Sprung in die Männlichkeit

Der Sprung in die Männlichkeit macht einem Mann Angst. Er fordert von ihm, eine völlig neue emotionale Haltung einzunehmen.

Dieser Haltungswechsel ist so gravierend, wie für jemanden, der bisher immer nur im Zuschauerraum gesessen hat und jetzt das erste Mal selbst auf die Bühne muß. Jetzt steht er im Rampenlicht. Beide Zustandsformen sind so verschieden, wie die Erde etwas anderes ist als die Sonne. Solange er Kind war, konnte er als Erde um die Mutter Sonne kreisen und wurde von ihr gewärmt. Jetzt muß er selbst zur Sonne werden und andere wärmen. Als Kind empfing er Fürsorge aber auch Grenzen von seiner Mutter. Jetzt ist es seine Aufgabe, für andere zu sorgen und Grenzen zu setzen.

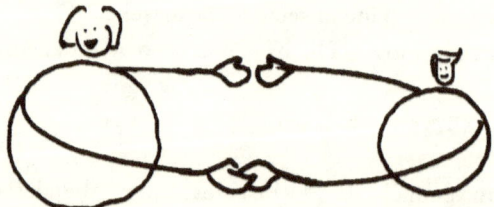

Emotional bedeutet dieser Schritt die Loslösung von der Mutter. Als Kind lebte er mit ihr in einer polaren Einheit. Die Mutter nahm idealerweise den weiblichen Part ein, das Kind den männlichen. Erwachsenwerden bedeutet für den Mann, die polare Einheit mit der Mutter zu brechen und eine neue polare Beziehung einzugehen. Ab jetzt sollte seine Frau den weiblichen Pol abdecken.

Diesen Wechsel vollzieht ein Junge, indem er sich aus der emotional unterlegenen Position des Kindes unter der Mutter, in die emotional überlegene Position über die Frau setzt. Mit dieser emotionalen Positionsbeschreibung von Mann und Frau ist keine Wertung verbunden. Ihre unterlegene Position ist nicht besser oder schlechter als seine Seite. Sie beschreibt die Art der Beziehung, die beide miteinander eingehen. Sie ist vergleichbar mit der Beziehung zwischen Markt und Manager. Der Aktienmarkt z.B. gibt bestimmte Verhältnisse vor, nach denen sich ein Fondsmanager richten muß. Der Aktienmarkt befiehlt einem Manager nichts, er gehorcht nur seinen eigenen Gesetzen. Der Fondsmanager ist gut beraten, wenn er sein Verhalten auf die Gesetze des Marktes abstimmt. In diesem Sinne ist ein Mann seiner Frau überlegen. Wird er zum Mann, muß er zum Markt werden und sie ist der Manager. Dieser Schritt hebt ihn auf die Bühne.

Dies ist gleichzeitig der Schritt in die wirtschaftliche Verantwortung. Mittel, die er zum Leben brauchte, bekam er früher von seiner Mutter. Jetzt muß er sie sich aus der Welt, meist durch seine Berufstätigkeit, erarbeiten.

Ein Mann empfängt materielle Mittel aus der Welt.

Jetzt pendelt ein Mann in einem polaren Rhythmus zwischen der Welt und seiner Frau. In Beziehung zur Welt nimmt er weiterhin wie früher bei seiner Mutter, die unterlegene Position ein. Seine beruflichen Anforderungen konfrontieren ihn mit irgendwelchen Gegebenheiten, nach denen er sich richten muß. Kommt er nach Hause, gleitet er auf die gegenüberliegende Seite und sollte sich ihr gegenüber überlegen fühlen.

Kennzeichen einer emotionalen Überlegenheit ist die Fähigkeit zu geben. Der Markt gibt. Das ist die Voraussetzung für das Interesse des Fondsmanagers an Aktien. Eine überlegene Haltung ist eine gebende Haltung. Erst wenn er die Kraft aufbringt und seine Verdienste an seine Frau weitergibt, d.h. wenn er in der Lage ist, seine Frau an dem, was er erwirtschaftet hat, partizipieren zu lassen und für sie die wirtschaftliche Verantwortung übernimmt, ist der entscheidende Schritt vom Jungen zum Mann geschafft. Es ist ein emotionaler Wechsel aus der passiv empfangenden Haltung des Kindes, in die aktiv gebende Haltung des Mannes. Ein Kind nimmt auf, ein Mann teilt aus.

Ein Mann gibt materielle Mittel der Frau.

Nur wenn der Mann diese Stellung inne hat, können Mann und Frau den gleichen Rang einnehmen, gleichwertig werden und in gegenseitiger Achtung voreinander leben. Dies ist kein Widerspruch. Erst eine emotional übergeordnete Stellung des Mannes ermöglicht es einer Frau, sich in einer völlig anderen Art und Weise über den Mann zu setzen, so daß jeder auf seinem Gebiet, dem anderen über ist und damit ist eine Ausgewogenheit beider hergestellt.

Erst die übergeordnete Stellung des Mannes macht beide zu gleichwertigen Partnern.

Eine überlegene Haltung gelingt einem Mann erst dann, wenn er die Angst vor seiner Mutter und damit der Frau schlechthin verliert. Er muß es wagen, sich ihrem Zugriff zu entziehen. Er muß sich gegen jegliches Bemuttern und Dirigieren auflehnen und seinen eigenen Willen durchsetzten. Normalerweise gelingt dieser Ablösungsprozeß nur, indem Machtkämpfe ausgefochten werden, bei denen der Sohn siegen sollte. Das ist für eine Mutter in aller Regel bitter, denn dadurch verliert sie ihren Jungen. Es ist ein Abschied für immer. Wenn diese Kämpfe durchstanden sind, wird sie einen Mann und Freund gewinnen. Diese Ablösung sollte mit dem Start in den Beruf vollzogen sein.

Es reicht nicht, wenn ein Sohn, im freundlichen Einvernehmen mit seiner Mutter, einfach nur auszieht und dann möglichst noch jeden Sonntag zum Essen kommt, weil sie es so wünscht. Ab jetzt muß er die Kraft aufbringen und seinen Willen durchsetzen, sonst wird es seine zukünftige Frau einmal schwer haben, oder er wird erst gar keine finden.

Für Jungen mit dominanten und starken Müttern ist der Ablösungsprozeß meist eine gewaltige Hürde. Wird er nicht geschafft, ist es kaum möglich, eine stabile Bindung zu einer Frau einzugehen. Sollte es trotzdem zu einer Ehe kommen, beginnt der Ablösungsprozeß, der eigentlich bei der Mutter stattfinden sollte, bei der Ehefrau. Er fühlt sich von ihr, wie als Jugendlicher, kurz bevor er den Entschluß faßt, von zu Hause auszuziehen, eingeengt, gefesselt und dominiert. Die harmlosesten Bitten seiner Frau werden jetzt als Dominanzanspruch mißinterpretiert und aufs Heftigste bekämpft: Sie ruft ihn zum Essen, und er gibt vor, erst noch mit einem Freund telefonieren zu müssen. Sie möchte sich mit ihm unterhalten, und er will arbeiten oder Zeitung lesen. Sie möchte mit ihm einen schönen Abend verbringen, und für ihn ist es wichtiger, einen Arbeitskollegen zu besuchen. Generell hat er für gemeinsame Unternehmungen kaum Zeit.

Ein solcher Mann meint, seine Frau sei nicht die Richtige für ihn und sucht heimlich nach einer anderen. Allerdings, solange er seine Angst vor einer Frau noch nicht überwunden hat, wird sich bei jeder Frau nach einer gewissen Zeit wieder das gleiche Phänomen einstellen. Ihn wird bald wieder das Gefühl beschleichen, von ihr umklammert und eingeengt zu werden.

Diese Männer beschweren sich häufig, daß sie zu wenig bemuttert werden. Sie können kaum Geschenke machen, weil sie sich wünschen, selbst beschenkt zu werden. Meist wollen sie, daß die Frau die Initiative für Unternehmungen ergreift und sie mitzieht. Wenn Kinder da sind, werden sie meist neidisch auf die Fürsorge, die den Kindern zu Teil wird und ihnen nicht.

Eine Frau kann mit so einem Mann verzweifeln. Bemuttert sie ihn, wird er aggressiv oder weicht ihr aus. Bemuttert sie ihn nicht, hört sie Vorhaltungen, daß sie ihm zu wenig hilft.

Diese Männer ersehnen sich das Gefühl enger emotionaler Verbundenheit zu ihrer Frau. Sie suchen es in der untergeordneten Position und wollen immer noch bei ihrer Frau, wie bei ihrer Mutter am liebsten unterschlüpfen. Mit dieser Strategie kann sich ein Kind geborgen fühlen, ein Mann hält es nicht mehr aus. Wer erst einmal geboren wurde, kann nicht mehr zurück. Emotionale Verbundenheit stellt sich bei einem Mann nur dann ein, wenn er sich in die übergeordnete Position wagt.

Hat ein Mann den Entwicklungsschritt zum Erwachsenen noch nicht geschafft, so drückt er seine Frau entweder in die Mutter- oder in die Kindrolle. Damit reduziert sich Sexualität. Eine Mutter hat nicht den Wunsch mit ihrem Sohn und ein Vater nicht den Wunsch mit seiner Tochter zu schlafen. Eine sexuelle Spannung kann nur über lange Zeit aufrecht erhalten bleiben, wenn er erwachsen, d.h. der überlegene Part ist. Andernfalls wird sexuelles Begehren mit der Zeit schwinden.

Welche Hilfen gibt es, den Entwicklungsschritt zum Mann zu vollziehen? Grundsätzlich ist jede Maßnahme geeignet, die einen Mann mit seiner Urangst konfrontiert, von einer Frau verschlungen zu werden. Wer sich dieser Angst stellt und sie damit überwindet, hat es geschafft. Meist reicht es, daß er den bewußten Entschluß faßt und sich dazu bekennt, ab jetzt für sie da zu sein. Das macht meist Angst genug. Eine große Hochzeit mit vielen Zeugen ist für einen Mann eine ausgezeichnete Hilfe, um seine Ängste zu durchstehen. In der englischen Tradition gibt es den Bestman, der in der Nacht vor der Hochzeit bei dem zukünftigen Ehemann übernachten muß - damit er es sich in aller letzter Minute nicht noch anders überlegt. Eine Frau in sein Leben zu lassen macht einem Mann Angst. Erst wenn er sie durchstanden hat, besteht die Chance, daß ihm das Leben zu zweit die Befriedigung gibt, die er sich wünscht. Sonst nicht.

Für eine Ehe bedeutet dies: Nicht so schnell aufgeben! Die permanente Anwesenheit einer Frau ist ein gutes Training, mit der Zeit die Angst vor ihr zu überwinden.

Die Angst des Mannes vor der Frau ist so alt, wie die Menschheit und so hat es in vielen Kulturen Hilfen gegeben. Folgende Initiations-rituale, sogenannter primitiver Kulturstämme sind für uns zwar eher belustigend, aber zweifelsfrei wirkungsvoll. Bei einem Ritual mußten die Initianten einen Wettlauf absolvieren. Sie erhielten einen gewissen Vorsprung vor allen Frauen des Dorfes, die hinterherrannten und versuchten, die Jungen einzuholen und festzuhalten. Wer unbehelligt ans Ziel kam, dem standen hohe Ämter offen, den anderen nicht. Da viel von diesem Test abhing, bereiteten sich die Jungen jahrelang darauf vor.

Bei einem anderen Eingeborenenstamm wurden die Jungen, die an der Grenze zum Erwachsenwerden standen, in einer Neumondnacht auf einer Waldlichtung, bis zum Hals in die Erde eingegraben. Erwachsene machten nun furchterregende Geräusche, nachdem den Jungen vorher erzählt wurde, daß in der Nacht die Geister kommen und ihnen ihr Fleisch bis auf die Knochen abnagen.

Die Mutter/Frau/Erde will - jedesmal werden die gleichen Emotionen ausgelöst - den Jungen festhalten und verschlingen. Die Ängste, die hier hochkommen müssen durchstanden werden, dann ist es geschafft.

Heute können Abenteuerurlaube oder Auslandsaufenthalte, die ein Mann, am besten allein, auf jeden Fall ohne Frau antritt, eine Hilfe sein. Ganz allein auf sich gestellt Abenteuer zu bestehen, rückt einen Mann in die Position eines Erwachsenen.

Hat ein Mann diesen Sprung geschafft, so beginnt für ihn ein neuer Entwicklungsabschnitt. Er wird zu einem immer männlicheren Mann werden und damit für Frauen immer begehrenswerter.

Macht er diesen Entwicklungsschritt nicht, so bleibt er der ewige Junge oder Junggeselle. Er wird nicht zum Mann, sondern lediglich älter. Er interessiert sich all die Jahre immer nur für gleichbleibend junge Mädchen und bedauert irgendwann, daß die Resonanz nachläßt.

Kann das wahr sein?

Ein Mann, der die Trennung von der Mutter noch nicht vollzogen hat, sucht Nähe und Geborgenheit wie bei seiner Mutter.

Er sucht eine Frau, die er wie seine Mutter bewundern kann. Er braucht jedoch eine Frau, von der er sich bewundern läßt.

Eine Frau, die er bewundern kann, hält er nicht aus. Er kann sie genausowenig ertragen, wie er die Fürsorge seiner Mutter nicht mehr ertragen kann.

Ein Mann muß einen Wechsel aus einer Position unter der Mutter in eine Position über der Frau vollziehen.

Er muß aus einer emotional unterlegenen Position in eine emotional überlegene Position wechseln.

Ein Mann kann sich seiner Frau nur unter- oder überlegen fühlen. Ist er unterlegen, so fühlt er sich mit der Zeit immer schwächer. Er wird beruflich weniger leisten und Gefahr laufen, in Ängsten oder Depressionen zu versinken. Fühlt er sich überlegen, so wird er immer stärker.

Ein Mann, der sich einer Frau unterlegen fühlt, kann sich nicht stark fühlen. Mit der Zeit verliert er die Lust, mit ihr zu schlafen.

Der Wechsel vom Jungen zum Mann macht Angst. Er ist vergleichbar mit dem Gefühl von jemandem, der bisher nur im Zuschauerraum gesessen hat und nun das erste Mal auf die Bühne muß.

Macht der Junge den Wechsel zum Mann, so wird vom Mädchen verlangt, den Wechsel zur Frau zu machen.

Läßt eine Frau sich nicht fallen, kann er sie nicht tragen.

Haben beide diesen Wechsel vollzogen, beginnt eine gemeinsame Entwicklung. Erst von diesem Zeitpunkt an, kann ein Mann seine Männlichkeit ausbilden und die Frau ihre Weiblichkeit.

Wagt ein Junge es nicht, zum Mann zu werden, wagt seine Freundin nicht, zur Frau zu werden. Sie kann sich nicht fallen lassen, wenn sie sich nicht sicher ist, daß er sie trägt.

Solange ein Junge nicht zum Mann und ein Mädchen nicht zur Frau geworden ist, sind beide weitgehend gleich. Eine solche Partnerschaft kann für beide erst im Alter befriedigend werden.

Das kommt häufig vor!

Ist ein Junge noch nicht zum Mann geworden, gleitet seine Partnerin meist in die Rolle eines Kindes. Es ist ihre einzige Möglichkeit sich ihm unterzuordnen. Diese Rolle verhindert ihre Entfaltung. Sie fühlt sich von ihm dominiert und unterdrückt. Sie zu maßregeln ist seine einzige Möglichkeit, sich ihr überlegen zu fühlen. Bekommt sie ein Kind, konzentriert sie sich meist auf ihre Mutterrolle - auch ihm gegenüber. Dann schwindet ihr sexuelles Begehren, und sie wehrt Sex ab.

Die Chance für eine erfüllende Partnerschaft ist erst dann gegeben, wenn beide gewagt haben, ihre Gegensätzlichkeit zuzulassen.

Das läßt hoffen!

Gleich und gleich gesellt sich gern, und Gegensätze ziehen sich an. Eine gesellige Zeit bieten dem Mann nur Männer und der Frau nur Frauen. Ein spannungsfreies, geselliges Miteinander können Mann und Frau nur als Jugendliche oder im Alter erwarten.

Nur wenn Mann und Frau sich gegensätzlich verhalten, kann Begehren auf Dauer bestehen bleiben. Verhalten sich beide gleich, stoßen sie sich mit der Zeit voneinander ab. Nur Gegensätze können sich anziehen.

Das hört keiner gern!

Der Wunsch vieler Frauen, berufliche Ziele zu verfolgen wie er und gleichzeitig Nähe zu bekommen ist unsinnig. Genauso unsinnig wie das Ansinnen zu schwimmen, ohne naß zu werden.

Ist eine Frau dem Mann ähnlich, so ist sie für ihn ungefährlich, aber nicht anziehend. Ist eine Frau weiblich, so macht sie dem Mann Angst, aber er fühlt sich von ihr angezogen.

Meist stimmt es!

Je weiblicher die Frau, desto größer die Potenz des Mannes.

Männer haben vor der weiblichen Frau Angst. Sie haben die Neigung, sich gegen sie zu wenden, sich von ihr abzugrenzen und sie nicht an sich herankommen zu lassen. Diese innere Haltung gehört zur sexuellen Spannung und ist gut. Eine hohe sexuelle Spannung birgt die Gefahr, daß Männer gegen Frauen Aggressionen entwickeln. Zu bedenken ist: Aggressionen können schwächen und Haß kann töten. Darum gehört es zur Pflicht des Mannes, Frauen freundlich zu behandeln.

Jede Frau weiß das!

Männer sind wie Kinder und werden von Frauen auch so behandelt. Hat ein Mann den Entwicklungssprung in die Männlichkeit gemacht, macht es ihm nichts aus. Dann erhält er die Wärme und Geborgenheit zurück, die ihm bei seiner Mutter verloren gegangen ist.

Fühlt sich ein Mann der Frau übergeordnet, hält er es aus, verwöhnt zu werden.

10

Rainer & Victoria

Victoria (26) setzt sich nach dem Abendessen zu Rainer, vor den Kamin ihrer neuen Wohnung.
Victoria rührt in ihrem Cappuccino. „Liebling, ich muß mal mit dir reden!"
„Ja, was denn?"
„Liebst du mich?"
„Das weißt du doch."
„Nein, ich meine, liebst du mich wirklich?"
„Natürlich lieb' ich dich wirklich."
„Ich habe Angst, daß du mich nur liebst, weil ich einen tollen Job mache, mich viele beneiden, und ich unabhängig bin.
Rainer freut sich, daß die neue Espressomaschine einen funktionstüchtigen Milchschäumer hat.
„Das ist doch Quatsch."
„Das sagst du so. Stell dir mal vor, ich würde meinen Job verlieren und wäre nicht mehr die strahlende Karrierefrau? Ich habe Angst, daß du mich dann fallen lassen würdest. All deine vorherigen Frauen waren solche starken Karriereweiber. Warum solltest du mich dann noch gut finden?"

Rainer läßt ein Stück Zucker in den Schaum fallen. „Ich finde dich nicht gut, ich liebe dich. Das ist ein großer Unterschied. Ich liebe dich nicht, weil du einen großartigen Job machst, sondern weil du eine schöne und kluge Frau bist, und weil ich dich brauche."

„Hm. Du meinst, wenn ich nicht mehr arbeiten würde, fändest du mich genauso Klasse?"

„Wahrscheinlich noch besser. Dann wärst du nicht mehr so abgehetzt. Stimmt doch oder?"

„Und wer zahlt dann meine ganzen Unkosten?"

Rainer steht auf und legt einen Holzscheit ins Feuer. „Bleibt ja nur noch einer."

„Du meinst, du würdest das wirklich für mich tun?"

„Nein, für uns." Rainer setzt sich wieder.

Victoria schluckt. „Ich habe so eine Angst davor. Sieh mal, ich müßte alles aufgeben, was ich bisher aufgebaut habe und mich völlig auf dich verlassen. Dann bin ich doch total auf dich angewiesen. Ich wollte nie von einem Mann abhängig sein."

„Wäre das denn so schlimm, wenn du mich brauchst?"

„Ich glaube schon. Wenn du erst mal merkst, daß ich gar nicht so toll bin, wie du denkst. Was ist, wenn sich herausstellt, daß ich unperfekt, faul, launisch und schlampig bin?"

„ - und frech, unzuverlässig, chaotisch, unorganisiert und unpünktlich. Weiß ich schon lange. Und stell dir vor, trotzdem oder vielleicht gerade deswegen, liebe ich dich. Wenn du nicht gelegentlich eine halbe Stunde später kämst als verabredet, würde mir wahrscheinlich was fehlen."

Victoria ärgert sich, daß er recht hat. „Kommt nie wieder vor. Du meinst, mit so einem schrecklichen Menschen könntest du es aushalten?"

Rainer grinst. „Der Mensch ist nicht schrecklich, sondern für mich der wichtigste Mensch auf der Welt. Ich sage dir jetzt einmal etwas ganz Kitschiges, was du mir ruhig glauben kannst. Ich werde dich nämlich achten und ehren in guten wie in schlechten Tagen. Das muß

ich ja bald schwören und stell dir vor, ich habe die feste Absicht mich daran zu halten."
Victoria heult.
Rainer stellt seine Tasse zur Seite. „Was ist denn los?"
„Was ist, wenn ich aufhören würde zu arbeiten? Wenigstens für eine Zeit, um uns beiden ein richtig schönes Leben aufzubauen. Das geht irgendwie nicht, wenn ich arbeite."
Er schaut sie an und findet sie richtig rührend. „Meinst du nicht, daß dir dann die Decke auf den Kopf fällt?"
„Bestimmt nicht. Hier ist so viel zu tun. Bis das erst richtig schön ist. Ich möchte für uns beide ein Paradies schaffen. Ein Zuhause, in dem du dich geborgen und wohl fühlst. Und ich möchte ein Baby von dir."
„War es das, weshalb du mit mir sprechen wolltest?"
Victoria ist über sich selbst überrascht. „Nein, das war es nicht. Jetzt habe ich das erste Mal das Gefühl, zu Hause angekommen zu sein."
„Anscheinend ist es das. Möchtest du ein Glas Champagner?"

Unglaubliche Erkenntnis:

Richtige Frauen können Männer verwöhnen, oder:
Das Wagnis der Weiblichkeit.

Hat ein Mädchen das Alter erreicht, zur Frau zu werden, setzt in einem schleichenden Prozeß ein seelischer Wandel ein. Es formiert sich ein völlig neues Bedürfnis. Um sich wohl und zufrieden zu fühlen, braucht sie es bald, dem Mann, den sie liebt zu helfen, ein Zuhause zu schaffen und Kinder aufzuziehen. Eine bisher unbekannte Seite von ihr möchte einem Mann gehören, ein Teil von ihm sein, von ihm versorgt und beschützt werden. Allerdings weiß sie davon zunächst noch nichts. Es ist ihr noch unbewußt. Mit der Zeit, besonders wenn sie sich verliebt, wird dies Verlangen immer mächtiger auf sich aufmerksam machen.

Es fordert von ihr, sich fallen zu lassen und bedeutet den Wechsel aus der emotional unterlegenen Position des Kindes unter der Mutter, in die emotional unterlegene Position unter dem Mann. Wie im vorhergehenden Kapitel bereits betont, ist mit ihrer Unterordnung keine Wertung verbunden. Sie ermöglicht es erst, daß Mann und Frau zu gleichwertigen Partnern werden. Beide werden gleich stark.

Erst eine weibliche Frau ist dem Mann ebenbürtig.

Dieser Wechsel führt zu einer gravierenden psychischen Veränderung. In der Beziehung zur Mutter ist das Kind, also das Junge, normalerweise in der männlichen Position. Die Mutter bildet den weiblichen Pol. Junge und Mädchen werden von der Mutter gleichermaßen dazu erzogen, eigene Ziele in Angriff zu nehmen und sie tatkräftig zu verfolgen. Jede weibliche Mutter drängt idealerweise ihr Kind auf die männliche Seite. Nur so können Mutter und Kind eine Einheit bilden und sich verbunden fühlen. Verbindet sich ein Mädchen mit einem Mann, muß sie die Erwartungen der Mutter meist enttäuschen, selbst erfolgreich etwas zu erreichen. Sie muß eine ganz andere Richtung einschlagen und allem, wozu sie bisher vorbereitet wurde, den Rücken kehren. Sie muß eine weibliche Haltung einnehmen, wie ihre Mutter sie innehatte. Das ist nur möglich, wenn sie sich aus der ursprünglichen emotionalen Einheit Mutter und Kind löst und eine neue Einheit, jetzt zwischen Mann und Frau eingeht. Sie muß von der ehemals männlich orientierten Haltung des Kindes in die weibliche Haltung der Frau überwechseln. Häufig gibt es in dieser Wechselphase zwischen Mutter und Tochter Streit. Eine Tochter wechselt aus der Gegensätzlichkeit in die Gleichheit.

Die Einheit mit dem Mann verlangt von ihr, eigene Ziele loszulassen und sich fallen zu lassen. Ab jetzt muß sie ihn machen lassen. Zum Leben notwendige Mittel erhält sie ab jetzt von ihrem Mann. Diese empfangende Haltung erzeugt in der Frau das Empfinden, der unterlegene Part zu sein, es öffnet sie und macht sie weiblich.

Eine Frau empfängt materielle Mittel (vom Mann).

Eine empfangende Haltung macht ein Mädchen jedoch noch nicht zur Frau. Erst wenn sie die Kraft aufbringt, die Dinge, die sie empfängt, so einzusetzen, daß sie primär nicht ihr, sondern ihm und ihrer Familie zu Gute kommen, ist der entscheidende Schritt gemacht. Dies weckt in ihr die Fähigkeit, Energie zu erzeugen. Es eröffnet ihr erstmals die Möglichkeit, ihre Weiblichkeit zu entwickeln und macht sie zur Frau. Ein Mädchen wechselt aus der energieempfangenden Haltung des Kindes in die energiespendende Haltung der Frau.

Eine Frau gibt Energie (dem Mann).

Damit übernimmt eine Frau die Verantwortung für das Wohl und Leben ihres Mannes und der Familie.

Ein Mann empfängt Energie (von der Frau).

Ein Mann gibt Energie (der Welt).

Die Energie der Frau setzt ein Mann wiederum ein, um in der Welt etwas zu schaffen.

Vor Weiblichkeit hat eine Frau Angst

Dem weiblichen Bedürfnis geben viele Frauen heute so schnell nicht nach. Das wird verständlich vor dem Hintergrund, daß eine Frau heute meist genauso dazu erzogen wird, sich aktiv ihren Lebensunterhalt selbst zu erarbeiten und eigene Ziele zu verfolgen. Davon loszulassen, konfrontiert sie mit der Angst, Anerkennung zu verlieren, und zwar vor sich selbst, von anderen und besonders von dem Mann, den sie am meisten liebt. Außerdem befürchtet sie den Verlust der gewohnten Unabhängigkeit und wirtschaftliche Nachteile. Dennoch drängt die Natur eine Frau in diese Richtung.

In der Realität erhöht eine Frau meist ihr berufliches Engagement, versucht, ihr Bedürfnis zu besiegen und lehnt jeden Impuls, der in die weibliche Richtung geht, entschieden ab.

Steigt ihr weibliches Bedürfnis weiter an, so geraten viele Frauen in nahezu unlösbare Konflikte. Auf der einen Seite möchten sie wie bisher, aktiv ihre Karriere verfolgen, und auf der anderen Seite wünschen sie sich eine Familie und Kinder. Eine Frau spürt, daß beides Verhaltensweisen von ihr verlangt, die nicht miteinander zu vereinbaren sind.

Die Natur versucht, ihr zu helfen, diesen Konflikt zu lösen. Viele Frauen stellen fest, daß ihre beruflichen Ziele verschwimmen. Eine

Frau, die noch bis vor kurzem genau wußte, welche beruflichen Ziele in ihrem Leben höchste Priorität haben, gerät häufig in eine Verfassung, daß sie nicht mehr weiß, was sie eigentlich will. Sie mag feststellen, daß ihr Beruf nicht geeignet für sie ist und hat meist das Gefühl, daß ihre berufliche Aufgabe sie daran hindert, das zu tun, was für sie wirklich wichtig ist. Sie spürt, ihre eigentliche Berufung liegt irgendwo anders. In einer solchen Situation ist eine Frau normalerweise unzufrieden. Sie weiß, daß sie irgend etwas verändern muß, ohne zu wissen was. Die Veränderung, die eine sofortige Lösung bringen würde, nämlich der bewußte Entschluß und das Bekenntnis zur Weiblichkeit, wird häufig nicht erkannt, nicht gewagt und deshalb ganz entschieden nicht gewollt. Dadurch baut sich in der Frau eine psychische Spannung auf, die sich auch in körperlichen Symptomen äußern kann. Ihr Bedürfnis nach Weiblichkeit zieht sie in die eine Richtung und ihr Wunsch, ihre eigenen Ziele zu verfolgen in die andere. Diese Spannung hat Auswirkungen auf ihre Partnerschaft. Beide geraten unter eine immer größere Anspannung, die sich erst in dem Moment entlädt, wenn sich eine Frau fallen läßt, sich für ihre Weiblichkeit entscheidet und die andere Seite aufgibt. Sonst bleibt die Spannung bestehen. Sie kann so hoch anwachsen, daß es einem Paar unerträglich ist, sie auszuhalten. Sie soll sich fallen lassen, und er soll sie tragen - oder - beide sollen sich trennen. Mehr Möglichkeiten, um glücklich zu werden gibt es nicht.

Haben sich Mann und Frau dazu entschlossen, zusammenzubleiben, so sollte die Frau das Wagnis der Weiblichkeit eingehen. Jetzt wird ganz praktisch von ihr verlangt, ihre eigenen Ziele aufzugeben, zunächst seine Ziele zu ihren zu machen und ihm zu helfen.

Ein solcher Schritt ist für eine Frau normalerweise schwer. Meist ist sie stolz auf die Dinge, die sie bisher selbst geschaffen hat. Sie freut sich darauf, ihre Ziele zu realisieren und damit ihr Können unter Beweis zu stellen. Das alles aufzugeben, verlangt ihr einiges ab. Dieser

Wechsel ist vergleichbar mit dem Schicksal einer Schauspielerin, die jahrelang für eine bestimmte Rolle trainiert hat, und in dem Moment, wenn sie sie beherrscht, in den Zuschauerraum gebeten wird, um sich mit anzusehen wie ein anderer diese Rolle spielt. Für viele Frauen heute ist dieser Schritt nahezu unmöglich. Er käme einem Brechen ihrer Persönlichkeit gleich. Ihre Angst, in naher Zukunft mittellos und als Nobody dazustehen, ist in vielen Fällen unüberwindlich und angesichts der hohen Scheidungszahlen häufig auch berechtigt. Die Natur nimmt keine Rücksicht auf Scheidungsraten. Sie drängt eine Frau genau in die Richtung, die sie aus realistischen Überlegungen meist nicht einschlagen will. Ein Kind zwingt eine Frau normalerweise dazu. Durch die intensive Zuwendung, die ein Kind braucht, wechselt sie von der männlichen zur weiblichen Power, unter der Voraussetzung, daß sie diese Aufgabe verantwortlich, und vor allem selbst erledigt. Es ist eine tiefgreifende Veränderung und darum zunächst häufig unangenehm, entspricht aber letztlich weiblichem Bedürfnis.

Ein Mann braucht es nicht so notwendig, seine weibliche Power zu trainieren. Im Gegenteil, sie läuft seinem männlichen Bedürfnis zuwider. Darum liegt es allein im Verantwortungsbereich der Frau, sich um kleine Kinder zu kümmern. Ein Mann, der z.B. sich genauso wie die Frau um sein Baby kümmert, setzt sich unter psychischen Streß, gefährdet häufig seinen Beruf und reduziert seine Männlichkeit.

Geht eine Frau diesen Weg, hat der Gang von der Bühne runter in den Zuschauerraum zunächst etwas Erniedrigendes. Aber bald wird sie erfahren, daß man ihr die Rolle des Regisseurs gegeben hat, und sie stellt zu ihrer Überraschung fest, daß ihr die Regie Spaß macht. Vermeidet sie den Weg, bleibt sie jungenhaft, also das Mädchen oder die Jungfer. Sie wird nicht zur Frau, sondern lediglich älter und ist irgendwann ein altes Mädchen.

Eine Frau gleitet in die Welt des Mannes

Wagt es eine Frau, sich fallen zu lassen, so betritt sie eine völlig andere Welt. Während die Welt des Mannes sich im Laufe seines Lebens kontinuierlich immer mehr ausweitet, er erlebt und sieht von der Welt immer mehr, so erlebt sie einen Bruch. Sie wird mit einem völlig fremden Terrain konfrontiert. Sie gleitet in seine Welt. Menschen, die ihm nahe stehen, werden auch für sie nah sein. Themen, die für ihn relevant sind, werden auch für sie bedeutsam werden. Menschen oder Themen, die für ihn weit weg sind, werden sich auch ihr entziehen. So wird eine Frau normalerweise ihren Freundeskreis verlassen und in seinen Kreis tauchen. Auch wenn sie sich vornimmt, ihre Freunde zu behalten, so wird sie feststellen, daß sie immer weniger mit ihnen verbindet, und der Kontakt wird abreißen. Das geschieht automatisch und kann kaum beeinflußt werden. Es ist eine ganz andere Welt, mit anderen Menschen und anderen Themen. Manches von diesem Neuen wird sie ablehnen. Sie fühlt sich fremd und ist zunächst völlig auf ihn angewiesen, denn er ist der einzig vertraute Mensch in ihrer neuen Lebenssituation. Ist diese zu Anfang schwierige Phase überstanden, beginnt sie, sich in ihrer neuen Welt einzurichten und sie nach ihren Vorstellungen zu gestalten. Sie bringt Atmosphäre und Leben in seine Welt. Er wird in der Atmosphäre und in dem Geist leben, mit dem sie seine Welt erfüllt.

Weiblichkeit ist die schwache Seite des Mannes

Entwickeln sich Mann und Frau in gegensätzliche Haltungen hinein, so übernimmt eine Frau die Schwächen des Mannes. Was ist damit gemeint? Seine Schwächen sind seine unbewußten Persönlichkeitsanteile. Sie sind die Eigenschaften, die ihn zwar charakterisiert, von denen er allerdings noch nichts weiß. Sie sind der Teil seiner Persönlichkeit, der sich als das Gegenteil dessen äußert, als die Person, die er zu sein anstrebt. Z.B. zeigt sich die schwache Seite desjenigen, der Macht anstrebt, als eine Person ohne Macht. Oder wem Erfolg wichtig ist, trägt auch einen Persönlichkeitsanteil in sich, der ein Versager ist. Diese noch unbewußte, dunkle Seite des Mannes übernimmt eine Frau. Es ist ihre Aufgabe, dies Dunkel zu lichten und seine Schwächen zu überwinden, also Bewußtsein zu bilden.

Dieser dunkle Prozeß ist nun keinesfalls ein Vorgang, der unmerklich abläuft, ohne die Frau zu berühren oder zu stören. Im Gegenteil. Ihre Psyche ist ja gerade die Instanz, die diesen Prozeß ausmacht. Sie selbst, ihre Wahrnehmung, ihre Emotionen und ihr Selbstempfinden werden durch ihn weitgehend gesteuert.

Zunächst ist das, was ihr bewußt werden soll, noch tief unbewußt. Mangel an Bewußtsein ist Mangel an Energie und der äußert sich als Belastung. Ihre emotionale Stimmungslage verdüstert sich. Emotional sackt sie ab. Bei hohen inneren Herausforderungen, also dann, wenn es viel zu bewältigen gilt, kann sich eine Frau niedergeschlagen, energetisch am Boden und traurig fühlen. In solchen Phasen ist sie geschwächt, zweifelt häufig an sich selbst und verliert an Selbstvertrauen.

Eine geschwächte psychische Verfassung entsteht in einer Übergangsphase und sollte überwunden werden. Gelingt es ihr, mit dem, was sie bedrückt, fertig zu werden, so klettert ihre Stimmung wieder hoch. Emotionen werden heller, und bald fühlt sie sich wieder oben auf. In dieser Phase hat sie Bewußtsein entwickelt und damit Energie erzeugt. Diese Energie zieht ihre Emotionen wieder nach oben. Ihre Selbstzweifel verfliegen, sie faßt wieder Zutrauen zu sich selbst. Sie hat an Stärke und Persönlichkeit dazugewonnen.

Weiblichkeit pulsiert im Rhythmus von Energiemangel und Fülle. Er beschert ihr emotionale Ups und Downs. Sie sind der Motor, der sie mit der Zeit ein immer höheres Energieniveau erklimmen läßt.

Unglaubliche Erkenntnis:

Ist der Mann erfolgreich, so trägt die Frau die Last seines Erfolges

Erfolge des Mannes können eine Frau energetisch tief nach unten drücken. Dann fühlt sie sich durch ihn belastet. Was macht diese Belastung aus? Was belastet eine Frau? Präzise gesagt ist es die Leidform seiner Absichten. Was ist damit gemeint? Wer befiehlt, drückt sein Gegenüber in die Position des Befehlsempfängers. Das löst bei beiden entsprechende Stimmungslagen aus. Wer Befehle erteilt, fühlt sich anders als der, der gehorcht. Es sind komplementäre Gefühle. In einer Beziehung gleitet eine Frau in genau die Gefühlslage, die der des Mannes entgegengesetzt ist.

Ohne die Chance, ausweichen zu können, spürt eine Frau, zunächst unbewußt, diese andere Seite des Mannes. Ein Mann teilt aus, sie empfängt. Desto konsequenter es beide schaffen, ihre Gegensätzlichkeit auszuleben und sich in ihrer Gegensätzlichkeit zu akzeptieren, desto glücklicher und harmonischer ist eine Ehe.

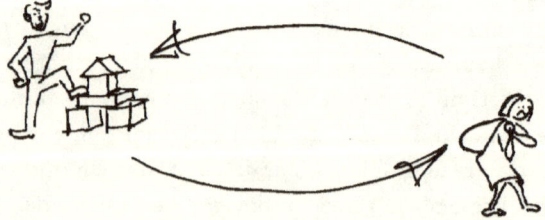

Diese polare Aufteilung emotionaler Grundstimmungen auf Mann und Frau ist keinesfalls ein einfacher Prozeß, sondern kann eine Ehe zu einer Zerreißprobe werden lassen. Denn beide müssen die Fähigkeit, die andere Seite auszuleben, erst erwerben. Präziser gesagt, muß eine Frau diese Fähigkeit erwerben. Ein Mann muß es lernen, die völlig andere Verhaltensweise, die eine Frau im Laufe dieses

Prozesses zeigt zu akzeptieren, und ihr gleichmütig gegenüber zu stehen.

Häufig hält eine Frau die Stimmungslage, in die er sie hineindrängt nicht aus. Sie hat noch nicht die psychische Stärke entwickelt, sie zu ertragen. Ist es ihm wichtig, fleißig zu sein, so muß sie es schaffen, sich selbst z.B. als Genußmensch wertzuschätzen. Häufig will sie genauso fleißig sein wie er. Nichtstun ist in ihrer Wertskala kein Genießen, sondern schlicht Faulheit. Ist ihm Macht wichtig, so muß eine Frau es lernen, eigener Macht keine Wichtigkeit zu geben. Diese Umwertung muß eine Frau schaffen, sonst kann sie an dem emotionalen Druck, der von ihm ausgeht, erkranken.

Wenn ein Workoholik sich mit der Begründung von seiner Frau trennt, sie sei zu faul oder der Intellektuelle seine Frau gering schätzt, weil sie nicht liest oder der Technokrat mit seiner Frau nichts anzufangen weiß, weil sie - wie er abfällig meint, nur malt, so haben diese Männer die Herausforderung, die eine Ehe an sie stellt nicht geschafft. Diese Männer sollten sich vergegenwärtigen, daß es ihre eigene einseitige emotionale Ausrichtung ist, die die Frau auf die andere Seite drängt.

Eine Frau, der die gleichen Wertmaßstäbe anerzogen wurden wie Männern, hat es besonders schwer. Nehmen wir an, ihr ist es wie ihrem Mann wichtig, Leistung zu zeigen und Erfolge zu haben. Zwingt ihre Beziehung sie auf die andere Seite, so stellt sie meist fest, daß es immer schwerer wird, ihre Interessen durchzusetzen. Jetzt kostet es meist Verzweiflung, Tränen und Zeit, bis sie an der Tatsache, daß sie nicht den Erfolg hat, den sie sich vorstellt, irgendetwas Positives entdecken kann. Erst wenn sie erkennt, daß die andere Seite des Erfolges genußreich und sehr schön sein kann, so hat sie es geschafft. Eine Frau wird diese Entwicklung um so leichter und schneller vollziehen, wenn ihr Mann sie dabei unterstützt und nicht etwa die Problematik noch dadurch verschärft, indem er ihr erklärt, daß er nur Karrierefrauen toll findet.

Sämtliche Wertvorstellungen, bei der er zur einen Seite ja und zur anderen nein sagt, setzen bei ihr einen Entwicklungsprozeß in Gang. Stellt er Stärke zur Schau, so soll sie nicht selbst genauso stark sein wollen, sondern erkennen, daß es für sie schön sein kann, schwach zu sein und sich bei ihm anzulehnen. Ist ihm Reichtum wichtig, so soll sie den Wert des Puren und der Reduktion entdecken. Seine Großspurigkeit sollte sie zur Bescheidenheit bringen, auf seine Härte sollte sie weich reagieren. Ist er diszipliniert, so sollte sie es zulassen, spontane Impulse auszuleben. Sein Hochmut sollte sie als Aufforderung verstehen, sich mit Demut auseinanderzusetzen, auf seine Kleinlichkeit wird sie vermutlich mit kreativ chaotischen Ordnungsstrukturen reagieren, und seine Rechthaberei wird sie irgendwann dahin trainieren, sich nicht mehr zu ärgern, sondern ihm recht zu geben, etc.

Hat sie durch einen Prozeß innerer Auseinandersetzung sich so weit entwickelt, daß sie auch zur anderen Seite ja sagen kann, so sollte sich gleichzeitig die Werthaltung ihres Mannes verändert haben. Der Workoholik, der früher jeden, der weniger tat, als faul abqualifizierte, wird zu einem angemessenen Arbeitsmaß finden. Der Techniker wird vielleicht Kunst oder Musik zu seinem Hobby machen, und dem Intellektuellen wird es vermutlich nicht mehr so wichtig sein, daß sie liest und viel weiß, sondern er wird vielleicht die emotionalen Qualitäten seiner Frau schätzen lernen. Seine Rechthaberei weicht einer soliden Sachkenntnis, und war er bisher kleinlich, so ist er heute ordentlich. Haben beide diese Entwicklung miteinander vollzogen, so gibt es nicht mehr eine willkommene und eine abgelehnte Seite, sondern beide Seiten haben ihre Existenzberechtigung und sind gut.

Diese Entwicklungsarbeit leistet hauptsächlich die Frau. Damit ihr Mann nachzieht, müssen beide miteinander in ständigem Gespräch bleiben. Damit hilft sie ihrem Mann, und er kann all seine Kraft für seine Ziele verwenden. Verweigert eine Frau ihre Hilfe, muß ein Mann die Belastung, die diese Entwicklung mit sich bringt, selber tragen. Jetzt wird er selbst gezwungen, sich genau mit der Seite seiner Persönlichkeit auseinanderzusetzen, die er nicht akzeptieren kann. Will er reich sein, so werden sich ihm mit der Zeit, zunächst unbewußt und bald immer deutlicher, Empfindungen aufdrängen, die ihm signalisieren, arm zu sein. Will er Siege, so ist Verlieren sein Thema. Will er Erfolge, so belastet ihn mögliches Versagen. Solch ganz und gar nicht willkommenen Gefühle müssen bewältigt werden und können seine Kraft erheblich abbremsen. Will er viel erreichen, so können ihn die damit verbundenen Belastungen ins Aus schießen. Ehe dieser Fall eintritt, fängt ihn häufig eine Geliebte ab und der Ehe droht die Trennung.

Eine Frau übernimmt seine Belastungen in allen Situationen, in denen sie mit seiner emotionalen Stimmungslage konfrontiert wird. Jeder Umgang oder Gespräche mit ihm sind dafür geeignet. Besonders empfänglich ist eine Frau in der Sexualität. Sex entlastet ihn und belastet sie. Sie spürt die Last, die er ihr aufbürdet wie eine Schwangerschaft nicht sofort. Es wird für sie erst mit der Zeit immer schwerer. Irgendwann merken die meisten Frauen, daß sein Erfolg ihre Kraft kostet. Jetzt kommt es darauf an. Ein Mann, der ihre Hilfe nicht erkennt, wird bald keine Unterstützung mehr haben. Eine Frau ist gerne bereit, ihre weiblichen Aufgaben zu übernehmen, aber nur für den Mann, der ihre Leistung an seinem Erfolg wertschätzt.

Atalante

Atalante war zu einer blühenden Jungfrau herangewachsen. Ihre Leidenschaft war das Jagen und Laufen. Sie hatte es in diesen beiden Disziplinen bereits zu besonderem Ruhm gebracht. Sie kannte nichts Schöneres und wollte deshalb auf keinen Fall heiraten. Als sie immer mehr dazu gedrängt wurde, konnte sie sich nicht mehr wehren und erklärte sich unter der Voraussetzung bereit, daß die Freier mit ihr ein Rennen liefen. Den Überlegenen würde sie zum Mann nehmen. Wer unterlag mußte sterben. Die Helden des ganzen Landes kamen, um sich mit ihr zu messen. Einer nach dem anderen trat mit ihr zum Rennen an und verlor. Hippomenes, ein edler Jüngling hörte davon und wollte den Helden ausreden, für eine Frau ihr Leben zu riskieren. Zufällig sah er Atalante. Er war von ihrer Schönheit so sehr gefangen, daß er sofort zum nächsten Rennen antrat. Er ahnte, daß ihm keine leichte Herausforderung bevorstand und bat die Liebesgöttin Aphrodite um Hilfe. Sie gab ihm drei goldene Äpfel und wies ihn an wie er damit umgehen sollte. Das Rennen begann und beide flogen wie von der Sehne geschossen über die Rennbahn. Leichtfüßig setzte sie an, an ihm vorbeizuziehen, da hörte er wie Aphrodite ihm zurief: „Wirf einen Apfel!" Tatsächlich, Atalante stutzte, blieb staunend vor dem Gold stehen und hob es auf. Dann schoß sie wieder los. Als sie ihn fast eingeholt hatte, warf er den nächsten Apfel. Auch diesmal lockte sie das Gold. Sie nahm den Apfel und rannte weiter. Schon war sie ihm erneut auf den Fersen und setzte an, ihn zu überholen. Völlig außer Atem warf er ihr den dritten Apfel vor die Füße. Sie konnte nicht widerstehen und hob ihn erneut auf. Ganz knapp, mit einer Nasenlänge Vorsprung, preschte er durchs Ziel. Man sagt, nicht ungern hätte sie sich für besiegt erklärt, und glücklich folgte sie dem Mann, der es verstanden hatte, sie zu überwinden und ihre Liebe zu gewinnen.

In dieser kleinen griechischen Sage steckt eine Fülle an Symbolik. Zunächst wird die männliche Orientierung der jungen Frau zum

Ausdruck gebracht: Atalante liebt das Laufen und Jagen. Sie hat kein Interesse daran zu heiraten, denn sie liebt ihr bisheriges Leben und kennt nichts Schöneres. Vielen jungen Frauen heute, geht es nicht anders. Es wird darauf aufmerksam gemacht, welch drastisches Schicksal Männer erwartet, die ihrer Frau unterlegen sind. Mit dem Rennen wird ein rhythmischer Prozeß symbolisiert. Hippomenes läßt einen goldenen Apfel fallen, und Atalante hebt ihn auf. Dadurch verliert sie Zeit, fällt hinter Hippomenes zurück und holt wieder auf. Diese Bilder veranschaulichen den Rhythmus der Weiblichkeit. Eine Frau übernimmt seinen Besitz und damit gleichzeitig seine Belastung. Das Aufheben des goldenen Apfels zeigt ihre Fähigkeit, seine Belastungen aufzuheben, also zu neutralisieren. Das Gold steht für den Wert, den diese Last hat, denn es bietet gleichzeitig die Chance, ein höheres Bewußtseinsniveau zu erlangen.

Das darf doch nicht wahr sein!

In der Sexualität oder im Gedankenaustausch übergibt die Frau dem Mann Energie. Dadurch verliert sie ihren Willen, Biß und ihre Zielstrebigkeit.

Die Energie der Frau macht Männer stark.
Das Vermögen des Mannes macht Frauen schwach.

Die Leistungen des Mannes setzen in der Frau Energie frei, die ihm zugute kommt.

Die Leistungen des Mannes machen den Mann erfolgreich und sie häufig arbeitslos.

Männlichkeit realisiert die Ziele der Frau

So wie sich seine unbewußten Schwächen in ihrem Verhalten widerspiegeln, so spiegelt sich die Kehrseite der Schwächen, also ihre Ziele, in seinem Verhalten wider. Eine Frau, die Macht fasziniert, verbirgt selbst Gefühle der Ohnmacht. Ihr Mann erklimmt die Ziele, die ihr wichtig sind. Mit der Zeit wird er immer mehr Macht haben und sich auch entsprechend verhalten. Dies ist allerdings nur Fassade, er stellt etwas zur Schau, das von seiner Persönlichkeit noch nicht getragen wird. Dazu ist Entwicklung erforderlich, die in einer Beziehung, ohne ihre Hilfe nicht stattfinden kann. In dem Maße, wie sie Schwächen überwindet, wächst die Persönlichkeit beider. Bald wird er nicht nur Macht haben und sie demonstrieren, bald wird er mächtig sein.

Eine Frau befähigt somit ihren Mann, ihre Wünsche zu realisieren. Damit steuert sie ihn, häufig ohne es zu beabsichtigen und ohne sich ihrer Stärke bewußt zu sein. Er wird vermutlich so weit in der Lage sein, ihre Ansprüche zu erfüllen, wie sie in der Lage ist, in deren emotionale Kehrseite abzutauchen.

Weibliche Schwäche ist stark.

Für einen Mann ist es nicht gerade leicht, in seiner Frau viele von den Eigenschaften zu sehen, die für ihn selbst ganz und gar nicht in Frage kommen. Die Grenze, zu der sie sich abwärts wagt, bestimmt meist ihr Mann. Sie wird nur so weit schwach werden, wie er die damit verbundenen weiblichen Verhaltensweisen noch aushält. Beginnt ihre Unorganisiertheit, Unpünktlichkeit oder Hilflosigkeit ihn zu nerven, wird sie vermutlich beschließen, sich zu ändern. Begrenzt er ihren Weg nach unten, so hat er damit seinen Weg nach oben genauso abgeschnitten.

Kann das wahr sein?

Eine Frau übernimmt die Schwächen des Mannes.

Eine Frau ist wie ein Schwamm für die Belastungen des Mannes.

Der Mann übernimmt die Ziele der Frau.

Eine Frau, die den Sprung in die Weiblichkeit vollzogen hat, kann ihre Ziele nur über ihren Mann erreichen.

Eine Frau kann es erst dann aufgeben, ihre Ziele selbst zu erreichen, wenn sie die Sicherheit hat, daß seine Erfolge auch ihre Erfolge sind und sie sich nichts mehr beweisen muß. Das ist dann der Fall, wenn sie spürt, um ihrer selbst willen geliebt zu werden, und sie mit all ihren Schwächen angenommen und geachtet wird.

Das kann nicht wahr sein!

Ein Mann übernimmt die Ziele der Frau, ohne es zu merken. Er meint, es seien seine Ziele, die er verfolgt.

Ein Mann verkörpert das Potential der Frau.

Eine Frau übernimmt die Schwächen des Mannes, ohne es zu merken. Sie meint, es seien ihre Schwächen, die sich einstellen.

Die Schwächen des Mannes sind seine dunkle Seite, also all die Eigenschaften, die er an sich selbst noch nicht sieht, vielleicht auch nicht sehen will, die aber ein Teil seiner Persönlichkeit sind.

Seine Schwächen kann er noch nicht ertragen, und darum lehnt er sie meist ab und strebt die andere Seite an. Ist es ihm z.B. wichtig ordentlich zu sein, so wird er Unordentlichkeit ablehnen. Oder ihm ist es wichtig, perfekt zu sein, so wird er Unperfektheit ablehnen. Es erfordert Entwicklung, in der Lage zu sein, die eigenen Schwächen bei anderen zu ertragen.

Je länger ein Mensch seine Schwächen nicht auslebt, desto mehr fühlt er sich angespannt und belastet. Er braucht diese andere schwache Seite zum Ausgleich. Diese übernimmt eine Frau und bringt damit einen Mann ins Gleichgewicht.

Das darf nicht wahr sein!

Hat ein Mann seine Schwächen an sie delegiert, so sieht er in ihr sich selbst.

Hat eine Frau seine Schwächen übernommen, so spürt sie über ihn sich selbst.

Ein Mann sieht, eine Frau spürt.

Er projiziert sein eigenes unbewußtes Empfinden auf sie und spürt bei ihr zunächst unbewußt: Sie ist klein, dumm, schwach, unordentlich usw.

Du bist ...

Ich bin ...

Das, was er auf sie projiziert fühlt sie, damit übernimmt sie seine schwache Seite. Sie spürt zunächst unbewußt: Ich bin klein, dumm, schwach, unordentlich usw.

Die Konsequenz daraus ist, wenn Mann und Frau schlechte Laune haben, oder es beiden nicht gut geht, so reagieren beide unterschiedlich. Jetzt meint eine Frau meist, ihr geht es nicht gut, und sie fühlt sich schlecht. Ein Mann hingegen meint, das Übel ginge von anderen aus. Er neigt dazu, z.B. die schlechte Laune bei ihr oder bei anderen auszumachen.

Genauso wie er meist davon überzeugt ist, daß andere an irgend etwas Schuld haben oder unzulänglich sind. Während eine Frau dazu neigt, sich selbst mangelhaft zu finden und die Schuld bei sich selbst zu suchen.

Hat eine Frau die schwache Seite des Mannes übernommen, so entsteht in ihr weibliches Empfinden.

Die schwache Seite des Mannes ist weiblich.

Das ist doch nicht möglich!

Manchen Männern wäre es das Liebste, sie könnten ihre Belastungen an sie weitergeben, ohne die Last, die eine Frau für einen Mann häufig bedeutet, ertragen zu müssen. Das ist dann der Fall, wenn eine Frau signalisiert, nicht auf einen Mann angewiesen zu sein, und er meint, keine Verantwortung übernehmen zu müssen. Durch eine emotionale Beziehung überträgt ein Mann der Frau seine Belastungen, die sich bei ihm durch seine Anstrengungen aufgebaut haben. Das entlastet ihn, und sie trägt die doppelte Last. Da die Last seines Handelns die Karriere der Frau erheblich bremst, sollte keine Frau einem Mann, der keine Verantwortung für sie übernimmt, diesen Gefallen tun.

Das Maß seiner Schwächen ist das Maß ihrer Ziele.

Je größer die Schwächen des Mannes, desto höher die Ziele der Frau.

Je höher die Ziele der Frau, desto größer die Schwächen des Mannes.

Ein Mann mit großen Schwächen trifft meist auf Frauen, mit hohen Ansprüchen.

Frauen mit hohen Ansprüchen empfinden große Schwächen.

Männer mit anspruchsvollen Frauen haben hohe Ziele.

Das kann schon sein.

Schwächen sind schwer auszuhalten.

Hat eine Frau die Schwächen des Mannes übernommen, so fühlt sie sich durch ihn belastet.

Eine belastete Frau ist eine Last für einen Mann.

Jeder hat sein Päckchen zu tragen. Das Päckchen des Mannes ist seine Frau. Es sind seine eigenen Lasten, die ihm von seiner Frau widergespiegelt werden.

Hat ein Mann seine Lasten seiner Frau übergeben, so ist er seine Belastung los. Er trägt nicht mehr an sich selbst, dafür an seiner Frau. Wer ein schweres Paket mit sich herumschleppt sollte besser nicht heiraten.

Eine Frau übernimmt die Belastung des Mannes, damit er unbeschwert tätig werden kann. Nur dann, wenn ein Mann längere Zeit mit ihr zusammen ist, spürt er die Last, die von ihr ausgeht.

Wie wahr!

Eine dauerhaft befriedigende Ehe kann nur dann stattfinden, wenn sie es gelernt hat, seine Schwächen zu ertragen, und er es gelernt hat, sie zu ertragen.

Es ist die Aufgabe der Frau, seine Belastung abzubauen. Dafür hat er die Aufgabe übernommen, ihre Ziele zu realisieren.

Hohe Ziele ziehen hohe Belastungen nach sich.

Das geht zu weit!

Ein Mann kann nur so hoch hinaus, wie sie seine Belastung aushält, und er sie aushält.

Ein Mann kann nur so stark sein, wie sie seine Schwächen trägt.

Trennt sich ein Mann von seiner Frau, muß er seine Belastungen selber tragen.

Oder ist es doch möglich?

Eine Frau mit einem erfolgreichen Mann erreicht meist selbst wenig. Allerdings hat sie die Chance, zu einer großen Frau zu werden. Nur wenn ihr das gelingt, wird ihr Mann dauerhaft erfolgreich bleiben.

Das kann schon sein.

Frauen müssen das ausbaden, was er angestellt hat.

Große Frauen können viel aushalten.

11

Jan & Bettina

Jan und Bettina haben vor kurzem geheiratet und sitzen beim Abendessen.
Bettina reicht ihm die Salatschüssel. „Warum gehen bloß so viele Ehen auseinander?
„Tote Hose bestimmt."
„Aber das muß doch seinen Grund haben. Ich habe gelesen, daß schon bei vielen Dreißigjährigen nichts mehr läuft, das ist doch unnormal."
„Frauen haben zu hohe Ansprüche."
„Das sagst du nur, weil ich gern ein Marmorbad hätte."
„Bei uns in der Firma läuft ein Azubi herum - das ist übrigens die kleine Julie, die Tochter von Bill und Paula - die ist jeden Tag anders angezogen und sieht aus, wie vom Titelblatt."
„Na und, das ist doch schön!"
„Sie ist jetzt mit Frederic befreundet."
„Was? Julie mit deinem Chef? Der ist doch erst seit ein paar Wochen von Linda getrennt."
„Ja, Männer wechseln schnell."

Bettina sinniert darüber nach, daß es immer nur die Frauen sind, die häufig jahrelang unter einer Trennung leiden. Männer scheinen überhaupt nicht zu merken, welche Last sie sich mit einer Trennung auf den Rücken laden. Sie erinnert sich mit Grausen an eine Affäre mit einem geschiedenen Mann, kurz nach der Trennung von Rainer. Seine Eifersucht war unerträglich und seine cholerischen Phasen so, daß sie um ihr Leben fürchtete. Nach einem Wochenende mit ihm, brauchte sie eine Woche, um sich wieder zu erholen. Er hatte sie völlig ausgelaugt. Nachdem sie es endlich geschafft hatte, sich von ihm zu trennen, dauerte es noch fast vier Jahre, bis sie in der Lage war, sich erneut auf einen Mann einzulassen. Jan hätte keinen Monat früher auftauchen dürfen. Sie schiebt die Vergangenheit beiseite und konzentriert sich wieder aufs Gespräch.
„Wie will die den denn aushalten? Mit seiner Power und dem, was der auf die Beine stellt, drückt der sie doch an die Wand."
„Wie bitte? Sie hält offenbar ganz schön gegen. Neuerdings führt sie sich auf, als sei sie der Chef. Als sie zu uns kam, war sie eine nette normale junge Frau. Aber jetzt ist sie völlig abgehoben und tut so, als sei sie was Besonderes."
„Sie hat jetzt ja einen großen Freund!"
„Das meint sie vermutlich. Sie sieht nicht die Show, die er macht. Dahinter ist er der nette Junge geblieben. Aber du hast recht, seitdem er so erfolgreich ist, hat er schon was Abgehobenes. Das stößt ab."
„Ein Marmorbad hat für dich ja auch was Abgehobenes, darum willst du es nicht."
„Ich will es schon, aber so weit sind wir noch nicht."
„Du meinst, da müssen wir uns erst hinmendeln, nach dem Motto, langsam und unaufhaltsam nach oben und dabei immer auf dem Teppich bleiben."
„Hört sich gesund an."
„Ich habe gehört, daß die beiden heiraten wollen."
„Ach ja, du meinst Julie und Frederic? Dann sind beide ja ziemlich schnell nach oben gekommen!"

„Ja, er hat eine Bombenkarriere gemacht, aber er hat auch den größten Dampf von uns allen."
„Die Ehe geht bestimmt schief!"
„Wieso denn?"
„Hab ich so im Gefühl."
„Da magst du recht haben."

Unglaubliche Erkenntnis:

Eine große Liebe ist schwer auszuhalten

Wer mehr anstrebt, als ihm an Energie zur Verfügung steht, fühlt sich belastet. Wer belastet ist, hält seine schwache, unbewußte Seite noch nicht aus. Diese Unbewußtheit ist es, die die Belastung verursacht. Sie wird immer dann gespürt, wenn ihn jemand an seine schwache Seite erinnert.

Eine Frau übernimmt die schwache Seite des Mannes. Sie wird ihm genau die Seite seiner Persönlichkeit widerspiegeln, die er am wenigsten ertragen kann. Es ist zwar ihre Aufgabe, diese Seite zu überwinden, aber dazu muß sie sich mit ihr auseinandersetzen, d.h. sie gleitet in diese Seite hinein. Ihre Persönlichkeit verändert sich. Unbewußt zeigt sie Züge, die er nicht leiden kann und das bringt Zündstoff in die Beziehung. Strebt ein Mann es z.B. an, erfolgreich oder besonders intelligent zu sein, so wird er vermutlich mit der Zeit feststellen, daß seine Frau tendenziell ein Versager und eher dumm ist. Mit der Zeit fallen ihm ihre vermeintlichen Fehler immer deutlicher auf. Bei großen Differenzen fühlen sich beide stark voneinander angezogen und können sich gleichzeitig nur schwer ertragen. Streit und Aggressionen bauen sich immer wieder auf.

Jetzt wird eine Beziehung schwierig. Beide können nicht miteinander und nicht ohne einander leben. Häufig gehen beide eine stabile Beziehung gar nicht erst ein. Eine Frau traut sich nicht, ihre weibliche Seite einzunehmen. Sie weiß, daß sie mit Sicherheit schwache Phasen haben wird und fürchtet sich vor seinen Aggressionen.

Wenn beide zusammenbleiben wollen, heißt der Ausweg: Mut zur Entwicklung, und dazu sollten sich beide viel Zeit und Mühe geben.

Von ihr wird verlangt, die schwache Seite an sich herankommen zu lassen und sie zu überwinden. Sie sollte den Mut haben, schwach zu werden und immer wieder Kraft entwickeln und Stärke zeigen. Er sollte sie dabei unterstützen, indem er sich darum bemüht, ihre Schwäche zu akzeptieren und zu achten. Er sollte sich dazu immer wieder vor Augen führen, daß sie ihm eine Seite seiner selbst zeigt, auch wenn es ihm schwer fällt, das zu akzeptieren. Sie braucht die Sicherheit, auch mit ihren Schwächen geliebt zu werden. Schrittweise erringen beide so immer mehr Gleichmütigkeit. Ein Mann seiner Frau gegenüber und eine Frau sich selbst gegenüber. Ist dieses Stadium erreicht, bewegen sich beide innerhalb erträglicher Grenzen und können glücklich und harmonisch gemeinsame Entwicklung weiter vorantreiben.

Kann das wahr sein?

Findet ein Mann seine große Liebe, so hat er sein Spiegelbild gefunden.

Ist eine weibliche Frau der Spiegel des Mannes, so verkörpert sie genau die Eigenschaften, die er am wenigsten ertragen kann.

Ein Mann mit großen Schwächen hat zu große Angst vor der Frau.

Eine Frau mit großen Schwächen hat Angst, sich fallen zu lassen.

Ein Mann mit großen Schwächen hält eine Frau, die er liebt nur so lange aus wie sie sich ihm gegenüber gleich verhält. Also nur so lange wie sie sich nicht fallen läßt.

Ein Mann mit großen Schwächen hält eine weibliche Frau nicht aus.

Wenn Mann und Frau sich lieben, und sie sich nicht fallen läßt, bauen sich unerträgliche Spannungen auf, die unweigerlich zur Trennung führen.

Ein Mann mit großen Schwächen ist in einem seelischen Ungleichgewicht. Um wieder in Balance zu kommen, braucht er den Kontakt mit genau der Seite, die er am wenigsten ertragen kann.

Je mehr ein Mensch aus dem inneren Gleichgewicht geraten ist, je mehr Energie er braucht, desto leidenschaftlicher kann er sich verlieben.

Ein Mann wird bei seiner großen Liebe bald gravierende Fehler entdecken.

Eine Frau wird sich durch ihre große Liebe belastet fühlen.

Eine große Liebe ist schwer auszuhalten.

Das kann nicht wahr sein!

Ein Mann mit großen Schwächen kann nur eine Frau begehren, die er nicht ertragen kann.

Eine Frau die er erträgt, begehrt er nicht.

Ein Mann mit großen Schwächen sucht unbewußt nach einer Frau, die er nicht ertragen kann.

Ein Mann mit großen Schwächen sucht bewußt nach einer Frau, die er bewundern kann.

Bewundert ein Mann eine Frau, fühlt sie sich ihm häufig überlegen. Fühlt sie sich überlegen, kann sie sich nicht weiblich fühlen. Fühlt sich eine Frau dem Mann überlegen, so fühlt er sich ihr meist unterlegen. Männer, die einer Frau unterlegen sind, kann eine Frau nicht begehren.

Das darf nicht wahr sein!

Männer, die nicht begehrt werden, haben es schwer, Karriere zu machen.

Eine Frau möchte begehrt und geachtet, nicht bewundert werden.

Kann ein Mann eine Frau nicht ertragen, so wird er sie schlecht behandeln. Davor hat eine Frau Angst.

Aggressionen schwächen und können töten. Eine Frau wird sich bei einem Mann mit großen Aggressionen nie fallen lassen.

Das ist unmöglich!

Bei einem Mann mit großen Schwächen darf eine Frau das Wagnis der Weiblichkeit nicht eingehen. Es könnte sie umbringen.

Das beste Training, Schwächen zu reduzieren ist für den Mann seine Frau. Damit sie mitmacht, muß er sie gut behandeln.

Erst wenn eine Frau das Vertrauen gewonnen hat, daß er ihre Schwächen lieben kann, darf sie sich in ihre Weiblichkeit fallen lassen.

Eine glückliche Liebe kann erst dann gelingen, wenn beide ihre Schwächen auf ein erträgliches Maß abgebaut haben. Dazu müssen beide über ihren Schatten springen.

Meist ist erst eine schmerzhafte Trennung erforderlich, um mit dem gleichen Partner Liebe aushalten zu können. Dann können Mann und Frau ihr Leben lang glücklich leben.

Wer es versäumt, seine Schwächen auf ein erträgliches Maß zu reduzieren, tut sich schwer, einen Partner zu finden. Ein Mann läuft vor seiner großen Liebe weg. Eine Frau fühlt sich von ihrer großen Liebe schlecht behandelt.

Schwächen werden automatisch größer, nicht kleiner. Wer sie reduzieren will, muß etwas dafür tun.

12

Tanja

Tanja und ihre Mutter am Telefon.
„Mami, ich habe einen ganz tollen Mann kennengelernt."
„Kind das freut mich aber für dich. Wie lange kennst du ihn denn schon?"
„Vor einer Woche habe ich ihn auf einer Party getroffen, und ich glaube, ich habe mich sofort in ihn verliebt und er sich auch in mich."
„Was macht er denn beruflich?"
„Er ist Anwalt und - sehr erfolgreich. Zumindest hat er eine Superwohnung."
„Ach, seine Wohnung kennst du auch schon?"
„Ja. Wir haben uns bis jetzt jeden Tag getroffen, und es ist einfach traumhaft schön mit ihm. Und im nächsten Monat wollen wir gemeinsam eine Woche in Urlaub fahren."
„Wenn du ihn los werden willst, dann mach das."
„Wieso denn? Wir haben schon darüber gesprochen, eventuell zu heiraten. Du kannst dir nicht vorstellen, wie schön es mit ihm ist."
„Eben darum. Wenn du ihn behalten willst, dann hör auf deine Mutter."

„Mami, ich glaube, du verstehst mich nicht. Warum soll ich nicht mit ihm in Urlaub fahren, wenn wir glücklich sind?"
„Du solltest ihn auch nicht so häufig sehen, weil kein Mensch es aushält, ununterbrochen glücklich zu sein. Wecke in ihm die Sehnsucht nach Glück, aber mach ihn nicht glücklich - noch nicht."
„Versteh ich nicht."
„Kind, es ist doch ganz einfach. Erinnerst du dich noch, als wir vor Jahren eine Bergtour gemacht haben und am Abend ganz erschöpft oben in der Berghütte einkehrten, und es gab heiße Milch mit Brot und Käse?"
„Ja, das erinnere ich noch ganz genau. Es war einer der schönsten Abende im Urlaub."
„Siehst du. Und nun stell dir vor, wir wären bereits im Tal eingekehrt, und es hätte heiße Milch mit Brot und Käse gegeben."
„Nicht sonderlich prickelnd. Aber was willst du denn damit sagen?"
„Ein Mann muß eine Frau erobern, wie wir damals den Berg. Und eine Frau darf es ihm nicht zu leicht machen. Nur so überwindet ein Mann seine Angst vor der Frau, und sie kann sich bei ihm geborgen und wohl fühlen. Dann fällt es beiden leicht, sich füreinander zu entscheiden und eine Ehe kann auf Dauer glücklich werden."
„Das sind doch völlig antiquierte Vorstellungen. Heute ist das anders."
„Meinst du wirklich?"

Unglaubliche Erkenntnis:

Ein Mann soll die Frau erobern

Viele Männer scheuen diese Anstrengung, weil es häufig genug Frauen gibt, die es ihnen leicht machen. Wenn ein Mann eine Frau nicht erobern muß, so ist eine glückliche Partnerschaft unwahrscheinlich. Mädchen, die leicht zu haben sind, können einen Mann selten glücklich machen. Dem zu ihm passenden „leichten" Mädchen weicht er aus, weil er Angst bekommt. Hat er vor einer Frau keine Angst, so kann er sich meist nicht verlieben.

Manche Frauen spüren diese Gegebenheit und wissen nicht wie sie sich verhalten sollen. Versuchen sie mit einem Mann, den sie mögen einen Kontakt herzustellen, schlagen sie ihn in die Flucht. Verhalten sie sich passiv, geht er sowieso zu einer anderen, bei der es leichter ist.

Attraktive Männer, denen die Frauen nachlaufen, nehmen meist nicht die Mühe auf sich, um eine Frau zu kämpfen. Es ist einfacher, die Nächste zu nehmen. Damit bleibt ihre Angst vor der Frau bestehen. Eine dauerhafte Beziehung ist unwahrscheinlich.

Ein Mann hat Angst vor Nähe. Ahnt er in einer Frau seine schwache Seite, so kann er sich verlieben. Vor dieser schwachen Seite hat er Angst und versucht auszuweichen.

Eine Frau wünscht sich Nähe. Ahnt sie, daß ein Mann ihre Ziele realisieren kann, so kann sie sich verlieben. Das Erreichen ihrer Ziele ist für eine Frau verlockend. Sie fühlt sich zu ihm hingezogen.

Eine Frau, die sich um einen Mann bemüht, läuft Gefahr, ihn in die Flucht zu schlagen. Damit setzt sie ihn seinen eigenen Schwächen aus, die in ihm Angst auslösen. Ein Mann wird erst auf eine Frau zugehen, wenn sein Begehren größer ist als seine Angst. Der Wunsch nach Sexualität kann ihm dabei helfen.

Die Angst des Mannes vor der Frau schwindet in dem Maße, wie er es gelernt hat, mit seinen eigenen Schwächen umzugehen. Bemüht ein Mann sich um eine Frau, stellt er sich seiner Angst. Somit bietet eine Frau einem Mann eine ausgezeichnete Möglichkeit, seine Ängste zu überwinden und damit seine Schwächen oder Unerträglichkeiten abzubauen.

Wenn sich eine Frau dem Mann entzieht, baut sie eine Spannung auf, die es ihm erleichtert, zu ihr zu kommen. Eine Frau muß eine weibliche Haltung einnehmen. Nur so ist sie in der Lage einen Mann anzuziehen. Eine männlich Haltung stößt einen Mann ab und macht es ihm schwer, sich einer Frau anzunähern.

Kann das wahr sein?

Macht es eine Frau einem Mann schwer, mit ihr zusammenzukommen, so erleichtert sie es ihm, seine Angst zu überwinden.

Ein Mann soll eine Frau erobern.

Ein Mann soll eine Frau ansprechen, wenn er sie kennenlernen will.

Macht es eine Frau einem Mann leicht, mit ihr zusammenzukommen, so kann seine Angst unüberwindlich werden.

Je leichter eine Frau es ihm macht, desto mehr wird er ihr ausweichen.

Leichte Mädchen können Männer nicht glücklich machen.

Männer, denen Frauen nachlaufen, sind selten glücklich.

Um eine glückliche Ehe zu führen, muß ein Mann seine Angst vor Nähe überwinden.

Unerfülltes Begehren ist ein gutes Mittel, um Angst zu überwinden.

Die größte Angst hat ein Mann vor der Frau, die am besten zu ihm paßt.

Eine Frau, die einem Mann keine Angst macht, kann er nicht lieben.

Mädchen, die es Männern schwer machen, helfen ihnen.

Das stimmt!

Mädchen, die es Männern schwer machen, finden heute allerdings schwer einen Partner.

Das kann nicht wahr sein!

Den Wunsch nach Nähe interpretieren Frauen meist als Liebe. Den Wunsch vor einer Frau zu fliehen, ist für viele Männer meist ein Zeichen, sie nicht zu lieben. Beide Annahmen sind falsch. Nur wenn eine Frau sich Nähe wünscht, und ein Mann den Wunsch spürt, die Nähe abzuwehren, haben beide gleichermaßen die Chance zur dauerhaften Liebe.

Unglaubliche Erkenntnis:

Der Wunsch des Mannes ist die Unerträglichkeit der Frau, der Wunsch der Frau ist die Unerträglichkeit des Mannes

Das Miteinander von Mann und Frau sollte in einem pulsierenden Rhythmus von Getrennt- und Zusammensein ablaufen.

Je länger er mit ihr zusammen ist, desto mehr wächst zwischen Mann und Frau eine Spannung, die immer unerträglicher wird. Er fühlt sich von ihr nach unten gezogen, festgehalten, gefesselt, eingeengt und verschlungen. Seine Stimmungslage verdunkelt sich, und er kann Angst bekommen. Eine Abwehr dieser Angst ist Aggression. Dies ist die Unerträglichkeit des Mannes.

Sein Wunsch ist es, sich frei und unbeschwert zu fühlen. Je mehr er sich dagegen wehrt, von ihr festgehalten zu werden, desto größer ist normalerweise sein Antrieb, in der Welt aktiv zu werden und seiner Arbeit nachzugehen.

Je länger sie von ihm getrennt und allein ist, desto mehr wächst in ihr eine Spannung, die immer unerträglicher wird. Ihre Stimmungslage verdunkelt sich, sie fühlt sich traurig, belastet, nach unten gezogen, am Boden und niedergeschlagen. Sie kann Angst bekommen. Dies ist die Unerträglichkeit der Frau.

Eine Frau wehrt sich und versucht normalerweise ihren Einfluß geltend zu machen, so daß er rechtzeitig wieder zu ihr zurückkommt. Sie wünscht sich Zugehörigkeit und Nähe, erst dann fühlt sie sich frei und unbeschwert.

Kann das wahr sein?

Der Wunsch des einen ist die Unerträglichkeit des anderen.

Setzt einer seinen Wunsch durch, geht es dem anderen schlecht.

Eine gute Ehe findet im pulsierenden Rhythmus von Trennung und Verbundenheit statt.

Ein Mann sollte sich immer wieder von der Frau abwenden und eigene Wege gehen.

Eine Frau sollte immer wieder den Mann zu sich ziehen.

Ist ein Mann zu lange in der Welt aktiv, so fühlt er sich mit der Zeit leer und ausgebrannt. Er hat seine Energie an seine Arbeit abgegeben und braucht zur Regeneration wieder seine Frau.

Ist eine Frau zu lange mit ihrem Mann zusammen, so fühlt sie sich mit der Zeit leer und ausgesogen. Sie hat ihre Energie an ihn abgegeben und braucht zur Regeneration ihre Ruhe.

Ein Mann freut sich darauf zu arbeiten.
Arbeitet er zu lange, so ist er gestreßt.
Er braucht zur Entspannung seine Frau.
Ist er zu lange mit seiner Frau zusammen, wird es für ihn unerträglich.
Er braucht, um sich wieder frei und unbeschwert zu fühlen, seine Arbeit. Bald muß er sich von seiner Arbeit erholen, und es zieht ihn zu seiner Frau.

Die Frau freut sich auf den Mann.
Ist sie zu lange mit ihm zusammen, so fühlt sie sich gestreßt.
Sie braucht zur Entspannung ihre Ruhe.
Ist sie allerdings zu lange allein, wird es für sie unerträglich.
Sie braucht, um sich wieder frei und unbeschwert zu fühlen, das Zusammensein mit ihm. Bald muß sie sich von ihm erholen, und sie braucht wieder ihre Ruhe.

Vielleicht ist es wahr!

Mann und Frau haben einen entgegengesetzten Lebensrhythmus:
Zieht ein Mann in die Welt, entspannt sich die Frau und sie kommt wieder zu sich selbst. Zieht es einen Mann zur Frau, entspannt sich der Mann, und er kommt wieder zu sich selbst.

Das Selbst des Mannes ist seine Frau. Ein Mann ist nur so weit in der Lage, seine Frau zu lieben wie er in der Lage ist, sich selbst zu lieben.

Das ist wahr!

Zu lange zu schön ist ein Trennungsgrund.

Das kann schon sein.

Den Mann zieht es in die Welt.
Die Frau zieht ihren Mann zurück nach Hause.

Den Mann zieht es raus,
sie zieht ihn rein.

Einen Mann zieht es in die Welt. Er sollte es geschehen lassen, daß sie ihn von Zeit zu Zeit zurückholt.
Eine Frau zieht ihn an. Sie sollte zulassen (ihn loslassen), daß er sie von Zeit zu Zeit verläßt.

Ein Mann freut sich darauf, allein in die Welt zu ziehen. Dann fühlt er sich gehoben, frei und unbeschwert.

Eine Frau freut sich darauf, mit ihrem Mann zusammenzusein. Dann fühlt sie sich gehoben, frei und unbeschwert.

Ein Mann steht in der Welt im Licht, sie steht im Schatten.
Eine Frau steht bei ihm im Licht, er steht im Schatten.

Die entgegengesetzten Zugrichtungen setzen das Selbstvertrauen voraus, den eigenen Aufgabenbereich allein, unabhängig vom anderen, erfolgreich bewältigen zu können. Gelingt dieses Kräftespiel, entsteht gerade wegen der gegensätzlichen Verhaltensweisen ein Gefühl der Einheit und Verbundenheit.

Hat ein Mann noch zu große Angst, sich allein in der Welt zu behaupten, verhält es sich anders. In diesem Fall zieht er nicht in die Welt, sondern bleibt am liebsten bei seiner Frau. Sie ist der Mittelpunkt seines Interesses. Auf diese Weise kann kein Gefühl der Einheit entstehen, im Gegenteil. Eine Frau entwickelt bald Aggressionen. Desto mehr er zu ihr strebt, desto entschiedener wird sie ihn abwehren und sich von ihm distanzieren.

Hat eine Frau noch zu große Angst oder ist noch nicht fähig, ihre weibliche Haltung einzunehmen, zieht er in die Welt und ihr fehlt die Kraft ihn zurückzuziehen. Er kommt vermutlich nicht wieder.

Das stimmt!

Eine Frau will den Mann zu sich ziehen. Das kann sie nur, wenn er nicht ständig bei ihr ist.

Ein Mann muß nach vorn schauen. Nur dann steht sie hinter ihm.

Das ist gut möglich.

Eine Frau fühlt sich so lange eng mit ihrem Mann verbunden, so lange sein Blick auf die Welt gerichtet ist, und er sich nicht nach ihr umschaut. Ein Mann, der sich hauptsächlich darauf freut, mit ihr zusammenzusein, tötet die Liebe der Frau. Dann wird ein Mann für die Frau zu einer unerträglichen Belastung. Ein Mann muß eine Frau von Zeit zu Zeit in Ruhe lassen und eigene Interessen verfolgen.

13

Tanja & Marc

Tanja und ihre Mutter am Telefon.
„Wie war denn der Urlaub?"
„Ja, so ganz gut."
„Das hört sich aber nicht so überzeugend an. Wie ging es denn mit Marc?"
„Es war schon ganz schön, aber so ein toller Mann, wie ich dachte, ist er doch nicht."
„Jetzt wollt ihr also nicht mehr heiraten?"
„Darüber haben wir nicht mehr gesprochen."
„Was war denn los?"
„Er hat sich manchmal benommen, wie ein kleiner Junge. Überhaupt nicht wie ein Mann. Er ist zum surfen gegangen, wann es ihm gerade paßte und war dann stundenlang weg. Oder hing den ganzen Tag bei mir herum und hat sich darüber beschwert, daß ich kein Programm mache, ihm keine Cola bringe und ihn zu wenig verwöhne. Einmal haben wir sogar richtig Streit gehabt. Ich habe einen Bekannten getroffen und mich mit ihm unterhalten. Danach hat er mir vorgeworfen, ich hätte bestimmt mal was mit ihm gehabt, und er könne es

Das stimmt!

Eine Frau will den Mann zu sich ziehen. Das kann sie nur, wenn er nicht ständig bei ihr ist.

Ein Mann muß nach vorn schauen. Nur dann steht sie hinter ihm.

Das ist gut möglich.

Eine Frau fühlt sich so lange eng mit ihrem Mann verbunden, so lange sein Blick auf die Welt gerichtet ist, und er sich nicht nach ihr umschaut. Ein Mann, der sich hauptsächlich darauf freut, mit ihr zusammenzusein, tötet die Liebe der Frau. Dann wird ein Mann für die Frau zu einer unerträglichen Belastung. Ein Mann muß eine Frau von Zeit zu Zeit in Ruhe lassen und eigene Interessen verfolgen.

13

Tanja & Marc

Tanja und ihre Mutter am Telefon.
„Wie war denn der Urlaub?"
„Ja, so ganz gut."
„Das hört sich aber nicht so überzeugend an. Wie ging es denn mit Marc?"
„Es war schon ganz schön, aber so ein toller Mann, wie ich dachte, ist er doch nicht."
„Jetzt wollt ihr also nicht mehr heiraten?"
„Darüber haben wir nicht mehr gesprochen."
„Was war denn los?"
„Er hat sich manchmal benommen, wie ein kleiner Junge. Überhaupt nicht wie ein Mann. Er ist zum surfen gegangen, wann es ihm gerade paßte und war dann stundenlang weg. Oder hing den ganzen Tag bei mir herum und hat sich darüber beschwert, daß ich kein Programm mache, ihm keine Cola bringe und ihn zu wenig verwöhne. Einmal haben wir sogar richtig Streit gehabt. Ich habe einen Bekannten getroffen und mich mit ihm unterhalten. Danach hat er mir vorgeworfen, ich hätte bestimmt mal was mit ihm gehabt, und er könne es

nicht ertragen, ständig mit meiner Vergangenheit konfrontiert zu werden. Er hat da total überreagiert. Ich habe das überhaupt nicht verstanden, weil wir am Tag davor den ganzen Tag zusammen waren, und es war wunderschön. Und auf einmal, aus heiterem Himmel, wirft er mir so einen Unsinn vor."

„Und wie sieht es jetzt mit euch aus?"

„Ich weiß gar nicht, ob ich ihn überhaupt noch will. Auf der einen Seite liebe ich ihn - glaube ich - auf der anderen Seite habe ich mir ein Zusammenleben mit ihm schon anders vorgestellt. Ich habe gedacht, daß er mich begehrt und verwöhnt. Anstelle dessen erwartet er, daß ich ihn verwöhne. Ich tue das ja gerne, aber von ihm muß auch irgend etwas zurückkommen. Von ihm kommen nur Erwartungen und Forderungen, sonst nichts. Ich soll immer ahnen, was er gerade braucht und mich so verhalten wie es ihm gerade angenehm ist. Wenn er so ist, dann streßt mich das total, und ich merke, daß ich dann überhaupt keine Achtung mehr vor ihm habe. Entertaine ich ihn nicht, steht die Beziehung auf dem Spiel."

„Aber wenn du es tust, dann ganz genauso. Jeder Mann möchte das geborgene Gefühl zurück haben wie früher einmal bei seiner Mutter und will, daß sie die Initiative ergreift und ihm das Leben angenehm macht. Jedoch ein Mann hält das nur noch begrenzt aus. Das weiß dein Marc noch nicht. Einem Mann bleibt nichts anderes übrig, als den Sprung in die Männlichkeit zu wagen. Den hat er offenbar noch nicht geschafft. Also hängt er zwischen den Stühlen. Er schafft es noch nicht, Mann zu sein und hält es nicht mehr aus, Kind zu sein. Das eine kann er nicht mehr und das andere noch nicht. Solange er den Sprung noch nicht geschafft hat, wird er dir, egal wie du dich verhältst, immer ausweichen."

„Toll. Aber ich muß doch irgend etwas tun können!"

„Du solltest überhaupt nichts mehr tun. Du hast schon viel zu viel getan. Jetzt muß er sich um dich bemühen."

„Aber wenn ich nichts mache, dann meldet er sich garantiert nicht

mehr. Dann war es das."
„Dann solltest du ihm nicht nachtrauern. Du willst doch kein Kind, sondern einen Mann. Nur ein Mann traut es sich zu, die Initiative zu ergreifen und eine Frau zu verwöhnen. Das laß ihn erst mal beweisen."
„Mami, ich glaube du hast recht. Vor kurzem sagte er mir, er käme sich albern vor, mich zum Essen einzuladen. Er fände es angebrachter, ich würde meinen Teil selbst bezahlen."
„Dann ist er anscheinend lange noch nicht so weit. Ihm kann es nur helfen, wenn er sich unsterblich in eine Frau verliebt, und die Frau macht es ihm schwer. Dann wird er gezwungen, sie zu erobern. Das hilft ihm, ein Mann zu werden."
„Er hatte sich ja unsterblich in mich verliebt."
„Dann erklär ihm doch, was wir hier besprochen haben. Er versteht sich vermutlich selbst nicht. Wenn er weiß, in welche Richtung es nach vorn geht, habt ihr vielleicht noch eine Chance."
„Ich kann ihm doch nicht sagen: Du willst noch Kind sein, und hältst mich als Mutter nicht mehr aus! Dann kommt er ins Laufen. Aber aus einem anderen Grund."
„Tja, dann signalisiere ihm zumindest, daß du von ihm Initiative erwartest. Er soll dir was zeigen, dich in seine Aktivitäten mit einbeziehen und dich verwöhnen. Daß du ihn dafür auf deine Art verwöhnst, mußt du ihm ja nicht sagen. Das tust du einfach."
„Und so was macht ihn zum Mann?"
„Das übt Druck auf ihn aus. Er führt in die richtige Richtung."
„Cool, Mami!"

Unglaubliche Erkenntnis:

Ein Mann wünscht sich eine Mutter
Eine Frau wünscht sich einen Vater

Ein Mann wünscht sich eine Frau, die ohne eine Gegenleistung zu erwarten, ihm hilft und sich um ihn kümmert. Mit anderen Worten: Er wünscht sich eine Mutter.

Eine Frau wünscht sich einen Mann, der ohne eine Gegenleistung zu erwarten, ihr hilft und sie materiell versorgt. Mit anderen Worten: Sie wünscht sich einen Vater.

Ein Mann hat häufig Angst, für die Frau zu sorgen. Die Verantwortung traut sich ein junger Mann meist noch nicht zu. Es bedeutet für ihn, gemeinsame Entscheidungen zu treffen. Dadurch wird er unbewußt mit dem Gefühl der Nähe konfrontiert. Es steigen Befürchtungen in ihm hoch, seine Freiheit zu verlieren. Das löst Angst aus, und er wehrt sich.

Eine Frau kümmert sich häufig zu wenig um ihren Mann. Das Motiv ist auch bei ihr eine unbewußte Angst. Allerdings nicht, wie bei ihm, vor der Gemeinsamkeit, sondern im Gegenteil, sie hat Angst vor dem Gefühl allein zu sein. Darum umgeht sie es meist, Entscheidungen allein zu treffen und weicht Verantwortung gern aus. Dahinter steht ihre Befürchtung bei einem Alleingang mit seinen Ansichten zu kollidieren, von ihm abgelehnt und verlassen zu werden. Das macht ihr Angst, und sie wehrt sich.

Hat ein Mann Angst, der Frau ein Vater zu sein, wird er meist eine Frau anziehen, die gleichermaßen Angst hat, ihm eine Mutter zu sein. Beide wollen keine Verantwortung übernehmen.

Ein Mann wird sich gefesselt fühlen und der Nähe zu ihr ausweichen, und eine Frau wird sich Nähe wünschen und sich allein fühlen.

Setzt einer seinen Wunsch, auf Kosten des Partners durch, ist die Sexualität tot.

Seine Angst vor Verantwortung zwingt sie in die Verantwortung.

Ihre Angst vor der Verantwortung zwingt ihn in die Verantwortung.

Kann das wahr sein?

Lehnt eine Frau die Verantwortung ab, so verhält sie sich wie ein Kind. Der Mann wird in die Vaterrolle gedrängt. Er braucht sich nicht nach ihr zu richten und kann machen, was er will.

Allerdings kann er sie nicht ernst nehmen und findet Gespräche mit ihr bald langweilig. Sie wünscht sich Kuschelsex, der ihn nicht befriedigt. Sex wird flach. Sie ist entweder das Kind, das alles für ihn tut und sich ihm anpaßt. Dann droht sie depressiv zu werden. Mit dieser Kindfrau fehlt dem Mann die Frau und er hält Ausschau nach einer Geliebten. Oder sie ist das Kind, das seine eigenen Wege geht und ihm beruflich nacheifert. Es ist wahrscheinlich, daß sie sich bald in einen Mann verliebt, bei dem sie nicht Kind, sondern Frau sein kann.

Meint eine Frau, ihre Aufgabe sei es, genauso wie ein Mann, leistungsorientiert zu arbeiten, so hat sie die Wahl, eine Beziehung unter Gleichen oder eine Vater-Kind Beziehung einzugehen. Eine Mann-Frau Beziehung verlangt von ihr eine Haltung, die der Leistungsorientiertheit des Mannes entgegengesetzt ist.

Lehnt ein Mann Verantwortung ab, so verhält er sich wie ein Kind. Die Frau wird in die Mutterrolle gedrängt. Ihr werden durch ihn keine Grenzen gesetzt. Jetzt ist es ihr nicht möglich, die Rolle der Frau einzunehmen. Sie kann sich bei ihm nicht fallen lassen, denn er kann sie nicht tragen.

Sexualität wird für sie lästig und für ihn anstrengend. Er ist entweder das Kind, das alles für sie tut und sich ihr anpaßt. Dann läßt seine Leistungsfähigkeit nach, und er droht depressiv zu werden. Sie fühlt sich für ihre Familie allein verantwortlich und ist häufig gezwungen, die wirtschaftliche Existenz zu sichern. Oder er ist das Kind, das seine Mutter im Hintergrund braucht und seine eigenen Wege geht. Es ist wahrscheinlich, daß er sich bald in eine Frau verliebt, bei der er nicht Kind, sondern Mann sein kann.

Das könnte möglich sein.

Ein Mann wünscht sich eine Mutter.
Eine Frau wünscht sich einen Vater.
Erst wenn jeder seinen Wunsch aufgibt, erwachsen wird und damit den Wunsch des anderen erfüllt, gelingt eine gute Ehe.

14

Ralph & Ellen

Ellen kommt zufällig zur gleichen Zeit aus dem Büro wie Ralph. Beide treffen sich vor der Haustür. Ellen schleppt drei Lebensmitteltüten.
Ralph schließt die Tür auf und nimmt ihr zwei Tüten ab. „Ab heute gehört die Firma mir!"
„Da freue ich mich für dich. Es hat ja lange genug gedauert."
„Das hört sich aber nicht so an, daß du dich freust. Das ist ein Riesenerfolg für mich!"
„Ich freue mich ja. Aber dann bin ich noch mehr allein."
„Wenn man Karriere macht, kostet das seinen Preis. Das geht allen so."
„Warum soll ich für deine Karriere einen Preis zahlen. Ich habe doch überhaupt nichts davon."
„Das stimmt nicht. Im letzten Jahr habe ich dir ein Auto geschenkt und im Dezember fliegen wir nach Bora Bora. Und auch sonst habe ich dir bei großen Ausgaben immer geholfen. Du vergißt das nur immer wieder. Wir müssen das mal aufschreiben, damit dir auffällt, wieviel Geld ich dir ständig gebe. Das könnte ich bestimmt nicht, wenn

ich nicht diese Position hätte."

Ellen geht in die Küche und stellt ihre Tüte ab. „Nein, das habe ich nicht vergessen. Aber das ist es ja gerade. Du hilfst mir, du lädst mich ein - ich komme mir dabei richtig bedürftig vor. Meinst du, das ist so schön für mich, von dir ständig ausgehalten zu werden?"

Ralph kommt hinter ihr her. „In unserer letzten Diskussion hast du mich als Egoisten beschimpft, als ich dich mal nicht zum Essen eingeladen habe."

„Du verdienst ja auch viel mehr als ich."

„Eben, darum lade ich dich ja ein."

„Ich will aber nicht eingeladen werden."

„Was willst du denn dann?"

Ellen stellt die Milch in den Kühlschrank. „Ich will genauso viel verdienen wie du, dann kann ich dich auch einladen."

„Ich habe nichts dagegen."

„Du hast nichts dagegen, wenn ich wie du an drei Abenden in der Woche zu Hause bin und mich dann an einen fertig gedeckten Tisch setzen will?"

„Du bist doch gar nicht der Karrieretyp, das willst du doch im Grunde überhaupt nicht."

„Ach so, du bist der Karrieretyp und ich kann ruhig mit 'nem schmalen Gehalt auf der Strecke bleiben und die Einladungen verdiene ich mir, indem ich dir den Haushalt mache und dir auch sonst noch zu Diensten bin."

Ralph sehnt sich danach, einmal nach Hause zu kommen und Ruhe zu haben. Aber nein, immer wieder diese Problemthemen. „Nun hör auf. Zu Diensten, wie du es nennst, bist du mir höchst selten."

Ellen hatte einen stressigen Tag, möchte am liebsten ein Schaumbad nehmen und ins Bett. „Ich fühle mich total ausgenutzt. Ich gebe, gebe, gebe und zurück bekomme ich überhaupt nichts. Du bekommst was vom Job und von mir und ich bin das kleine Dummchen mit dem man es ja machen kann. Das ist nicht o.k. von dir."

Ralph will das Thema nicht fortsetzen, weil es sowieso nie zu einer

Lösung führt. Natürlich fände er es auch besser, wenn sie geerbt hätte, aber die Realität ist nun mal anders. Und das ihr Job so schlecht bezahlt wird ist schließlich ihr Problem. „Ich liebe mein kleines Dummchen."
Ellen deckt den Abendbrottisch. „Ich habe Kopfschmerzen."

Unglaubliche Erkenntnis:

Blüten ohne Baum vertrocknen

Weiblichkeit erfordert die Zugehörigkeit zum Mann. Eine Frau ist nur dann in der Lage, ausreichend Energie zu erzeugen, wenn all das, was der Mann in Besitz genommen hat, auch in ihren Besitz übergeht. Fühlt sich eine Frau nicht zugehörig, so werden sich früher oder später solch zermürbende Dialoge einschleichen wie zwischen Ralph und Ellen. Mit Zugehörigkeit ist nicht gemeint, daß ein Mann ihr alles, was er hat schenken soll. Was das Leben vom Mann fordert, ist mit Geschenken allein nicht getan. Es verlangt von ihm weitaus mehr. Sie braucht die emotionale Zugehörigkeit. Hat eine Frau diese Sicherheit, so ist es ihr meist egal, wer das Geld verwaltet. Der später folgende Dialog mit Andy und Gabi zeigt, was gemeint ist. Andy teilt seiner Frau das Gleiche mit wie Ralph, dennoch verlaufen beide Gespräche ganz anders. Gabi fühlt sich zugehörig, Ellen nicht. Das ist der entscheidende Unterschied, der beide Frauen völlig anders reagieren läßt. Ellen macht der Erfolg von Ralph aggressiv und traurig. Für Gabi ist er ein Anlaß zu feiern.

Für einen Mann kann es schwer sein, seine Errungenschaften als gemeinsamen Besitz anzusehen. Es macht ihm Angst. Wer sie nicht meistert, kann keine glückliche Ehe führen.

In anderen Bereichen der Natur verhält es sich nicht anders. Blüten brauchen den Baum. Nur so können sich Früchte bilden.

Die Erde braucht Sonne. Nur so kann Leben gedeihen. Weiblichkeit kann nur in der Zugehörigkeit zur Männlichkeit existieren.

Warum ist Zugehörigkeit so wichtig? Bewußtseinsentwicklung folgt dem gleichen Gesetz, wie der körperliche Verdauungsprozeß. Derjenige, der etwas essen und verdauen will, muß zunächst etwas Eßbares haben. Die Psyche funktioniert analog. Sein setzt Haben voraus. Erst muß etwas geschaffen und in Besitz genommen werden, nur so kann sich das entsprechende Bewußtsein bilden. Erst muß ich Geld haben, um das Bewußtsein entwickeln zu können, reich zu sein. Da in einer Beziehung die Frau die Bewußtseinsarbeit übernimmt, ist sie darauf angewiesen, an seiner Leistung zu partizipieren. Eine Frau braucht das Selbstverständnis, daß sein Besitz auch ihr Verdienst ist. Das ist die notwendige Voraussetzung, damit sie mit ihrem weiblichen Part tätig werden kann. Nur soweit er seine Angst überwindet und für sie diese Voraussetzung schafft, kann sie Energie bilden.

Allerdings sollte eine Frau das jetzt auch tun. Von ihr wird verlangt, ihre Arbeitsleistung für ihn einzusetzen. Sie sollte sich um ihn kümmern, ihm den Rücken frei halten, dafür sorgen, daß er beste Voraussetzungen hat, um seine Arbeit optimal leisten zu können.

Eine Frau, die sich zu wenig in sein Leben integriert fühlt, sollte prüfen, wieviel sie für ihn tut. Meist erhält jeder nur so viel, wie er gibt. Eine gute Ehe verlangt von beiden, sich dazu zu erziehen, im Laufe der Zeit immer mehr zu geben.

Das Gefühl dazuzugehören, wird ihr in einem pulsierenden Lebensrhythmus immer wieder entgleiten. Dann fühlt sie sich von ihm getrennt. Hält dieser Zustand zu lange an, kann sie Angst bekommen, ihn zu verlieren. Sie braucht es, ihre Verbundenheit mit ihm zu fühlen. Dieses Begehren macht die Spannung zwischen den Geschlechtern aus und gehört zur sexuellen Spannung. Einem Paar sollte es gelingen, in einem pulsierenden Rhythmus emotionale Verbundenheit immer wieder herzustellen. Das gelingt auf Dauer normalerweise nur dann, wenn beide tatsächlich eine Wirtschaftsgemeinschaft haben. Emotionen lassen sich nicht belügen.

Ein Mann wird schwanger

Den Wunsch nach Zugehörigkeit kann eine Frau nicht verhindern. Hat sie sich verliebt, so möchte sie am liebsten wie es eine Frau beschrieb, in seine Jackentasche schlüpfen und ihn dort den ganzen Tag begleiten. Sie hat das Verlangen, emotional in den Mann einzudringen. Sie möchte in ihm sein, sich mit ihm verbunden fühlen und ihm gehören. Wenn Frauen gern seinen Pullover oder Bademantel anziehen, so bringen sie diese natürliche Sehnsucht zum Ausdruck. Läßt ein Mann dies zu, so wird sie zu einem emotionalen Teil von ihm. Sie dringt in ihn ein und übernimmt damit seine unbewußte schwache Seite. Darauf zielt weibliches Bedürfnis. Wird es befriedigt, so lauern Konsequenzen. Es manövriert sie gleichzeitig in ein Gefühl, auf ihn angewiesen zu sein, ohne ihn keine Existenzgrundlage zu haben und ohne ihn nicht mehr leben zu können. Auch dann, wenn sie ihre eigene wirtschaftliche Existenz hat und tatsächlich finanziell nicht auf ihn angewiesen ist. Ihr Gefühl ist meist überzeugender als die Realität. Häufig verändert sie mit der Zeit, ohne es zu wollen, ihre wirtschaftlichen Verhältnisse, so daß ihr Gefühl Wirklichkeit wird. Mit der gefühlten Zugehörigkeit drängt die Natur die Frau genau in die Lage, die notwendig ist, um Energie zu erzeugen.

Ihr emotionales Eindringen in ihn kann man als eine Art Schwangerschaft auffassen. Ein Mann wird mit seiner Frau schwanger. Sie befruchtet ihn, wobei seine Schwangerschaft für die Bewußtseinsentwicklung steht, die er mit ihrer Hilfe absolviert.

Ihr Verlangen nach emotionaler Vereinigung steht seinem Verlangen nach körperlicher Vereinigung gegenüber. Wittert sie bei einem Mann die Fähigkeit, ihr Verlangen zu stillen, so wird er für sie begehrenswert. Ist ein Mann nur auf die eigene Bedürfnisbefriedigung aus und wehrt ihren Wunsch ab, vergeht ihr Interesse an der Beziehung. Er wird für sie uninteressant. Genauso wie für ihn eine Frau, die nicht mit ihm schlafen will.

Kann das wahr sein?

Eine Frau, die neben einem Mann lebt und nicht zu seinem Besitz dazugehört, verkümmert. Ohne das Gefühl der Zugehörigkeit zu einem Mann fühlt sich eine Frau arm.

Grundvoraussetzung für Weiblichkeit ist die Verpflichtung zu einem gemeinsamen Leben

Am Anfang einer Beziehung muß der feste Wille sein, für immer zusammenzubleiben. Eine Frau muß das tiefe Vertrauen gewinnen, daß er von nun an ihr Mann ist, und zwar für den Rest ihres Lebens.

Entscheidend ist das Bewußtsein der Verbundenheit. Symbole helfen Bewußtsein zu schaffen. Hochzeit und Ehering sind wichtig.

Ohne Verbundenheit, sollte eine Frau aus Selbstschutz keine Beziehung eingehen. Sie darf sich bei ihm nicht fallen lassen. Sonst begibt sie sich auf emotionales Glatteis mit ungewissen und meist dunklen Aussichten für die Zukunft.

Instinktiv spürt sie die Gefahr. Fühlt sie sich zu wenig zugehörig, kann sie nicht genug Energie bilden und verhungert an seiner Seite. Ihr geht es schlecht, sie verkümmert und kann krank werden. Eine Frau fühlt sich belastet und ein Mann empfindet seine Frau als Last. Zugehörigkeit könnte beiden ihre Belastung nehmen. Viele Männer machen genau das Gegenteil, sie versuchen, Nähe zu meiden und weichen ihr aus. Damit wird der Energiestrom weiter reduziert und die Belastung wächst. Jetzt ist die Frau vergleichbar mit einer Blüte, die nicht mehr vom Baum ernährt wird oder mit der Erde, die ohne Sonne vereist.

Eine Frau wird traurig, gleitet in emotionale Kälte und Dunkelheit, in der kein Leben möglich ist. Sie entwickelt das Gefühl, zerstört zu werden, meist ohne daß sie ihre schlechte Verfassung mit ihm in Zusammenhang bringt. Jetzt helfen keine Pillen oder Psychotherapie, sondern nur Verbundenheit oder Trennung.

Besonders in den ersten Jahren einer Beziehung, ist sie auf ihren Mann angewiesen und ohne ihn kaum lebensfähig. Ist sie emotional in ihn eingedrungen und lebt unbewußt seine schwache Seite, so startet eine weibliche Entwicklung, die in einem seelischen Embryonalstadium beginnt. Das macht verletzbar. Trennt er sich in dieser Zeit von ihr, so ist das vergleichbar mit einer Abtreibung. Das bedeutet für die Frau eine seelische Katastrophe. Sie erlebt diese Zeit als eine Art Tod. Teile von ihr sterben. Sie fühlt sich als eine einzige Wunde, schwach, fallen gelassen, ganz klein und ganz wenig. Sie sieht eigentlich keine Möglichkeit zu überleben und will es häufig auch nicht mehr, weil sie keinen Sinn darin sieht weiterzumachen. Sie fühlt sich am Rand des Todes.

Eine Trennung nach vielen Ehejahren ist nicht weniger schmerzhaft. Hat sich jeder auf seine Seite spezialisiert, so fühlt sich eine Frau mit ihrem Mann normalerweise als Einheit. Bei einer Trennung wird ihr etwas genommen, von dem ihre emotionale Realität ihr signalisiert, daß es untrennbar zu ihr gehört. Eine solche seelische Amputation verursacht gewaltigen Trennungsschmerz. Es muß eine Seelenpein durchlitten werden, die vorher nicht vorstellbar ist. Eine Frau wäre zeitweise lieber bereit, körperliche Folter zu ertragen. Sie erscheint harmlos im Vergleich zu der psychischen Zerstörung, der sie ausgesetzt ist. Viele Frauen ahnen, was bei einer Trennung auf sie zukommt. Die heute zu beobachtende Tendenz, mit Scheidung leichtfertig umzugehen, läßt viele weibliche Frauen in ständiger Angst um ihre Männer leben.

Trennt sich eine Frau, bringt ihr eine Trennung nur eine kurzfristige Erleichterung. Dann muß die Trennung verarbeitet werden. Dafür macht es keinen Unterschied, ob er sich von ihr oder sie sich von ihm getrennt hat. Dieser Prozeß dauert Jahre. Eine fünfundvierzigjährige Frau erzählte mir, sie habe sich vor zehn Jahren, aus eigenem Wunsch getrennt. Sie sei heute noch nicht in der Lage ihm zu begegnen, ohne Schmerz zu spüren.

Für einen Mann ist eine Trennung genauso grausam wie für eine Frau, allerdings hat er im Gegensatz zu ihr die Möglichkeit, seinen Schmerz zu mildern. Indem er sich auf seine männliche Seite - also z.B. auf seinen Beruf konzentriert, treten Empfindungen zurück. Meist geht er bald eine neue Beziehung ein. Dann übernimmt die neue Partnerin die Belastungen seiner Vergangenheit. Mit anderen Worten, der neuen Partnerin wird die Belastung seiner Trennung aufgebürdet. Das kann erneut zu einer Trennung führen. Ein Mann bewältigt eine Trennung häufig dadurch, indem er mehrere Trennungen hintereinander erlebt.

Eine weibliche Frau muß mit ihrem Schmerz alleine fertig werden. Arbeit kann ihn in der ersten Zeit nach einer Trennung nicht abmildern, er wird eher verschlimmert. Ist sie berufstätig, reduziert sich ihre Leistungsfähigkeit. Auf eine neue Beziehung kann sie sich erst dann einlassen, wenn sie mit der alten abgeschlossen hat. Sie muß ihre seelische Verbundenheit und das Gefühl der Zugehörigkeit vollständig kappen.

Hat eine Frau diese Trennungsphase durchstanden, drängt die Natur sie ganz allmählich dahin, ihre weibliche Haltung wieder zu verlassen, denn ohne Zugehörigkeit kann eine Frau sich nicht auf Weiblichkeit spezialisieren, es würde sie töten. Es sei denn, es gibt einen Vater, Bruder, älteren Sohn oder Chef, der die Funktion des männlichen Parts übernimmt. Damit wird ihr der Entwicklungsdruck, bald selbst wieder mit männlicher Power ihren Mann stehen zu müssen genommen, sie fühlt sich aufgefangen und ihr Schmerz reduziert sich. Auch Kinder helfen, weil sie die Notwendigkeit sieht, weiterzumachen. Kinder ersetzen aber keinen Mann.

Hat sie niemanden, in dessen Leben sie sich integriert und zugehörig fühlt, so erfordert dies einen kompletten seelischen Positionswechsel. Es ist die Abkehr von der Weiblichkeit und die Rückkehr zur männlichen Lebensausrichtung. Die Blüte muß zum Baum, die Erde zur Sonne und das Embryo muß zur Mutter werden. Diese Bilder lassen ahnen, welch eigentlich unmöglicher Gewaltwechsel ihr bevorsteht. Er bringt Verzweiflung, innere Kriege, Bitterkeit und Enttäuschung und sollte darum möglichst nicht stattfinden.

Die Rückkehr zur männlichen Lebensausrichtung hebt die Gegensätzlichkeit zwischen Mann und Frau wieder auf. Beide werden gleich und sich nicht selten gleichgültig. Ihre Sehnsucht nach Weiblichkeit bleibt. Im Alter erlischt ihr Bedürfnis, an der Seite eines Mannes ausschließlich die weibliche Haltung einzunehmen. Erst dann ist ein spannungsfreies, geselliges Miteinander zu erwarten.

Bindung ist für die Frau ein Wagnis. Sie läuft Gefahr, sich traurig und zerstört zu fühlen. Erst wenn sie dieses Risiko eingeht, haben beide die Chance, ein wunderschönes, glückliches Leben zu führen.

Kann das wahr sein?

Männlichkeit möchte Freiheit.
Weiblichkeit möchte Zugehörigkeit.

Die Voraussetzung einer glücklichen Beziehung ist die Einheit von Mann und Frau und das bedeutet Bindung. Liebe führt bei der Frau zu dem Wunsch, in den Mann einzudringen und Teil von ihm zu werden. Davor haben viele Männer Angst und sind auf der Suche nach Frauen, die wie ein Mann, frei und ungebunden ihr eigenes Leben führen wollen.

Diese Frauen sind selten, denn für eine Frau ist ein Mann, der sie nicht in sich hineinnimmt genauso uninteressant wie für ihn eine Frau, die nicht mit ihm schlafen will.

Liebe bedingt Verbundenheit. Wer keine Bindung eingehen will, muß auf Liebe verzichten.

Das kann nicht wahr sein.

Ursprünglich hatten Mann und Frau ohne Trauschein, Angst vor Sexualität. Sie, weil sie ein Kind bekommen konnte. Er, weil er Verantwortung übernehmen mußte. Regelmäßige Sexualität drängt eine Frau in das Gefühl der Zugehörigkeit. Sie entwickelt das Empfinden, auf ihn angewiesen zu sein und ohne ihn kaum leben zu können. Die Pille hat bewirkt, daß eine Frau keine Angst mehr davor haben muß, schwanger zu werden. Sie hat auch bewirkt, daß ein Mann meint, keine Verantwortung tragen zu müssen. Das ist falsch. Die Pille ändert nichts an ihrer seelischen Verfassung, auf ihn angewiesen zu sein. Durch die hormonelle Vortäuschung einer Schwangerschaft wird ihre emotionale Bindung an ihn noch verstärkt. Die Pille entläßt den Mann nicht aus seiner Verantwortung. Wäre es möglich zu verhindern, daß eine Frau seelisch in den Mann eindringt - also gäbe es eine Pille, die verhindert, daß ein Mann mit ihr „schwanger" wird, so daß sie sich nicht als Teil von ihm und ihm zugehörig fühlt - so könnten sich Mann und Frau nicht verlieben.

Das Gefühl der Verbundenheit ist die Voraussetzung für die Frau, Energie zu bilden.

Je mehr einer Frau bewußt wird, daß ein Mann sie nicht als Teil von sich selbst versteht, desto mehr verarmt sie an Energie und fühlt sich mit der Zeit immer schwerer belastet. Irgendwann wird sie nicht mehr in der Lage sein, diese Belastung zu ertragen. Um nicht zu erkranken wird sie gezwungen, sich von ihrem Wunsch nach Zugehörigkeit zu lösen und ihre eigenen Wege zu gehen. Damit wird die Gegensätzlichkeit von Mann und Frau aufgehoben. Sexualität wird weniger spannend. Das Begehren läßt bei beiden nach und bald ist die Sexualität tot. Setzt diese Entwicklung zu einem Zeitpunkt ein, zu dem beide eine hohe Power haben, und das heißt, daß beiden Sexualität wichtig ist, so ist es wahrscheinlich, daß Partnerschaft zur Trennung führt.

Das darf nicht wahr sein.

Ein Mann, der ihr nicht das Gefühl der Zugehörigkeit vermittelt, läßt seine Frau energetisch verarmen und macht sie unglücklich.

Je größer die Erfolge eines solchen Mannes, desto höher der Energiemangel der Frau.

Seine Erfolge können sie zur Verzweiflung treiben.

Energiemangel belastet Mann und Frau.

Blüten ohne Baum vertrocknen.

Eine Geliebte kann die Bindung zwischen Mann und Frau zerbrechen. Unbewußt spürt sie den Bruch und kann sich nicht mehr zugehörig fühlen. Dies reduziert ihre Fähigkeit, Energie zu erzeugen, sie fühlt sich belastet, und ihr geht es schlecht.

Hat eine Frau Sex mit einem Mann, der ihr nicht das Gefühl vermittelt, zu ihm zu gehören, so gerät sie aus dem Gleichgewicht. Sie meint, nur zu geben und nichts zurückzubekommen, womit sie recht hat. Sie wird sich immer weniger um ihn kümmern, keine Kinder haben wollen und nach einer gewissen Zeit Sexualität abwehren.

Eine Frau will integriert sein und nicht nur Geschenke haben.

Gibt sie ihrem Mann Energie, so profitiert er sein Leben lang. Sie ermöglicht es ihm, ein immer höheres Energie- oder Bewußtseinsniveau zu erreichen, das sich meist in seiner Karriere widerspiegelt. Kein Geschenk, sondern das Gefühl der Zugehörigkeit stellt ein Gleichgewicht her.

 Eine Ehe, die mit Gütertrennung beginnt, hat die Lunte für die Trennung bereits gezündet.

Das ist unmöglich!

Ein Mann braucht eine Frau als Teil seiner selbst.
Eine Frau spürt das. Ein Mann spürt das meist nicht.

Fehlt beiden das Gefühl der Verbundenheit, spürt sie, daß sie seelisch verhungert. Er spürt nicht, daß er geistig erstarrt.

Mit einem Mann, der keine Bindung will, sollte eine Frau keinen Sex haben.

Die Erde ist auf die Sonne angewiesen. Eine Frau fühlt sich auf ihren Mann angewiesen. Verliert die Erde die Sonne, wird es auf ihr dunkel und kalt. Es kann kein Leben mehr existieren. Verliert eine weibliche Frau ihren Mann, so fühlt sie sich häufig über Jahre allein nicht lebensfähig.

Verliert eine weibliche Frau ihren Mann, rückt sie in die Nähe des Todes.

Ein Mann darf eine Frau mit einem kleinen Kind nicht verlassen.

Je weniger eine Frau ihre Weiblichkeit lebt, desto wahrscheinlicher wird die Trennung.

Kann das wahr sein?

Eine weibliche Frau, ohne den fördernden Einfluß eines Mannes, hat zeitweise ein niedriges Selbstwertgefühl. Sie fühlt sich gering, wenig und bedeutungslos.

Ein männlicher Mann, ohne den fördernden Einfluß einer Frau tendiert dazu, sich eher gedanken- und geistlos zu verhalten.

Verliert eine Frau ihren Mann, so fühlt sie sich fallen gelassen. Sie fühlt sich schwach, klein, wenig, unbedeutend und traut sich allein kaum etwas zu. Andere werden ihr wenig Gewicht und Größe beimessen und meist ein leichtes Spiel mit ihr haben. Frauen, die ihren Mann verloren haben, sind auf den Schutz und den Halt eines Mannes angewiesen. Meist vergehen Jahre, bis sie sich emotional stabilisiert haben. Erst dann haben sie meist die Chance, einen neuen Partner zu finden.

Verliert ein Mann seine Frau, so fällt es ihm schwer, die Bedeutung und Auswirkung seines Handelns zu erfassen. Um nicht Gefahr zu laufen, Dinge zu tun, die ihn selbst schädigen können, ist er auf den Rat einer Frau angewiesen. Häufig interessieren ihn in dieser Zeit „geistlose" Aktivitäten, und Außenstehende haben manchmal den Eindruck, daß sein Handeln reiner Aktionismus ist, ohne daß damit ein sinnvolles Ziel verfolgt oder Konsequenzen bedacht werden. Viele suchen schnell eine neue Partnerin.

Das darf nicht wahr sein!

Erst eine weibliche Frau macht den Mann männlich.
Erst ein männlicher Mann läßt eine Frau aufblühen.

Ohne Weiblichkeit keine Männlichkeit.

Je weiblicher eine Frau, desto männlicher ein Mann.

Ein Mann sollte sich keine schöne weibliche Frau wünschen, ohne bereit zu sein, eine Bindung einzugehen. Das ist wie der kindliche Wunsch, einkaufen zu gehen, ohne bezahlen zu müssen.

Weiblichkeit macht schön
Männlichkeit macht potent.
Weiblichkeit kann nur in Verbindung zu Männlichkeit aufblühen.

Das Gefühl von Weiblichkeit ist direkt mit Schönheit verbunden. Eine Frau, die dies zulassen kann wird aufblühen. Hierzu ist ein Mann notwendig, der ihre Weiblichkeit erträgt und ihr die Sicherheit gibt, auch langfristig wirtschaftlich nicht benachteiligt zu sein.

Frauen wollen heute schön und weiblich sein, aber gleichzeitig frei und ungebunden Karriere machen. Weiblichkeit und Männlichkeit sind Gegensätze. Es ist das eine oder das andere möglich.

Das ist ganz unmöglich!

Der Einfluß einer Mutter entwickelt normalerweise den Geist des Kindes, so daß es mit der Zeit immer besser überblicken kann, was es mit dem, was es tut anrichtet. Die gleiche Funktion hat die Frau für den Mann.

Eine Gesellschaft sollte stolz auf ihre schönen weiblichen Frauen sein. Es ist ein Zeichen dafür, daß sich eine Gesellschaft höher entwickelt. Geht der weibliche Einfluß zurück, verroht sie. Menschen erfassen zu wenig, was sie tun. Die Lebensqualität und Zufriedenheit sinkt, und es ist zu erwarten, daß Angst und das Gefühl, bedroht zu sein wächst.

Menschen sind in einem bestimmten Ausmaß unbewußt. Z.B. der Besucher, der sein Auto auf den Rasen stellt und ihn damit ruiniert, oder auch der Chef, dem es leicht fällt Angestellte zu entlassen. Erwachsene, mit geringer Bewußtheit sind gefährlich. Sie können anderen schaden und begreifen nicht, was sie tun.

Zu meinen, eine Gesellschaft könne sich ohne den Einfluß weiblicher Frauen weiterentwickeln ist Unsinn. Genauso, als würde man glauben, man könne alle Blüten von einem Baum pflücken, in der Hoffnung, daß sich daraus Früchte bilden. Die Blüten vertrocknen. Das ist alles.

Unglaubliche Erkenntnis:

Beide müssen wachsen, dann kommt jeder ungeschoren weiter

Haben Mann und Frau ihre polaren Positionen eingenommen, startet eine gemeinsame Entwicklung. Sie verlangt von beiden, in einem kontinuierlichen Entwicklungsprozeß Angst zu überwinden.

Allein sein läßt bei ihr Nähe wachsen

Eine Frau muß ihre Angst vorm Allein auf sich gestellt sein überwinden. Dazu sollte sie sich darum bemühen, ihr Aufgabengebiet in eigener Regie in die Hand zu nehmen und Verantwortung zu übernehmen. Sie sollte den Mut aufbringen, auf ihrem Feld tun und lassen zu können, was sie will, ohne ihn zu fragen, sich mit ihm zu beraten oder vielleicht sogar seine Erlaubnis einzuholen. Auf keinen Fall darf sie sich nur nach seinen Wünschen und Vorstellungen richten. Bewältigt sie diese Entwicklung, so wird sie erfahren, daß sie sich, allein und getrennt von ihm, verbunden fühlen kann.

Bei einer Frau mit großen Ängsten besteht die Gefahr, daß sie alles tut, was er will und gibt sich damit selbst auf. Der Grund sind häufig frühe Verlustängste. In ihrer Lebensgeschichte gab es entweder Trennung oder Scheidung der Eltern, Tod eines Elternteils oder einer geliebten Bezugsperson. Diese Frau hat vor einer erneuten Trennung Angst und versucht, jeder Konfrontation mit ihrem Mann aus dem Weg zu gehen. Sie ist entweder ständig darum bemüht, ihm jeden Wunsch von den Augen abzulesen und es ihm recht zu machen. Oder sie ist viel zu lieb, redet ihm nur nach dem Mund und tut nur die Dinge, die er ihr aufgetragen hat. Oder sie tut gar nichts. Sie kümmert sich nur um ihre Schönheit und um ein paar Tätigkeiten, die ihr Spaß machen, ansonsten tut sie nichts für die Beziehung. Auch dieses Verhalten fußt auf ihrer Angst, ihn zu verlieren. Sie wagt nicht, Eigenes zu riskieren. Sie könnte etwas falsch machen, er könnte auf sie zornig werden und gehen. Dieser Angst muß sich eine Frau stellen. Sie muß sich immer wieder auf sich selbst besinnen und die Dinge in Angriff nehmen, die ihr wichtig sind. Für Frauen, die noch am Anfang ihrer Entwicklung stehen, ist das nicht einfach. Nehmen wir an, ihr gefällt eine Couch, die er nicht leiden kann. Sie würde jetzt kaum auf die Idee kommen, diese Couch zu kaufen. Meist gefällt ihr diese Couch bald auch nicht mehr. Jeder Alleingang löst bei ihr unangenehme Gefühle aus. Diese Gefühle gilt es, im Laufe der Zeit nicht nur zu ertragen, sondern zu erfahren, daß Alleinsein und eigenes Tun für sie wichtig ist und eine Befriedigung gibt, die im Zusammensein mit ihm gar nicht möglich wäre.

In diese Erfahrung sollte eine Frau langsam hineinwachsen. Dabei hilft ihr normalerweise die Verantwortung für ein Kind. Sie hat ihr Leben lang Zeit. Nur eines darf sie nicht. Sie darf ihr nicht ausweichen.

Bleibt sie am Ball, so schafft sie es, immer länger allein zu sein, ohne traurig zu werden und ohne, daß ihr Gefühl der Verbundenheit zu ihm verblaßt.

Bindung läßt bei ihm Freiheit wachsen

Ein Mann muß seine Angst vor Nähe überwinden. Dazu sollte er den Mut aufbringen, sich in allen Beziehungsbelangen von ihr dirigieren zu lassen. Sie managt den Beziehungsbereich, also auch ihn. In ihrem Aufgabengebiet, zu dem auch er dazugehört, hat er selbst nichts zu sagen. Um es deutlich zu sagen: Auf diesem Feld kommandiert sie, und er führt aus. Sich so zu verhalten, macht einem Mann Angst. Er befürchtet, aus seiner ihr übergeordneten Position wieder zurück in die unterlegene Position des Kindes zu fallen und fühlt sich von ihr eingeengt, geradezu verschlungen und meint, seine Freiheit zu verlieren. Damit dieser Rückfall nicht geschieht, neigt ein Mann dazu, sich ihrer Regie zu widersetzen. Auf keinen Fall sollte er diesem Angstimpuls freien Lauf lassen. Jede Beziehung wird dadurch verunmöglicht. Er sollte sich seiner Angst stellen. Das kann geschehen, indem er sich wie ein Jugendlicher verhält, der sich von seinen Eltern abgrenzen will: Er tut, was er will, ohne deren Einverständnis einzuholen. (Dieses Verhalten sollte nur in einer Übergangsphase vorkommen, solange Angst noch nicht überwunden ist.) Er stellt sich auch seiner Angst, indem er genau das Gegenteil macht und ihre Kommandos ausführt. Solange seine Angst noch übermächtig ist, wird er eigenes Tun noch nicht riskieren und ihre Orders werden ihn aggressiv machen. Bewältigt er diese Entwicklung, so wird er nicht etwa wie befürchtet, von ihr gefesselt und eingeengt, im Gegenteil. Er wächst in ein Gefühl der Freiheit und Überlegenheit hinein. Er wird erfahren, daß er aus einer inneren Freiheit heraus tun kann, was sie will. Er wird sich in ihrer Nähe frei fühlen.

Hat ein Mann frühe Trennungserlebnisse erlitten, so will er normalerweise um keinen Preis seine Freiheit aufgeben. Jede Eigeninitiative seiner Frau und sei es nur, daß sie ohne sein Einverständnis ein Bild aufhängt oder einen Sessel umstellt, betrachtet er als persönlichen Angriff auf seine Freiheit. Am liebsten würde er seine eigene Wohnung haben, damit er nicht ihren ständigen Attacken ausgesetzt ist, wobei im Extremfall bereits die kleinste Willensäußerung seiner Frau das Gefühl, gefesselt und eingeengt zu sein auslösen kann.

Am liebsten möchte er fliehen. Das sollte ein Mann auch ruhig tun, er sollte nur immer wieder zu ihr zurückkommen. Jedes Beisammensein mit ihr, gibt ihm die Chance zu erfahren, daß Nähe schön sein kann. Traut er sich in diese Richtung, dann kann er sich bei ihr fallen lassen und spürt in ihr einen stabilen Halt. Dies gibt ihm Erholung. Anspannung fällt von ihm ab. Wenn er den Mut aufbringt, ihr ihren Aufgabenbereich zu überlassen steigt damit nicht etwa seine Belastung wie befürchtet, sondern es macht ihn frei. Er muß es zulassen, daß sie ihn dirigiert. Schafft er es, dieser Angst standzuhalten, desto freier und überlegener fühlt er sich - auch in ihrer Gegenwart. In einem stetigen Entwicklungsprozeß sollte ein Mann darauf hinarbeiten, und dafür hat er, wie seine Frau, sein Leben lang Zeit.

Es ist völlig unerheblich, in welchem Stadium er beginnt. Es kann sein, daß die Phasen, in denen er ihre Nähe erträgt, recht kurz sind, und er viel Freiheit will. Auf diese innere Stimme sollte ein Mann hören. Ganz gleich, wieviel Abstand er braucht, er sollte ihn sich nehmen und wieder zurückkommen. Mit der Zeit wird seine Hürde immer kleiner, und irgendwann genießt er es, lange bei ihr zu Hause zu sein.

Trennung schneidet ihn von dieser Entwicklungsmöglichkeit ab. Sie wird wahrscheinlich, wenn beide nicht wachsen, also wenn er sich zu viel Freiheit nimmt, und sie zu sehr darunter leidet, allein zu sein.

Bei einer Trennung fühlt sich ein Mann von seiner Frau zwar nicht mehr gefesselt, aber die schöne Seite des Lebens, die Freiheit, die er gern als Dauerzustand hätte, findet auch nicht mehr statt. Ohne Bindung zu einer Frau, gibt es für den Mann keine Freiheit mehr, weil es Freiheit ohne Bindung nicht gibt. Jeder Mann, der meint, wenn er sich von seiner Freu trennen würde, wäre endlich wieder frei, ist im Irrtum. Das Gegenteil ist der Fall. Er gibt die Chance, sich frei fühlen zu können auf. Ohne Bindung bedeutet ihm seine Freiheit nichts. So erzählte mir vor kurzem ein Mann, der sich von seiner Frau getrennt hatte: „Es macht gar keinen Spaß mehr, mit Freunden ein Bier trinken zu gehen, wenn keiner zu Hause ist und wartet." Das ist leicht zu verstehen, wenn man sich klar macht, daß Gefühle nur in der Differenz empfunden werden können. Nur wer weiß, verbunden zu sein, kann Freiheit genießen. Je sicherer ein Mann weiß, verbunden zu sein, desto unabhängiger und freier kann er sich fühlen.

Die wesentliche Funktion einer Ehe ist es, die Basis für eine gesunde psychische Entwicklung zu schaffen. Dazu muß der Mann die Möglichkeit haben, sich frei zu fühlen. Er sollte immer rechtzeitig zu ihr zurückzukommen. Nur so kann er seine Angst vor Nähe überwinden. Sie muß die Möglichkeit haben, sich verbunden zu fühlen. Sie kann es meist nicht verhindern, daß er sie immer wieder verläßt. Nur so kann sie ihre Angst vorm Allein sein überwinden.

Er wird mit der Zeit erfahren, daß er in ihrer Nähe frei sein kann.

Sie wird mit der Zeit erfahren, daß sie sich, von ihm getrennt, verbunden fühlen kann.

Für diese Entwicklung ist es notwendig zu heiraten und ein Leben lang diese Bindung nicht aufzugeben. Es kann sein, daß lange räumliche Trennungen erforderlich werden. Aber das Bekenntnis zusammenzugehören darf nie gebrochen werden. Dies liefert die Voraussetzung für einen ungebrochenen Energiestrom, und jeder kommt unbeschadet über die Lebensrunden. Wer Bindung bricht, kann sich weder frei oder allein noch verbunden fühlen. Er wird nur einsam. Der polare Lebenrhythmus stockt, es wird schwierig zu überleben.

Das kann schon wahr sein.

Frauen sind glücklich, wenn sie Nähe spüren. Männer sind glücklich, wenn sie sich frei fühlen. Was Männer glücklich macht, macht Frauen unglücklich. Was Frauen glücklich macht, macht Männer unglücklich. Jeder kann nur in dem Maße glücklich werden wie es ihm gelingt, den anderen glücklich zu machen.

15

Paula

Paula und Ellen abends im Restaurant. Ellen holt tief Luft und spricht aus, was sie noch nie jemandem gesagt hat. „Ich bin manchmal ganz erschöpft, wenn ich mit Ralph geschlafen habe. Geht dir das mit deinem Mann auch so?"
„Erinnere mich bloß nicht daran. Vor ein paar Jahren, kurz bevor wir geheiratet haben, hatte Bill unglaublichen Streß im Büro. In der Zeit habe ich überhaupt nichts mehr auf die Reihe bekommen. Damals dachte ich, ich bin nun mal so lahm. Heute weiß ich, daß er es war. Er hat all meine Kraft in die Firma getragen."
„Und wie ist es heute?"
„Er ist damals befördert worden, und der Streß ließ nach. Dann ging es mir auch wieder besser."
„Einfach so?"
„Nein, ich habe herausgefunden, daß man was tun kann."
„Was denn?"
„Ich bin nicht mehr dagegen angegangen."
„Wie meinst du das?"
„Früher wollte ich immer genauso viel leisten wie er. Und weil ich

häufig die Kraft dazu nicht hatte, war ich immer unzufrieden. Den Ehrgeiz habe ich nicht mehr. Ich habe heute den Ehrgeiz, daß es mir gut gehen soll."
„Und wie machst du das?"
„Ich mache es uns schön. Das ist jetzt meine Aufgabe."
Ellen versteht Paula nicht. „Mehr nicht?"
„Das ist mehr als genug. Das ist eigentlich alles - aber nur, weil Bill mitspielt. Als er damals in den Olymp seiner Firma aufgestiegen ist, kam ich mir total unwichtig vor. Ich war fast so weit, unsere Beziehung hinzuwerfen. Er hat damals super reagiert, und damit war alles wieder o.k.."
„Was hat er denn gemacht?"
„Er sagte: 'Du magst dich vielleicht unwichtig fühlen, für mich bist du der wichtigste Mensch auf der Welt'. Das hat mir damals eine unglaubliche Kraft gegeben."
Ellen wird klar, daß Bill und Paula eine völlig andere Beziehung führen. „Ich könnte losheulen. Wenn Ralph mir so was einmal sagen würde, ginge es mir auch besser."
„Dadurch mußte ich niemandem mehr etwas beweisen und habe mich von da an nur noch darauf konzentriert, es uns schön zu machen."
„Für Ralph wäre das vermutlich ein Trennungsgrund."
„Fang doch mal damit an. Dann merkt er, daß es dir gut geht. Dann hat er was davon. Ich finde, ihr beide seht völlig erschöpft aus. Richtig ausgepowert. Das ändert sich dann."

Unglaubliche Erkenntnis:

Schönheit erzeugt Energie

Eine Frau gleitet immer wieder in psychische Verfassungen, in denen sie spürt, es stimmt etwas nicht. Etwas läuft in ihrem Leben nicht rund, ihr fehlt etwas. Diese Verfassung ist Ausdruck eines Bewußtwerdungsprozesses. Solange sie noch nicht weiß, was ihr fehlt, solange eine Erkenntnis noch unbewußt ist, fehlt ihr Energie. Ist es ihr klar geworden, so fehlt ihr nichts mehr. Der Energiemangel ist aufgehoben. Sie fühlt sich wieder unbelastet und wohl. Um den Bewußtwerdungsprozeß bis zur Geburt einer Erkenntnis voranzutreiben, kommt es darauf an, in einem kontinuierlichen Prozeß, mit Energie aufzuladen. Diese Chance hat eine Frau dann, wenn sie einen emotionalen Kontakt zu dem herstellt, was ihr fehlt, also wenn sie eine Situation schafft, die es ihr ermöglicht, ihren unbewußten Mangel zu fühlen. Mangel kann nur in Differenz zur Fülle gefühlt werden. Gelingt es, genau die Fülle herzustellen (z.B. ich habe Güter), die mit dem unbewußten Mangel (z.B. ich bin arm) korrespondiert, besteht die Chance, Mangel zu fühlen und Energie wird frei.

Eine praktische Maßnahme, die dies bewirkt, ist das Schaffen von Schönheit. Ein Mensch findet etwas schön, wenn es ein Symbol für die Fülle ist, die ihm fehlt, also die das Gegenstück seines unbewußten Mangels ausmacht.

Werden Gegensätze zusammengefügt, entsteht das Gefühl von Schönheit.

Nehmen wir an, sie fühlt sich unbewußt dumm, so wird sie vermutlich einen Raum mit vielen Büchern schön finden. Fühlt sie sich unbewußt arm, so wird sie sich zu allem, was für sie Reichtum bedeutet hingezogen fühlen. Jedes Symbol dessen, was ihr fehlt, findet sie schön und möchte es am liebsten haben. Allerdings in Grenzen. Wird der emotionale Brückenschlag zwischen gefühltem Mangel und Fülle zu groß, hält sie die resultierende Spannung nicht aus. Dem, was für sie Fülle bedeutet, wird sie ausweichen, es ablehnen oder zerstören. Schönheit auszuhalten erfordert Entwicklung.

Verschönert eine Frau etwas, das ihr gehört, so erzeugt sie Energie.

Weibliche Frauen haben ein feines Gespür für ihren unbewußten Mangel. Je mehr Wert sie darauf legt, auch kleine Details in ihrer Umgebung zu verschönern, desto mehr lädt sie mit Energie auf. Da das Mangelempfinden auch stark von dem beeinflußt wird, was sie an neuen Informationen aufnimmt, kann sie heute das eine und morgen das andere schön finden und häufig das Gefühl haben, ihre Umgebung verändern zu müssen.

Je schöner sie ihre Umgebung gestaltet, desto mehr Energie setzt sie frei, desto schöner wird sie selbst und desto zufriedener und wohler fühlt sie sich. Sie allein muß einen Ausdruck ihres spezifischen Mangels finden. Darauf kommt es an. Das, was andere schön finden, hat keinen energieaufladenden Effekt.

Das Schaffen von Schönheit erfordert die Auseinandersetzung mit nicht Schönem. Somit sind auch Putzen oder Aufräumen ausgezeichnete Energiequellen.

Genausowenig wie eine schöne Umgebung des Nachbarn eine Frau aufbauen kann, genausowenig kann es eine Umgebung oder Gegenstände, die nicht ihr, sondern ihrem Mann gehören. Die Umgebung, die sie gestaltet, muß ihr genauso gehören wie ihrem Mann. Hat sie dieses Gefühl nicht, können Gegensätze nicht zusammenfinden, damit fließt keine Energie, und sie fühlt sich unzufrieden. Sie wird häufig von sich meinen, nicht schön zu sein und läuft Gefahr diese Überzeugung bald Wirklichkeit werden zu lassen. Frauen, die in der Lage sind, viel Energie zu erzeugen, sind meist besonders auf Schönheit bedacht und brauchen dafür viel. Auch wenn ihr Kleiderschrank übervoll ist, wünscht sie sich immer noch mehr. Der Nutznießer ist meist ihr Mann. Vergeht ihr Interesse, sich selbst und ihre Umgebung für ihn zu verschönern, rutschen beide energetisch ab und bald zeigt sich das Leben von der häßlichen Seite. Ein Paar sollte sich sein Leben lang um Gemeinsamkeit bemühen und gleichzeitig seine Gegensätzlichkeit akzeptieren und achten. Diese Strategie schließt beide an eine große Energiequelle an. Diese Energie heißt Liebe. Gelingt dies, so wird sich der Mann normalerweise kraftvoll, potent und voller Energie fühlen. Seine Frau bleibt schön.

Kann das wahr sein?

Symbole für Fülle können Energie freisetzen.

Das Schaffen von Schönheit, hilft Belastungen und Unzufriedenheit abzubauen und erzeugt Energie.

Das kann nicht wahr sein!

Der Potentialunterschied zwischen der Wahrnehmung einer schönen Umgebung und unbewußtem Selbstempfinden läßt Energie fließen. Darum machen eine schöne Umgebung und schöne Kleidung Frauen erotisch.

Die aktive Auseinandersetzung mit all dem, was als störend oder als Last empfunden wird, bringt Energie.

Liebevolle Gegnerschaft ist das Geheimnis hoher Energie.

Je weiblicher eine Frau ist, desto mehr spürt sie Unzulänglichkeiten, in ihrer Umgebung und bei sich selbst.

Eine Frau wird nur Spaß daran entwickeln, das schön zu machen, was ihr gehört.

Ein Mann kann eine Frau schön oder häßlich machen.

Eine Frau, die nicht das Gefühl hat, daß ihr Zuhause ihr gehört, kann über ihren Mann nicht aufblühen und hat kein Interesse daran, ihre Umgebung zu verschönern.

16

Linda

Nach ihrer Trennung von Frederic hat sich Linda nach Jahren das erste Mal wieder verliebt.
Linda setzt sich strahlend an den Küchentisch. Sony erkennt Linda kaum wieder. „Du siehst so verändert aus, hast du dich verliebt?"
„Ich glaube, ich habe den richtigen Mann gefunden."
„Das freut mich aber für dich. Wer ist es denn. Kenne ich ihn?"
„Es ist der Partner von Frederic. Maximilian! Von Ferne kennen wir uns schon ewig und jetzt hat es gefunkt."
Sony nimmt Gläser aus dem Schrank. „Oder möchtest du lieber Kaffee?
„Wasser nehme ich sehr gern, vielen Dank. Gesehen hast du ihn bestimmt schon mal. Auf den Festen von Frederic war er immer eingeladen."
„Ja, ich weiß, wer er ist. Ich kann mir vorstellen, daß ihr ganz gut zusammen paßt."
„Wir fühlen uns miteinander unglaublich wohl. Jeder möchte geradezu in den anderen hineinkriechen. Es ist einfach wunderschön."
„Das ist schon mal ein gutes Zeichen. Leider wird das bald selbstver-

ständlich, und du merkst es nicht mehr. Dann zählt, ob ihr zusammen paßt."
„Was meinst du denn damit?"
„Sein gesamter Lebensrahmen muß dir gefallen. Nicht nur der Mann. Was er beruflich macht, sein Lebensstil, seine Freunde, seine Aktivitäten, seine Wohnung, letztlich alle Menschen, die zu ihm gehören und das, was er besitzt solltest du heimlich großartig finden. Dann ist er dir überlegen. Dann paßt es meist."
„Hast du überlegen gesagt?"
Sony schenkt Mineralwasser in beide Gläser und rückt ihren Stuhl an den Tisch „du mußt an ihm hochschauen können. Das ist wichtig."
„Wie furchtbar! Aber ich glaube, es stimmt. Sonst würde ich ihn wohl nicht so Klasse finden. Wozu ist das wichtig?"
„Sonst blutest du aus. Du mußt an ihm hochschauen, dann kannst du dich weiblich fühlen und Energie bilden. Du weißt doch, eine Frau gibt dem Mann Energie. Andernfalls gibst du Energie weg und kannst nicht genügend Nachschub produzieren."
„Das hängt damit zusammen, ob ich an ihm hochschauen kann?"
„Ja, dann ist auch der Sex schöner."
„Ach, ja?"
Sony´s Gesicht hat auf einmal Farbe bekommen. „Als kleines Mädchen habe ich davon geträumt, daß ein Mann mich in sein Schloß holt. In ein leeres, verwildertes Schloß. Ich wollte es vom Gestrüpp befreien, einrichten und ein Paradies schaffen. Ich glaube, das ist der Traum jeder Frau. Ein Mann muß Räume bieten und die Frau möchte sie mit Leben erfüllen. Er sorgt für die äußeren Werte, sie für die inneren. Beides muß passen. Das, was er ihr bietet, darf nicht zu groß und nicht zu klein sein."
Linda hat ihre neue Liebe unter diesem Gesichtspunkt noch nicht betrachtet. „Er bietet mir ganz schön viel. Ob ich da mit meinen inneren Werten mithalten kann, bezweifle ich."
Sony registriert, daß Linda nicht die blasseste Ahnung davon hat,

mit welchem Selbstbewußtsein sie ihrem Maximilian gegenüber treten könnte. Vermutlich mißt sie sich an männlichen Maßstäben und wirft sich vor, daß sie es nicht geschafft hat, Karriere zu machen, obwohl sie im Studium eine der Besten war. Sony beschließt, Linda aufzubauen: „Ich habe an dir immer deine Fähigkeit bewundert zu geben. Du tust viel für andere und hast einen sicheren Instinkt für das, was richtig und was falsch ist. Vermutlich ist dir eine ganz besondere Eigenschaft noch gar nicht aufgefallen: Du freust dich mit deinen Freunden, wenn sie Glück haben und hältst die Freundschaft, wenn sie Pech haben. Und eine Eigenschaft ist geradezu phantastisch: Du registrierst bei anderen Menschen ihre Stärken und schätzt sie deswegen. Ihre Schwächen übergehst du einfach. Du hast es nicht nötig, dich darüber aufzuregen. Zu dieser Gleichmütigkeit gehört Kraft. Sie zeigt deine Klasse. Es gibt wenige, die dir das Wasser reichen können. Darüber hinaus hast du dir eine natürliche Bescheidenheit bewahrt. Sie steht im krassen Gegensatz zu der Klasse, die du ausstrahlst. Die Spannung zwischen diesen beiden Polen macht dich unglaublich faszinierend und attraktiv. Da hast du ganz schön viel zu bieten."
Linda fühlt sich geschmeichelt. „Du meinst, ich bin attraktiv?"
„Irgendeiner muß es dir ja mal sagen."
Linda stellt wieder einmal fest, daß Sony ihre allerbeste Freundin ist. Sie hat zwar nicht ganz verstanden, was Attraktivität mit Bescheidenheit zu tun haben soll, findet aber, daß es sich richtig anhört. „Dann habe ich ja Glück gehabt."
„Das hast du dir auch verdient."
„So?" Jetzt werden Linda Sony's Kommentare allmählich zu kompliziert, und sie steuert das Gespräch in eine andere Richtung. „Am Samstag habe ich seine Freunde kennengelernt. Alles ganz tolle Leute. Wir waren auf einem Fest, bei seinem besten Freund, und stell dir vor, der ist Architekt in dem Büro, in dem ich nach dem Studium angefangen habe. Du weißt, wie schwierig das damals war, dort rein zu kommen. Ist das nicht ein Zufall?

Sony mag das Wort Zufall nicht. „Ich würde es Glück nennen!"
Linda nimmt ihr Glas in die Hand und stellt es wieder ab. „Weißt du, er ist einfach großartig. In all dem, was er sagt, könnte ich ihm stundenlang zuhören. Das kenne ich gar nicht von mir. Bei den anderen Männern habe ich immer geredet. Aber jetzt ist es anders."
„Ja, wenn er der Richtige ist, dann bist du still."
„Vor ein paar Tagen saßen wir im Garten auf einer Decke, und er hat Zeitung gelesen. Irgendwann bin ich wohl eingeschlafen und als ich aufwachte, wußte ich, ich bin zu Hause angekommen. Bei ihm fühle ich mich sicher und geborgen. Jetzt weiß ich erst, unter was für einem Streß ich vorher gelebt habe. Auf einmal ist die ganze Anspannung von mir abgefallen."
Sony gießt sich erneut Wasser ein. „Man sieht es dir an, du bist eine richtige Schönheit geworden."
Lindas Wasser steht immer noch unberührt vor ihr auf dem Tisch. „Das sagen in letzter Zeit viele. Aber das ist er. Wenn ich mit ihm zusammen bin, werde ich immer schöner, das ist mir selbst schon aufgefallen. Und ich habe auch viel mehr Lust mich zu pflegen und mir schöne Sachen zu kaufen. Nur mein Job leidet unter der Beziehung, aber das ist mir ehrlich gesagt im Augenblick ziemlich egal."
Sony steht auf und holt Eiswürfel. „Das darf dir aber nicht egal sein, da mußt du gegenan gehen, auch wenn es fast unmöglich ist. Dein Job gibt dir eine wirtschaftliche Existenz. Schließlich bist du noch nicht verheiratet."
Daß Sony so veraltete Ansichten hat erstaunt Linda. „Aber Sony, auch wenn ich verheiratet bin, sorge ich für mich selbst. Heute gibt doch keine Frau mehr ihren Beruf auf, wenn sie heiratet."
Sony reicht Linda die Eiswürfel. „Ach, man tut das heute nicht! Hast du nicht gerade eben gesagt, dein Beruf sei dir egal?"

Unglaubliche Erkenntnis:

Schöne Frauen machen Männer mächtig
Mächtige Männer machen Frauen schön

Bei einer tragfähigen Liebe verliebt sich ein Mann in die Schönheit der Frau. Je schöner in seinen Augen eine Frau ist, desto mehr verliebt er sich.

Schönheit zeugt von der Fähigkeit, durch innere Verarbeitungsprozesse Energie zu erzeugen und damit Belastungen abbauen zu können, es zeugt von einer hohen weiblichen Kraft. Nur nicht verarbeitete Belastungen zeichnen sich ab und machen häßlich. Wer allerdings erst gar keine Belastungen im Leben spürt, braucht auch keine zu verarbeiten und bleibt meist schön. Dies kann auch ein Zeichen von Blödheit sein.

Bei einer tragfähigen Liebe verliebt sich eine Frau in die Potenz des Mannes. Je mehr sie annimmt, daß ein Mann etwas bewegen und erreichen kann, das sie bedeutend findet, desto mehr verliebt sie sich.

Potenz zeugt von der Fähigkeit, Dinge aktiv in die Tat umsetzen zu können, etwas zu schaffen und zu bewegen. Sie zeugt von einer hohen männlichen Kraft.

Um sich für eine Frau entscheiden zu können, reicht es einem Mann aus, eine Frau kennenzulernen. Ihr Aussehen, ihre Ausstrahlung und Ansichten müssen für ihn faszinierend sein.

Um sich für einen Mann entscheiden zu können, reicht es einer Frau nicht aus, einen Mann kennenzulernen. Um beurteilen zu können, ob ein Mann etwas bewegen und erreichen kann, muß sie sein gesamtes

Umfeld erfassen können. Sein Beruf, seine Freunde, seine Wohnung, sein Einkommen und all das, was er bisher bereits erreicht hat und demnächst erreichen will, möchte sie wissen. Seine gesamten äußeren Lebensbedingungen müssen für sie faszinierend und bedeutend sein.

Gibt ein Partner das Gefühl, zu Hause angekommen zu sein, ist er meist der Richtige.

Für die Frau ist der Mann richtig, der ihr das Gefühl gibt, bei ihm zu Hause zu sein.

Für den Mann ist die Frau richtig, die ihm ein Zuhause bereitet.

Zu den wichtigsten Aufgaben in einer Ehe gehört es, daß sich zwei Menschen gegenseitig ein Zuhause geben, wo sich beide geborgen und wohl fühlen.

Kann das wahr sein?

Ein Mann will mächtig sein.
Eine Frau will schön sein.
Gelingt es einem Mann, eine Frau schön zu machen, wird er sich mächtig fühlen.
Gelingt es einer Frau, einen Mann mächtig zu machen, wird sie sich schön fühlen.

Mächtige Männer und schöne Frauen ziehen sich an.

Ein Mann, der äußerlich viel bewegt, was sich meist in dem, was er erreicht hat widerspiegelt, braucht eine innerlich schöne Frau, was sich meist in ihrem Äußeren widerspiegelt.

Schöne Frauen machen Männer mächtig.

Für einen Mann ist die Frau richtig, die ihm ein erhabenes Gefühl vermittelt. Eine Frau, die ihm ein erhabenes Gefühl vermittelt, findet ein Mann schön.

Ein Mann sollte auf seine Frau stolz sein.

Mächtige Männer können Frauen schön machen.

Für eine Frau ist der Mann richtig, der ihr das Gefühl vermittelt, schön zu sein. Einen Mann, der in der Lage ist, sie schön werden zu lassen, findet eine Frau mächtig.

Das ist völlig unmöglich!

Eine Frau muß zu einem Mann aufschauen können.

Kann eine Frau zu einem Mann aufschauen, so möchte sie ihm meist gehören.

Findet ein Mann eine Frau schön, so möchte er sie meist besitzen.

17

Andy & Gabi

Andy fährt von der Firma nach Hause und denkt an den gestrigen Squashabend. Jeder der Jungs, mit denen er am Biertisch saß, hatte Beziehungsstreß. Was ist bei denen bloß los? Er hat ein einziges Mal in seinem Leben über seine Beziehung nachgedacht. Am Tag seiner Hochzeit nahm sein Vater ihn zur Seite, grinste ihn an und sagte: „Nur eins will ich dir dazu sagen. Alles, was du tust, tu für sie." Dann wurde nie wieder über das Thema gesprochen. Seitdem er weiß, wo er hingehört, ist seine Firma für ihn das Wichtigste. Sie ist das schönste Spielzeug, das er sich vorstellen kann. Im Moment ist er gerade dabei, Geschäftskontakte mit Indien aufzubauen. Es macht ihm einen Höllenspaß. Zu Hause findet er es manchmal mühsam, sich an die ständig wechselnden Gardinen zu gewöhnen. Er hat es aufgegeben, Gabi in diesem Punkt verstehen zu wollen. Er braucht all diesen Aufwand nicht. Aber er hat begriffen, daß sie ihn braucht, um fröhlich zu sein. Er braucht wiederum eine fröhliche, zufriedene Frau. Wenn der Weg dahin über Kleider, Stoffe und Möbel führt, soll es ihm schließlich egal sein. Wenn sie ihn darauf aufmerksam macht, daß sie eine Tischdecke gefunden hat, die genau zu den Sofakissen paßt, freut es ihn, daß sie sich freut. Dafür lohnt es sich. Mittlerweile ist er zu Hause angekommen und schließt die Haustür auf. Gabi kommt

ihm entgegen und gibt ihm einen Begrüßungskuß. „Na, wie war's?"
„Ab heute gehört uns die Firma."
„Das ist ja toll. Das müssen wir feiern. Ich wußte, du schaffst das. Das habe ich mir gar nicht anders vorstellen können. Und weißt du, worauf ich mich jetzt am meisten freue?"
Andy stellt seine Tasche ab. „Auf was?"
„Daß wir jetzt bald in ein Haus einziehen können."
Andy lacht. „So? Wir können wohl mal ein Haus bauen. Aber das kommt erst später. Zunächst muß die Firma auf Vordermann gebracht werden. Wir müssen erheblich mehr Umsatz und vor allem mehr Gewinn erzielen. Das bedeutet ein paar Jahre harte Arbeit."
Gabi hat sich schon lange mit dem Hausthema beschäftigt. „In einem Haus werden sich unsere Kinder viel wohler fühlen, sie können dann endlich im Garten spielen, und wir haben viel mehr Platz."
Andy schaut die Briefumschläge an, die heute mit der Post gekommen sind. „Unsere Produkte sind bisher noch zu wenig bekannt, und die Konkurrenz ist kostengünstiger. Erst einmal müssen wir uns im Markt fest etablieren. Das wird ein harter Kampf."
Gabi registriert, daß er ihr überhaupt nicht zugehört hat. Er ist immer noch in der Firma und kämpft für die Familie. „Weißt du eigentlich, wie sehr ich dich liebe?"
Andy schaut sie verständnislos an.
„Wir können sofort essen, es ist alles vorbereitet."
„Ich zieh mich nur kurz um." Andy verschwindet im Schlafzimmer. Gabi spürt, wie erleichtert sie ist. Endlich ist es geschafft. Wirtschaftsprüfer, Anwälte, Notar - und vor jedem Meeting stand die Frage, klappt es, oder macht der Besitzer doch noch einen Rückzieher. Sie stellt Rotweingläser auf den Tisch. Andy kommt in die Küche und hat ganz offensichtlich seine Jeans nicht gefunden. „Ich habe umgeräumt. Die liegen jetzt ganz links im Schrank." Gabi hat für heute Abend den Wein ausgewählt, den Andy mit den Worten beschriftet hat: „Nicht trinken! Ein Schatz! Eine Vorsichtsmaßnahme vor ihren schlechten Weinkenntnissen. Sie beginnt damit, beide

Teller aufzufüllen. Unterdessen ist Andy zurückgekommen und setzt sich an den Tisch. Gabi weiß, was auf beide jetzt zukommt.
„Das ist doch eine tolle Herausforderung. Die Werbung muß moderner werden. Dann kennt das Produkt bald jeder. Das muß dein Ziel sein. Und man muß es überall zu einem vernünftigen Preis kaufen können."
Andy öffnet den Rotwein. „Das stellst du dir etwas zu einfach vor."
„Wieso, wenn man erst einmal weiß, was das Ziel ist, ist doch die Hälfte geschafft. Der Rest ist nur noch Arbeit."
„Der Rest ist gut. Mit diesem Rest habe ich ganz schön viel zu tun."
„Ja, aber ich helfe dir doch dabei. Stell dir vor, wir haben es jetzt in der Hand, all das zu erreichen, was uns wichtig ist. Und ich weiß, wir schaffen das. Gemeinsam erreichen wir es. Ich kann dir mehr helfen als du denkst. Du mußt dich um nichts anderes kümmern. Ich halte dir den Rücken frei, und du kannst dich voll auf die Firma konzentrieren. Und in spätestens zwei Jahren ist es geschafft. Da bin ich mir ganz sicher.

Ist der Chef von der Konkurrenzfirma nicht der kleine Dicke, den wir neulich mit der unmöglichen Frau im Restaurant gesehen haben? Andy kostet den Rotwein vor. „Ja genau."
„Du bist viel besser als der. Der kann nicht gut sein. Hast du nicht gemerkt, wie der ganz nervös wurde, als der zu uns rüberblickte? Das habe ich genau gespürt"
„Das habe ich nicht gesehen." Andy hebt sein Glas. „Cheers, auf unseren Erfolg, bis jetzt."
„Cheers! Ich habe gehört, er ist neulich in unsere Gegend gezogen. In ein Haus. Es soll ganz schön sein."
„So? Genieß mal den Wein! Der ist gut."
„O ja, fantastisch. Verdient er denn so viel mehr als du?"
„Ich vermute nicht. Das dürfte jetzt ähnlich sein."
„Ich habe ein Riesenbedürfnis, es für dich schön zu machen. Gerade jetzt, wo es los geht. Damit du jeden Abend Energie tanken kannst.

Ich glaube, du weißt noch gar nicht, wieviel ich dir geben kann. Außerdem hättest du dann dein eigenes Arbeitszimmer, das du dir schon so lange wünscht, und wir könnten den Schrank deiner Eltern aufstellen, in dem ich dann endlich das alte Leinen aus meiner Familie aufbewahren kann."
Der Gedanke, ein Haus zu bauen, macht Andy auf einmal Spaß. „Ich red' mal mit dem Architekten."
Gabi strahlt ihn an. Das ist eine glänzende Idee von dir, ja, mach das!"

Unglaubliche Erkenntnis:

Der Mann erlebt
Die Frau lebt

Eine Frau lebt in der realen Welt des Mannes.

Seine gesamte Erlebniswelt mit seinen Freunden und Geschäftspartnern, seiner Arbeit und Freizeit bestimmt die reale Welt der Frau. Dies ist ihre Basis, um sich gedanklich auseinanderzusetzen und Ereignisse zu verinnerlichen.

Ein Mann lebt in der Vorstellungswelt der Frau.

Sie bewertet seine Erlebnisse, mißt ihnen Bedeutung bei, entwickelt Meinungen, Vorstellungen, Wünsche und Ideen. All diese Gedanken möchte sie ihm mitteilen. Dadurch gleitet ein Mann in die Vorstellungswelt der Frau. Ihr Bewußtsein bildet für den Mann die gedankliche Basis, für zukünftiges Handeln.

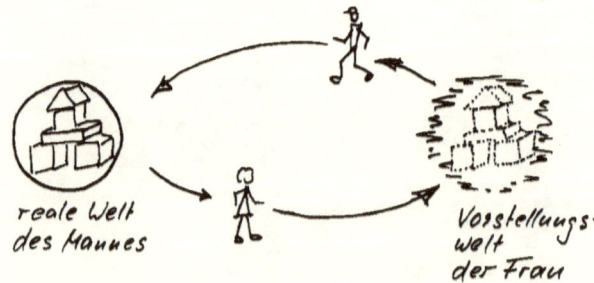

Damit dieser Zirkel gelingt, ist es wichtig, daß ein Mann seine Frau in seine Erlebniswelt integriert und beide viel miteinander reden. Sie braucht seine reale Welt als Ausgangsmaterial, um ihre Aufgabe erledigen zu können. Ihre Integration und der Erlebnistransfer von ihm zu ihr ist für eine glückliche Beziehung wichtig.

Ist das möglich?

In einer idealen Beziehung setzt ein Mann das um, was sie sich vorstellt, und eine Frau überdenkt, was er getan hat. Auf dieser Basis entwickelt sie neue Vorstellungen, die er wiederum realisiert.

Erst wenn ein Mann seine Frau an seinen Erlebnissen teilhaben läßt oder ihr davon berichtet, hat er das Gefühl zu leben, und sie hat das Gefühl etwas zu erleben.

Ein Mann lebt über seine Frau.
Eine Frau erlebt etwas über ihren Mann.

Das ist unmöglich!

Die Erlebnisse des Mannes steuern die Vorstellungen der Frau, und sie macht sich Gedanken.

Die Gedanken der Frau steuern die Taten des Mannes, und er erlebt etwas.

Eine Frau denkt auf der Grundlage seines Handelns.
Ein Mann handelt, auf der Grundlage ihrer Vorstellungen.

Ihre Vorstellungskraft ermöglicht es ihm, das zu erreichen, was sie sich vorstellt.

Ein Mann tut, was er will und denkt in ihrem Sinne.
Eine Frau denkt, was sie will und handelt in seinem Sinne.

Das höchste Glück des Mannes heißt: Ich will - was sie sich vorstellt. (Allerdings weiß er meist nicht, daß es ihre Vorstellungen sind, die er will und auch realisiert.)
Das höchste Glück der Frau heißt: Er will, - was ich mir vorstelle.

Ohne die Integration der Frau in die Welt des Mannes fühlt sich eine Frau isoliert

Erfährt sie zu wenig von ihm, fühlt sie sich isoliert und von der Welt abgeschnitten. Meist wird sie unzufrieden und entwickelt den Wunsch, mehr zu erleben. Ein solches Szenario tritt dann ein, wenn ein Mann sie aus seinem Karrierestreben ausschließt und zu Hause kaum etwas aus seiner Arbeits- oder Erlebniswelt berichtet. Ihr Hunger über ihn etwas zu erleben und Eindrücke aufzunehmen, muß befriedigt werden, nur so kann sie ihre Bewußtwerdungsarbeit leisten und Energie bilden. Wird er nicht gestillt, so gerät sie in das Gefühl, im luftleeren Raum zu schweben, keine Luft zum Atmen zu haben oder zu verhungern. Der Lebensrhythmus beider gerät ins Stocken.

Um nicht zu erkranken, braucht sie eine eigene Erlebniswelt. Sie findet sie meist in einer Berufstätigkeit. Leben Mann und Frau in verschiedenen Welten, verbindet sie bald nichts mehr. Ihre polare Einheit droht zu zerbrechen.

Oder sie konzentriert sich primär auf ihre Kinder. Diese Welt ist zu klein. Für einen Mann ist es leicht nachzuvollziehen wie es einer Frau unter diesen Umständen geht, wenn er sich vorstellt, er sei von Impulsen aus der Welt abgeschnitten, er hätte keine Arbeit, keine Zeitung und kein Fernsehen. Seine einzige Aufgabe bestünde darin, sich um seine Frau zu kümmern. Eine solche Situation ist für jeden Mann unerträglich.

Eine Frau braucht es, mal die Frau ihres Mannes und mal Mutter ihrer Kinder zu sein. Genauso wie ein Mann sowohl seine Frau wie seine Arbeit braucht. Ist eine Frau nur noch Mutter, fehlt ihm bald die Geliebte, genauso wie sie sich bald nach einem Mann sehnt, bei dem sie Frau sein kann. Sie möchte mit ihrem Mann ein Gefühl der

Einheit spüren. Das geht nur, wenn er sie in seiner Welt leben läßt. Erst ihr aktiver Einfluß in seiner Welt läßt in einer Frau das Gefühl entstehen, Frau zu sein und einen Mann zu haben.

Angenommen eine Frau hat keine andere Wahl, als sich hauptsächlich um ihre Kinder zu kümmern. Jetzt geht es Kindern genauso wie einer Frau, deren Mann nur noch sie zum Zentrum seiner Aufmerksamkeit macht. Das hält keine Frau aus. Ähnlich geht es Kindern. Kinder fühlen sich wohler, wenn ihre Mutter eine Aufgabe hat, die nicht ihnen gilt.

Gleichzeitig besteht die Gefahr, daß durch zu großes Bemuttern die Entwicklung der Kinder gehemmt, und der Prozeß der Abnabelung hinausgeschoben wird. Kinder lernen es häufig zu spät, Probleme selbst zu lösen und durch eigene Leistungen, nicht durch die Hilfe der Mutter, Bedürfnisse zu befriedigen.

Für diese Mütter ist es meist besonders schwer, ihre Kinder loszulassen, denn damit verlieren sie ihren Lebensinhalt. Das spürt ein Jugendlicher, hat meist Angst davor, seine Mutter im Stich zu lassen und entwickelt häufig Schuldgefühle. Mütter, denen die Welt ihres Mannes verschlossen bleibt, tragen maßgeblich dazu bei, daß ihre Söhne in Zukunft eine stabile Bindung zu einer Frau nicht eingehen können, denn das setzt die Ablösung von der Mutter voraus.

Kann das wahr sein?

Ein Mann, der seiner Frau keine Erlebnisse bietet, läßt sie seelisch verhungern.

Eine Frau, die sich nicht um ihren Mann kümmert, läßt ihn geistig verhungern.

Verliert eine Frau ihren Mann, so erlebt sie nichts mehr. Sie fühlt sich von der realen Welt abgeschnitten. Ihr Gefühl wird Wirklichkeit. Ihre Freunde und alles bisher Vertraute werden sich von ihr zurückziehen.

Verliert ein Mann seine Frau, so verliert er das Gefühl zu leben. Seine Welt wird leblos, sie wird ihm leer und öde erscheinen.

Läßt ein Mann seine Frau nicht an seiner Welt teilhaben, so läuft er Gefahr, gedankenlos zu handeln und sie läuft Gefahr, den Realitätsbezug zu verlieren.

Das kann nicht wahr sein!

Die Welt des Mannes ist nur so groß, wie ein Mann seine Frau mit einbezieht.
Ein Mann, der seiner Frau wenig aus seiner Welt berichtet, lebt in einer kleinen Welt.

Ein Mann in einer kleinen Welt ist ein kleiner Mann.

Vielleicht ist es wahr?

Eine Frau ist mal Frau des Mannes und mal Mutter der Kinder. Jeder Bereich ist ganz anders aber gleich wichtig.

Konzentriert sich die Mutter nur auf ihre Kinder, wird den Kindern ihre Mutter meist zu viel. Sie erhalten zu viel Aufmerksamkeit, entwickeln einen Mangel an Eigenverantwortung und haben es schwer, erwachsen zu werden.

So wie ein Mann seinen Blick auf die Welt richten sollte, so sollte eine Frau ihren Blick auf ihn richten. Nicht auf ihre Kinder. Eine Frau muß für ihre Kinder sorgen und für sie da sein. Aber sie darf sich nicht von ihrem Mann abwenden.

Das Beste, was ein Mann für die Erziehung seiner Kinder tun kann ist, seine Frau glücklich zu machen.

Wo Frauen glücklich sind, ist die Welt in Ordnung.

Das darf nicht wahr sein!

Über alles, was ein Mann tut, denkt eine Frau nach.

Hat ein Mann eine Geliebte, so ahnt das seine Frau. Was eine Frau ahnt, will ihr bewußt werden. Ein Mensch begreift, indem er Situationen, die es zu begreifen gilt anzieht und mit ihnen umgeht. Das bedeutet, wenn ein Mann eine Geliebte hat, so provoziert er damit, daß seine Frau bald nachzieht.

Alles was ein Mann erlebt, nimmt eine Frau unbewußt wahr. Sie ahnt, was er tut.

Alles was eine Frau ahnt, will ihr bewußt werden.

Die Erlebnisse des Mannes belasten die Frau, solange sie ihr nicht bewußt sind.

Eine Frau muß ausbaden, was er angestellt hat.

18

Sony & Michael

Es ist Sonntag Nachmittag. Michael sitzt im Wohnzimmer und liest Zeitung.
Sony setzt sich ihm gegenüber in einen Sessel. „Michael, wir müssen mal miteinander reden."
Michael schaut von seiner Zeitung auf. „Aber nicht jetzt. Ich möchte erst in Ruhe Zeitung lesen."
„Nein jetzt, sonst kommen wir nie dazu."
„So wichtig?"
Es ist sehr wichtig."
„Dann sag schon."
„Ich will wieder arbeiten!"
„Was willst du? Warum das denn, hast du nicht genug zu tun?"
„Nein, darum geht es nicht. Ich halte es hier allein zu Haus nicht mehr aus."
„Aber du bist doch gar nicht allein. Die Kinder sind immer bei dir und genug Freundinnen hast du auch."
„Das stimmt zwar, aber ich meine was anderes."
„Was denn?"

„Wenn du morgens mit einem frisch gebügeltem Hemd aus dem Haus gehst, bin ich richtig neidisch. Du siehst, was in der Welt los ist, kannst mittags in einem Restaurant Essen gehen, und auf mich wartet der Abwasch von gestern Abend."
„Im Büro gibt es auch Alltag und Routine, und zum Essen gehe ich meist für 20 Min. in die Kantine."
Sony sitzt kerzengerade in ihrem Sessel. „Na ja, aber du siehst wenigstens, was draußen los ist. Ich fühle mich hier abgeschnitten und isoliert. Ohne Luft zum Atmen, oder wie ein Fisch, den man an Land geworfen hat. So kann das nicht weitergehen, sonst werde ich krank."
Michael legt seine Zeitung zur Seite. So schlimm?"
„Ja. Ich verdumme hier. Ich darf gar nicht daran denken, mit welchen Themen ich mich im Studium beschäftigt habe. Heute ist alles versandet."
„Du mußt auch mehr lesen. Wann hast du eigentlich das letzte Buch gelesen?"
„Da hast du recht. Aber Bücher sind keine Lösung. Ich muß das Gefühl haben, irgend etwas Wichtiges gestalten und bewegen zu können, was mich herausfordert und mir Spaß macht."
„Und du meinst, es macht dir Spaß wieder zu arbeiten?
„Ja, vielleicht."
„Erinnerst du dich noch, wie wenig Spaß dir dein Beruf gemacht hat, und du nichts lieber wolltest als dich nur noch um uns zu kümmern?"
„Da wußte ich ja auch noch nicht, was es bedeutet, nur zu Hause zu sein. Ich hatte mir das anders vorgestellt."
„Und jetzt findest du, daß dein Beruf doch besser war."
Sony's Gesicht zeigt einen Anflug von Hilflosigkeit. „Das war damals schon stressig. Jeden morgen um acht am Schreibtisch. Vielleicht sollte ich was anderes machen."
„Was denn?"
„Weiß ich auch nicht. Aber so geht es nicht weiter. Vielleicht irgendeinen Job in dem ich selbständig arbeite."

Michael schaut sehnsüchtig zu seiner Zeitung. „Damit du ausschlafen kannst!"
„Du bist gemein."
„Ich glaube, du stellst dir das alles zu einfach vor. Wenn du im Moment meine Probleme hättest, würdest du anders reden."
Sony merkt, daß sie doch noch nicht gründlich genug darüber nachgedacht hat, was sie in Zukunft eigentlich machen will und ist dankbar, daß er ein neues Thema anschneidet. „Welche Probleme hast du denn?"
„Bis Weihnachten muß ich 30 Mitarbeiter entlassen und das heißt, ich muß wichtige Arbeitsbereiche völlig umorganisieren. In diesem Jahr hatten wir einen Umsatzrückgang, das wirft man mir vor. Keiner sieht, daß mein Vorgänger den Laden heruntergewirtschaftet hat. Der wichtigste Kunde droht zur Konkurrenz zu gehen... Willst du noch mehr hören?"
„Dein wichtigster Kunde ist doch der Dr. Schmidt, nicht wahr?
„Ja."
„Den sollten wir mal wieder zum Essen einladen. Ich mag den. Wir haben uns beim letzten Treffen sehr gut unterhalten. Weiß der überhaupt, daß du den Vertrieb umorganisiert hast? Das wär doch blöd, wenn er zur Konkurrenz geht, wenn in Zukunft alles besser läuft."
„Ich wollte sowieso mal wieder mit ihm essen gehen. Ich lade ihn für Mittwoch in vierzehn Tagen ein. Kannst du da?"
„Ich glaube schon. Aber du kannst unmöglich dreißig Leuten vor Weihnachten die Kündigung aussprechen. Sofort nach Weihnachten von mir aus, aber unmöglich vorher."
„Hm, magst du recht haben."
„Aber Herr Frantz bleibt doch?"
„Natürlich, das ist mein bester Mann."
„Ich finde, du solltest dich mehr um ihn kümmern. Nicht daß er geht!"
Michael schaut sie jetzt das erste Mal mit voller Aufmerksamkeit an.

„Wie kommst du denn da drauf?"
„Für das, was der kann, hat der viel zu wenig Verantwortung. Der will weiterkommen. Das hat er mir gesagt. Nicht so direkt. Ich hab es eigentlich mehr gespürt. Als ich dich neulich abgeholt habe, habe ich kurz ein paar Worte mit ihm gewechselt."
Sony hält in ihrem Redefluß inne. Das ist es. Diese Art Themen machen ihr Spaß. „Michael, kann ich nicht bei dir in der Firma irgend etwas arbeiten? Um näher dran zu sein. Mir macht es einen Riesenspaß Lösungen für solche Probleme zu finden."
Michael ist erstaunt. „Ich dachte dich langweilt es, wenn ich von meinem Job erzähle."
„Nur dann, wenn meine Meinung nicht interessiert. Dann finde ich alles, was Männer erzählen sterbenslangweilig. Aber wenn ich gefragt werde und das Gefühl habe, mit Einfluß nehmen zu können, dann wird es spannend. Dann komme ich mir auch nicht mehr so abgeschnitten und isoliert vor."
Michael fällt es schwer, höflich zu bleiben. „Aber dazu fehlen dir Informationen. Ich kann dich nicht ernst nehmen, wenn du keine Ahnung hast."
„Die mußt du mir erzählen oder sonstwie anbringen. Dann kann ich nachdenken und dir was dazu sagen. Das macht mir auch mehr Spaß als immer nur über die Kinder und den Hund."
Michael begreift, daß er nur dann mit ihr interessante Gespräche führen kann, wenn er sie zunächst mit Fakten brieft. Woher soll sie wissen, womit er sich beschäftigt, wenn er es ihr nicht erzählt?
„Manchmal kommst du schon auf Ideen, die wären mir nicht eingefallen."
Sony sitzt ihm mit leuchtenden Augen gegenüber. „Ich schlage vor, laß uns doch jeden Abend über die wichtigsten Dinge sprechen, die bei dir angefallen sind. Mich interessiert, was du bewegt und erreicht hast, und was es Neues gibt. Und wenn du nächste Woche nach Mailand mußt, möchte ich gern mal mitkommen. Keine Angst, tagsüber

brauche ich dich nicht. Nur abends möchte ich dich treffen. Sag nicht, das geht nicht, das geht schon, wenn man will. Ich verspreche dir, das ist auch für dich schön."
„Mal sehen."
„Ich glaube, so kann es weitergehen. Mir geht es jetzt wieder richtig gut."

„Wie kommst du denn da drauf?"
„Für das, was der kann, hat der viel zu wenig Verantwortung. Der will weiterkommen. Das hat er mir gesagt. Nicht so direkt. Ich hab es eigentlich mehr gespürt. Als ich dich neulich abgeholt habe, habe ich kurz ein paar Worte mit ihm gewechselt."
Sony hält in ihrem Redefluß inne. Das ist es. Diese Art Themen machen ihr Spaß. „Michael, kann ich nicht bei dir in der Firma irgend etwas arbeiten? Um näher dran zu sein. Mir macht es einen Riesenspaß Lösungen für solche Probleme zu finden."
Michael ist erstaunt. „Ich dachte dich langweilt es, wenn ich von meinem Job erzähle."
„Nur dann, wenn meine Meinung nicht interessiert. Dann finde ich alles, was Männer erzählen sterbenslangweilig. Aber wenn ich gefragt werde und das Gefühl habe, mit Einfluß nehmen zu können, dann wird es spannend. Dann komme ich mir auch nicht mehr so abgeschnitten und isoliert vor."
Michael fällt es schwer, höflich zu bleiben. „Aber dazu fehlen dir Informationen. Ich kann dich nicht ernst nehmen, wenn du keine Ahnung hast."
„Die mußt du mir erzählen oder sonstwie anbringen. Dann kann ich nachdenken und dir was dazu sagen. Das macht mir auch mehr Spaß als immer nur über die Kinder und den Hund."
Michael begreift, daß er nur dann mit ihr interessante Gespräche führen kann, wenn er sie zunächst mit Fakten brieft. Woher soll sie wissen, womit er sich beschäftigt, wenn er es ihr nicht erzählt?
„Manchmal kommst du schon auf Ideen, die wären mir nicht eingefallen."
Sony sitzt ihm mit leuchtenden Augen gegenüber. „Ich schlage vor, laß uns doch jeden Abend über die wichtigsten Dinge sprechen, die bei dir angefallen sind. Mich interessiert, was du bewegt und erreicht hast, und was es Neues gibt. Und wenn du nächste Woche nach Mailand mußt, möchte ich gern mal mitkommen. Keine Angst, tagsüber

brauche ich dich nicht. Nur abends möchte ich dich treffen. Sag nicht, das geht nicht, das geht schon, wenn man will. Ich verspreche dir, das ist auch für dich schön."
„Mal sehen."
„Ich glaube, so kann es weitergehen. Mir geht es jetzt wieder richtig gut."

Unglaubliche Erkenntnis:

Frauen regieren die Welt,
dazu brauchen sie Männer, die die Arbeit machen

Ein Mann übernimmt die Vorstellungen der Frau, meist ohne es zu merken. Ihr Denken beeinflußt ihn und bildet den Ausgangspunkt seines Handelns. Kein Mann kann sich vor ihrem Einfluß schützen, es sei denn, er meidet jeden Kontakt mir ihr. Ein Mann sollte seine Frau in seine Welt mit einbeziehen. Es ist wichtig, daß sie seine Welt kennt. Nur so hat er die Chance, sinnvoll beeinflußt zu werden.

Wenn eine Frau nur ungenügende Informationen aus seiner Realität erhält, so ist sie vergleichbar mit einem Fabrikbesitzer, mit weltweitem Potential, der aber nur den Markt von Ostbayern kennt. Verkauft er trotzdem weltweit, so kann es sein, daß er die völlig falsche Strategie verfolgt. Beschränkt er sich auf bekannte Regionen, so liegen Kapazitäten brach.

Beschafft sich eine Frau Kenntnisse z.B. aus dem Fernsehen oder Magazinen, so kann es sein, daß sie den Lebensstil eines Ölmillionärs von einem Mann erwartet, der gerade Hauptabteilungsleiter geworden ist. Aus Angst, sie zu enttäuschen, wird er noch weniger aus seiner Welt berichten, und sie wird noch irrealere Ideen entwickeln. Bald wird er ihr nicht mehr zuhören wollen, weil Vieles von dem, was sie sagt, an seiner Realität vorbeigeht. Beide sind frustriert.

Wenn sich eine Frau die reale Welt des Mannes nicht vorstellen kann, können sich beide nichts geben. Seine Erlebnisse bedeuten ihr nichts. Sie zeigt kein Interesse, ihm zuzuhören, hat aber sehr wohl Interesse daran, ihm ihre Gedanken zu berichten, die ihn dann allerdings langweilen.

Erst ihre weibliche, unterlegene Position ermöglicht es ihr, auf ihren Mann Einfluß zu nehmen. Seine emotional überlegene Position berechtigt ihn nicht dazu, ihr Vorschriften zu machen oder Befehle zu erteilen, wohl aber Grenzen zu setzen. Dieses Verhältnis, bei dem er die übergeordnete Position einnimmt, kann leicht mißverstanden werden und soll darum näher erläutert werden. Vorn wurde bereits auf ein analoges Verhältnis zwischen dem Aktienmarkt und einem Fondsmanager hingewiesen.

Nehmen wir jetzt an, er sei wieder der Markt und sie eine Firma. Die Firma verfolgt das Interesse, mit ihren Produkten den Markt zu beherrschen, jedoch muß sie sich dabei nach den Gegebenheiten des Marktes richten. Sie muß die Marktgesetze für ihre Interessen berücksichtigen. Die Produkte der Frau sind ihre Ideen und Erkenntnisse. Sie wird versuchen, ihren Mann so zu steuern, daß er tut, was sie will. Ihr Interesse ist es, daß er einsieht, daß ihre Meinung richtig ist und das tut, was sie sich vorstellt. Dann hat sie das Gefühl, ihn beherrschen und regieren zu können.

Ein Mann sollte es ihr nicht zu leicht und nicht zu schwer machen. Er macht es ihr zu schwer, wenn er keine Meinung von ihr gelten läßt, alle Wünsche und Vorstellungen abschmettert und ohne auf sie einzugehen tut, was er will. Dieser Markt nimmt kein Produkt auf. Die Firma wird vermutlich aufgeben und sich nach einem neuen Absatzmarkt umschauen. Er macht es ihr zu leicht, wenn er jedes Argument von ihr, ohne es zu hinterfragen aufnimmt und sich in allem was er tut nach ihr richtet. Dieser Markt wird bald von ihren Produkten überschwemmt und die Firma langweilt sich.

Der Produktmix muß market driven sein. Beide müssen den Spaß am Spiel behalten.

Ein ähnliches Verhältnis haben auch Mutter und Kind zueinander. Ein Kind versucht, die Mutter zu dirigieren und seinen Willen durchzusetzen. Dennoch ist die Mutter dem Kind übergeordnet. Zwischen beiden Kräften muß ein Gleichgewicht herrschen. Gelingt es einem Kind nie, seinen Willen durchzusetzen, so wird es resignieren. Wird einem Kind jeder Wunsch erfüllt, so lernt es nicht, Mangel zu akzeptieren, will immer noch mehr und wird dadurch unzufrieden.

Kann das wahr sein?

Eine Frau muß die Fakten seiner Welt kennen, sonst kann er seine Frau nicht ernst nehmen.

Nur wenn ein Mann seine Frau als kompetent ansieht, kann er sich durch sie entlastet fühlen.

Die Kenntnis über die Welt des Mannes, kann die Frau nur über den Mann erfahren.

Erst wenn eine Frau die Welt des Mannes kennt, kann sie ihn sinnvoll lenken und dirigieren.

Der Mann erlebt die Welt und vermittelt Erlebnisse der Frau. Die Frau überdenkt, gewinnt Erkenntnisse und berichtet diese dem Mann.

Der Mann steuert ihre Kenntnis von der Welt.
Die Frau steuert seine Erkenntnis über die Welt.

Die Frau steuert den Erkenntnishorizont des Mannes, (auf Grundlage ihrer Überlegungen).
Der Mann steuert den Kenntnisstand der Frau, (auf Grundlage seiner Erlebnisse).

Das kann nicht wahr sein!

Der Mann produziert materielle Güter.
Die Frau produziert Gedankengut.
Die Produkte des Mannes lassen die Welt entstehen.
Die Produkte der Frau lassen Bewußtsein entstehen.
Erst über den Mann kann eine Frau an der Welt teilhaben.
Erst über die Frau kann ein Mann die Welt begreifen.

Wer Reichtum schafft und nichts begreift, fühlt sich immer ärmer.

Wenn Mann und Frau in gleicher Weise leistungsorientiert arbeiten, haben beide das Gefühl, am Leben nicht teilzuhaben.

Der Mann regiert die Welt,
die Frau regiert den Mann.

Soweit es dem Mann gelungen ist, die Welt zu erobern, regiert er die Welt. Ein Mann fühlt sich nur soweit am Geschehen der Welt beteiligt und als Teil der Welt, wenn es Aufgabengebiete gibt, über die er bestimmen und Einfluß nehmen kann.

Soweit es ihr gelungen ist, auf ihn Einfluß zu nehmen, ihn zu erobern, regiert sie ihn. Eine Frau fühlt sich nur soweit mit ihrem Mann verbunden und als Teil von ihm wie sie ihn steuern und auf ihn Einfluß nehmen kann.

Genauso wie ein Mann nur dann das Gefühl hat, daß ihm seine Fabrik gehört, wenn er bestimmen kann, was damit geschieht, so hat eine Frau auch nur dann das Gefühl, daß er ihr gehört, wenn sie auf ihn Einfluß nehmen kann. Nur dann stellt sich bei ihr das Gefühl der Verbundenheit zu ihm ein.

Die Gegebenheiten der Welt setzen dem Mann Grenzen in seinem Besitzstreben.
Die Verhältnisse des Mannes setzen der Frau Grenzen in ihrem Besitzstreben.

Der Mann ist der Frau übergeordnet aber nicht weisungsbefugt. Ein Mann gibt die Rahmenbedingungen vor. Innerhalb dieser Grenzen agiert sie eigenverantwortlich.

Die Bedingungen und Gesetze der Welt sind dem Mann übergeordnet. Innerhalb dieser Grenzen trägt er die Verantwortung wie er die Welt gestaltet, und was er daraus macht.

Das darf nicht wahr sein!

Ein Mann hat in dem Verantwortungsbereich der Frau nichts zu sagen. Das Kommando hat ausschließlich sie.
Eine Frau hat in dem Verantwortungsbereich des Mannes nichts zu sagen. Das Kommando hat ausschließlich er.

Ein Mann sollte seiner Frau keine Anordnungen geben, nur Grenzen setzen.
Eine Frau sollte ihrem Mann keine Grenzen setzen, nur Anordnungen geben.

Ein Mann hat Freude daran, Einfluß zu nehmen und Dinge zu bewegen. Eine Frau freut sich darauf, auf ihn Einfluß zu nehmen und ihn zu bewegen.

Die Welt widersetzt sich dem Mann,
der Mann widersetzt sich der Frau.

Im Bemühen, die Welt in Besitz zu nehmen, wird sich der Mann mit Hindernissen auseinanderzusetzen haben. Die Welt wird sich ihm widersetzen.
Im Bemühen, den Mann in Besitz zu nehmen, wird sich die Frau mit Hindernissen auseinanderzusetzen haben. Der Mann wird sich ihr widersetzen.

Sexuelle Spannung bleibt bestehen, solange der Mann darauf aus ist, die Welt zu verändern und die Frau darauf aus ist, den Mann zu verändern.

Das ist schon möglich!

Einen Mann interessiert die Welt. Er ist begeistert von so manchen Erlebnissen anderer Männer.

Eine Frau interessiert ihr Mann. Sie ist keinesfalls begeistert von so manchen Erlebnissen anderer Frauen mit ihrem Mann.

Ein Mann will die Welt in Besitz nehmen. Das gelingt ihm leichter im Verbund mit anderen Männer.

Eine Frau will den Mann in Besitz nehmen. Dabei stören andere Frauen.

Die Frau taucht idealerweise in die Welt des Mannes. Taucht ein Mann in die Welt der Frau, so wird er zum Kind, dann ist die Sexualität tot.

Ein Mann fühlt sich wohler, außerhalb seines Zuhause zu arbeiten. Eine Frau, die mit ihrem Mann zusammen lebt, fühlt sich wohler, innerhalb ihres Zuhause zu arbeiten.

Ein Mann neigt zu stabilen Emotionen und braucht es, räumlich zu pendeln.

Eine Frau neigt zu stabilen Räumen und braucht es, emotional zu pendeln. Sie bleibt in ihrem Selbstwertgefühl von Zeit zu Zeit hinter ihrem Mann zurück, um immer wieder auf seine Höhe aufzuholen.

Ein Mann pendelt außen in der Welt.

Eine Frau pendelt innen in ihren Emotionen.

19

Das Kleid der Königin

Es war einmal eine Königin. Sie war wunderschön, trug meist ein schwarzes strahlendes Gewand und hatte blonde lockige Haare.

Sie hatte einen Sohn, der mittlerweile zu einem stattlichen Jüngling herangewachsen war. Er hatte schwarze Haare und trug normalerweise weiße Kleidung.

Obwohl die Mutter es gern gesehen hätte, wenn er bei ihr geblieben wäre, zog es ihn von ihr fort. Eines Tages erblickt er eine wunderschöne junge Prinzessin wie sie mit ihren Freundinnen Blumen pflückt. Sie hat blonde Locken wie seine Mutter, trägt ein weißes Gewand, und er ist sofort von ihrer Schönheit gefangen. Sie spürt, wie strahlend und kraftvoll er ist, und beide verlieben sich.

Kurze Zeit später erreicht ihn die Nachricht, daß er zurückerwartet wird. Er muß zum König werden. Er führt seine Braut nach Haus und bald wird eine große Hochzeit gefeiert, auf der alle Bewohner des Landes eingeladen sind.

Am Tag der Hochzeit, als beide die Schwelle überschreiten, geschieht etwas Besonderes. Ihr weißes Hochzeitskleid wandelt sich zu einem Kleid, aus hauchdünner, fast durchsichtiger schwarzer Seide. Sie erzählt ihm, das Kleid sei alles, was sie besitzt und mit ihm sei ein Zauber verbunden.

Immer wenn er von der Jagd kommt und ihr das, was er erbeutet hat übergibt, bilden sich auf ihrem Kleid zwei Brillanten, die beide mit einem unsichtbaren Goldfaden verbunden sind. Sie sind ihr Dank an ihn für die Dinge, die er für sie nach Hause bringt. Ihr sei aufgetragen, einen davon auf seiner Kleidung festzunähen.

Es beginnt eine glückliche Zeit. Sie schenkt ihm einen Sohn und eine Tochter, die meist in makelloser weißer Kleidung zu sehen sind.

In dieser Zeit steigt der Ruhm beider. Es scheint, daß mit jedem Brillanten, den sie auf seiner Kleidung anbringt, die Macht und das Ansehen des Königshauses steigt. Das Land, das er regiert, blüht auf und der Wohlstand aller mehrt sich. Besucher sind beeindruckt von dem Glanz, der über allem liegt. Es scheint, als würden sich die Brillanten ihres Kleides in jedem Winkel des Landes widerspiegeln.

Bald sind sein weißes Gewand und ihr schwarzes Kleid so über und über mit Brillanten besetzt, daß niemand mehr den Untergrund der Kleider erkennen kann. Parallel hat sich ein dichtes Gewebe eng gesponnener Goldfäden in ihrer Mitte gebildet, die vom Zauber ihres Kleides für ewig zusammengehalten werden.

Unglaubliche Erkenntnis:

„Und sie lebten glücklich und zufrieden
bis an ihr Lebensende", oder:
Der Königsweg der Ehe

Ein Paar sollte sich um den Königsweg bemühen, also die Lebensform, bei der sich ein Spannungsbogen über das ganze Leben erstreckt. Er verlangt in der ersten Lebenshälfte, daß sich beide zunehmend in die Polarität hineinentwickeln. Ein Mann sollte seine männliche Seite und eine Frau ihre weibliche Seite ausleben. Dadurch bauen sich Spannungen auf, die gleichermaßen als willkommen und schön, wie zerstörerisch empfunden werden können. Für die Mitte des Lebens sollte es das Ziel sein, größten Geschlechterdifferenzen standhalten zu können. Die Entwicklung in die Differenz bringt bereits die Herausforderung der Synthese. Differenzen dürfen nicht zu Fronten erstarren, sondern müssen überwunden werden. Wem dies gelingt, fängt an, den anderen zu lieben.

Allerdings geschieht dieser Prozeß nicht automatisch und schon gar nicht unmerklich. Liebe verlangt Einsatz und kann häufig nicht ohne zermürbende Auseinandersetzungen errungen werden. Liebe ist Energie. Wer sich darum bemüht, Liebe wachsen zu lassen, bringt sich stetig auf ein immer höheres Energieniveau.

Dieser Entwicklungsprozeß, hängt ganz entscheidend von einer Fähigkeit ab, nämlich der Fähigkeit, die Gegensätzlichkeit des anderen akzeptieren zu lernen und ihn als den Antipart seiner Selbst zu betrachten.

Liebe ist die Vereinigung von Gegensätzen oder präziser formuliert, es ist ein Gefühl, das entsteht, wenn wir es gelernt haben, die Gegensätzlichkeit des anderen ertragen zu lernen. Es ist keinesfalls, wie viele meinen, eine Gabe, die vom Himmel fällt. Wer sich verliebt, hat einen Partner gefunden, der ihm genau die Seite seiner selbst widerspiegelt, die ihm noch unbewußt ist, d.h. die er noch nicht ertragen kann. Ganz allmählich soll sie in Zukunft ans Licht treten. Solange ihn der Rausch des anfänglichen Verliebtseins noch blind macht, ist jeder in der Lage, den anderen problemlos so zu akzeptieren, wie er ist. Diese noch unbewußte Phase sollte jeder als ein Geschenk betrachten, denn sie ermöglicht einen leichten Start. Jetzt hängt es davon ab, was er daraus macht. Wer diese Phase nutzt und sich darum bemüht, die Gegensätzlichkeit des Partners zu akzeptieren, und zwar jeweils dann, wenn Störendes erstmalig auftaucht, der hat zumindest die Chance, das Glücksgefühl der ersten Verliebtheit sein Leben lang aufrecht zu erhalten.

Diese schrittweise Verschmelzung der Gegensätze kann gefühlt werden. Im Umgang miteinander wächst eine andere Qualität - eben Liebe - die sich auch beim Sex bemerkbar macht. Sie kann den Menschen in überwältigende Erfahrungsdimensionen hochkatapultieren. Gipfelpunkte der Vereinigung können Realität werden. Diese gefühlte Verschmelzung von Gegensätzen überwindet Polarität, Gegensätze heben sich auf und Energie wird frei. Der andere ist nicht mehr ein Gegenüber, sondern wird zu einem Teil meiner selbst. Das stetige Mehr an Liebe wird schließlich mit dem Leben bezahlt - aber dafür hat es sich gelohnt. Wer diesen Weg meistert, hat an jedem Punkt seines Lebens alles ausgekostet, was möglich ist. Bis zum Ende.

Das darf nicht wahr sein!

Das Wachstum beider muß im Gleichgewicht gehalten werden. Keiner darf schneller oder langsamer wachsen als der andere.

Eine Frau muß ihren Willen durchsetzen, auch gegen ihren Mann. Tut sie es nicht, bleibt sie klein und unscheinbar an seiner Seite. Mit der Zeit verkümmert sie. Tut sie es vorzeitig, reduziert sie die sexuelle Spannung. Sie fühlt sich immer weniger auf ihn angewiesen und wird stark.

Ein Mann muß auf die Wünsche der Frau eingehen. Tut er es nicht, bleibt er geistig klein. Mit der Zeit wird er geistig unflexibel und erstarrt. Er verarmt an Energie und fühlt sich immer stärker belastet. Es besteht die Gefahr zu erkranken. Tut er es vorzeitig, reduziert er seine sexuelle Spannung. Er fühlt sich immer mehr auf sie angewiesen und wird schlapp.

Eine Frau muß lernen, ihren Willen durchzusetzen, ohne sich ihm überlegen zu fühlen. Ein Mann muß lernen, auf die Wünsche der Frau einzugehen, ohne schlapp zu machen.

 Eine Frau, die es nicht aufgibt, sich gegen ihn durchzusetzen, verlängert sein Leben.

Das ist nicht zeitgemäß!

Im Miteinander von Mann und Frau entsteht jeweils etwas Verbindendes, das beide gleichermaßen auszeichnet:

Erwirtschaftet er für beide alle materiellen Notwendigkeiten, entwickelt sie für beide Bewußtsein.

Bewußtsein entsteht aus der Verschmelzung der Gegensätzlichkeit von Mann und Frau und ist Liebe.

Wächst ein Kern im Apfel, so entsteht ein Apfelbaum.
Wächst eine Frau im Mann, so entsteht Liebe.

Liebe verbindet Mann und Frau.

Ist aus dem Apfel ein Baum entstanden, so läßt sich der Kern vom Apfel nicht mehr trennen.
Ist aus dem Menschen (Frau im Mann) Liebe entstanden, so läßt sich die Frau vom Mann nicht mehr trennen.

Die Idee der Ehe verbietet die Scheidung.

Liebe kann nicht geschieden werden.

Das gibt es doch nicht!

Nach den Wechseljahren des Mannes und der Frau nimmt der Entwicklungsdruck, den beide aufeinander ausüben ab. Ein Mann empfindet seine Frau nicht mehr als Belastung, eine Frau fühlt sich durch ihn nicht mehr belastet. Jetzt beginnt die Zeit der Ernte dessen, was beide zu Zeiten des Wachstums erkämpft und erstritten haben. Spannungen, die in der Mitte des Lebens bis an die Grenzen des Tragbaren und manche vor den Scheidungsanwalt führten, finden jetzt kaum noch statt. Beiden wird der Weg geebnet, sich wieder richtig gut zu verstehen. Der Hunger, noch mehr zu erreichen geht zurück. Ein Mann fühlt nicht mehr den Drang, noch reicher zu werden, und eine Frau wird nicht mehr gezwungen, ein noch höheres Bewußtseinsniveau zu erklimmen. Die endgültige Größe ist erreicht. Beide können nicht mehr größer werden. Es wird erstmals möglich das, was bisher geleistet wurde, unbeschwert zu genießen.

Die Wechseljahre sind ein Prozeß, bei dem eine Frau ganz allmählich ihre primär auf den Menschen ausgerichtete Interessensrichtung aufgibt und genauso wie ihr Mann, sich mehr für die Welt interessiert. Ihre männliche Power springt wieder an. Sie möchte nicht mehr über ihn, sondern selbst erfahren, was in der Welt los ist und selbst teilhaben an dem, was die Welt ihr zu bieten hat. Vielleicht entdeckt sie jetzt ihre Vorliebe für Wirtschaft und Politik oder engagiert sich mehr als bisher für ihren Beruf.

Die Wechseljahre bringen den Mann dahin, neben seiner Tatkraft, zusätzlich wieder seine weibliche Power zu übernehmen. Einem Mann, der die Warnungen seiner Frau in der Vergangenheit nicht ernst nahm und sich nie nach ihrem Rat richtete, wird jetzt häufig erstmals bewußt, welche Fehler er in der Vergangenheit begangen hat, und welche Schuld er auf sich geladen hat. An den Belastungen großer Schuld kann er zerbrechen. Er genießt jetzt mehr als früher, was er erreicht hat und ist in der Lage, auch ohne ihre Hilfe, sich innerlich reich und erfüllt zu fühlen. Er hat erstmals die Chance, weise zu werden.

In dieser Lebensphase ist es möglich, daß beide in gleicher Art und Weise leistungsorientiert arbeiten, ohne daß die Beziehung belastet wird. Beide können gleichgesinnt und partnerschaftlich miteinander leben.

Eine junge Frau kann meist viel Energie geben.
Ein älterer Mann kann meist viel Verdienste geben.

Ein Mann wird meist im Alter so viel an Verdiensten erwirtschaftet haben, wie sie ihm in ihrer Jugend an Energie zur Verfügung gestellt hat.

Eine Frau wird meist im Alter von ihm so viel Verdienste bekommen (bzw. sollte bekommen), wie sie ihm in ihrer Jugend an Energie gegeben hat.

Hat sie ihm mehr gegeben, als sie zurückbekommt, fühlt er sich (meist unbewußt) schuldig und kann an der Schuld erkranken.

Hat er ihr mehr gegeben als er von ihr bekommen hat, fühlt sie sich (meist unbewußt) schuldig und kann an der Schuld erkranken.

Am Ende des Lebens hat jeder dem anderen idealerweise gleich viel gegeben, und niemand ist dem anderen mehr etwas schuldig. Die Gegensätzlichkeit beider ist weitgehend überwunden. Die Power von beiden läßt nach. Das Höchstmaß an Liebe ist erreicht.

Das kann schon sein!

Manche Männer suchen eine Frau, die ihnen ihre Energie gibt, ohne daß sie diese Frau versorgen müssen.

Manche Frauen suchen einen Mann, der sie als zu sich gehörig betrachtet und sie versorgt, ohne sich um ihn kümmern zu müssen.

Wer mehr haben will, als er bereit ist zu geben, bleibt meist allein.

Um einen Mann, der nicht bereit ist, sie als zugehörig zu betrachten und für sie zu sorgen, sollte sich eine Frau nicht kümmern.

Für eine Frau, die nicht bereit ist, sich um ihn zu kümmern, sollte ein Mann nicht sorgen.

Verweigert ein Mann ihr seine Verdienste, stirbt ihre Weiblichkeit. Sie wird gezwungen, genauso männlich orientiert zu leben wie er.

Verweigert eine Frau ihm ihre Energie, stirbt seine Männlichkeit, er verliert an Lebenskraft.

20

Jenny

Jenny ist zu ihrer Mutter gefahren, um etwas mit ihr zu besprechen.
"Mami, ich habe keine Lust mehr mit Martin zu schlafen."
„Du hast in letzter Zeit auch zu viel unternommen. Immer wenn wir gesprochen haben hattest du keine Zeit. Das mußt du ändern. Nimm dir mal nachmittags gar nichts vor, mach einen langen Spaziergang und nimm dir Zeit, dich hübsch zu machen. Du wirst sehen, dann wird das wieder."
Jenny schüttelt den Kopf. „Nein Mami, daran liegt es nicht. Ich habe schon Lust, nur dann nicht, wenn Martin da ist. Es ist ganz seltsam. Sobald er kommt ist jede Lust verflogen."
Ihre Mutter wirft einen Blick zu ihr herüber. „Ach so!"
„Und wenn wir dann doch mal miteinander schlafen, fühle ich mich am nächsten Tag ganz miserabel, wie leergesogen, ausgepreßt, wie eine Zitrone. Meine Haare sitzen nicht mehr, mein Busen fällt in sich zusammen und meine ganze Batterie ist am Ende."
Ihre Mutter schaut sie immer noch aufmerksam an. „Und wie geht es ihm?"
„Er ist dann top fit. Hat gute Laune und könnte Bäume ausreißen - und ich könnte heulen. Und wenn ich mit ihm darüber reden will, meint er, wir hätten keine Probleme. Ich müßte nur häufiger mit ihm

schlafen, dann wäre alles in Ordnung. Ich sollte doch mal zum Arzt gehen."

„Das hört sich nicht gut an."

„Der Arzt meint, mit mir ist alles o.k. und nun weiß ich nicht weiter."

Ihre Mutter hat Tee aufgebrüht und setzt sich zu ihr an den Küchentisch. „Wann hat er dir denn das letzte Mal Blumen mitgebracht?"

„Ja, das ärgert mich auch an ihm. Er bringt nie irgend etwas mit. Ich kann mich auch gar nicht daran erinnern, wann er mich das letzte Mal zum Essen eingeladen hat. Er will, daß ich ihn versorge und verwöhne und zurück kommt gar nichts. Manchmal habe ich das Gefühl, er ist richtig neidisch, wenn ich mich um unser Baby kümmere, besonders, wenn ich Toby den Busen gebe. Ich könnte ihn dann würgen."

Die Mutter erinnert sich daran, daß Jenny, so lange sie noch zu Hause gewohnt hat, nicht ein einziges Mal gekocht hat. „Vielleicht vernachlässigst du ihn zu sehr."

„Was heißt vernachlässigen. Er tut doch überhaupt nichts für mich. Ich soll für das Kind da sein und für ihn da sein. Wenn ich nach allen Seiten nur gebe, bleibt für mich bald gar nichts mehr."

„Wann hast du ihm denn das letzte Mal was geschenkt?"

„Ich kann ihm mittlerweile nichts mehr schenken. Mir fällt einfach nichts ein. Weihnachten hatte ich bis zum Heiligen Abend kein Geschenk für ihn. In aller letzter Minute habe ich dann doch noch was gefunden."

„Dann ist es höchste Zeit, daß du was änderst. Kümmere dich mehr um deinen Mann. Verwöhne ihn ruhig ein wenig. Koche ihm z.B. häufiger sein Lieblingsgericht."

Jenny schaut ihre Mutter fassungslos an. „Mami, ich glaube, du hast mich völlig mißverstanden."

„Wenn du eine glückliche Ehe führen willst, hör auf mich. Du hast recht, wenn du dir wünscht, daß Martin die Initiative ergreifen und dir etwas bieten soll. Der Mann soll der Frau die Welt zu Füßen legen. Für eine gute Ehe gilt das immer noch. Aber das macht er nur, wenn

er von dir genauso viel bekommt und dafür muß einer anfangen. Also noch einmal, kümmere dich um deinen Mann."
„Und du meinst, mit der Methode kommt meine Lust zurück?"
„Ja, wenn er nachzieht. Dann bekommst du so viel von ihm zurück, wie du ihm gibst."
„Und wenn er nicht nachzieht?"
„Dann hast du den falschen Mann."

Unglaubliche Erkenntnis:

Ein Mann will Sex
Eine Frau will Liebe

Sexualität kann die Erfahrung bringen, das Schönste erlebt zu haben, was an Glücksgefühlen zu erleben möglich ist. Häufig hat jede Erinnerung an ein solches Erleben bereits den Effekt, das gesamte Leben heller und leichter zu machen. Sexualität kann aber auch auf der Stufe reiner Triebbefriedigung stattfinden, an die man sich lieber nicht zurückerinnert oder sich vielleicht sogar schämt. Dazwischen ist alles möglich.

Ob eher die glückliche oder die beschämende Variante stattfindet, ist nicht zufällig, sondern kann beeinflußt werden. Sexualität gehorcht Gesetzen.

Als Grundvoraussetzung für sexuelles Begehren muß zwischen Mann und Frau eine Spannung anliegen. Dazu sollte sich ein Mann männlich und eine Frau weiblich verhalten. Wie vorn ausführlich besprochen, kommt es auf eine entgegengesetzte Interessensausrichtung an, die sich im Verhalten widerspiegeln sollte. Um es noch einmal zu wiederholen: Ein Mann sollte in Beziehung zur Welt treten, er sollte danach streben, irgendetwas zu erwirtschaften. Eine Frau sollte in Beziehung zum Mann treten, sich um ihn und um das, was er tut kümmern und auf ihn Einfluß nehmen.

Nur unter dieser Voraussetzung baut sich ein Leben lang immer wieder eine Spannung auf, die bei beiden das Bedürfnis erhalten kann, sie in der Sexualität zu entladen. Unter anderen Voraussetzungen wird irgendwann der Zeitpunkt kommen, wo das Interesse am Sex mit diesem Partner erlischt.

Warum? Was begehrt eigentlich ein Mann von einer Frau, und was ersehnt sich eine Frau vom Mann?

Sexuelles Begehren baut sich beim Mann normalerweise auf, wenn er etwas erwirtschaftet. Mit der Zeit fehlt ihm Energie. Ein Ungleichgewicht zwischen zu viel Haben und zu wenig Energie ist für ihn die Voraussetzung für sexuelles Begehren.

Ein Mann begehrt Energie.

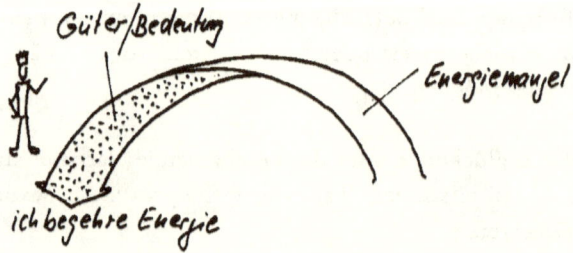

Bei einer Frau verhält es sich entgegengesetzt. Sexuelles Begehren entsteht bei ihr durch ein Ungleichgewicht zwischen zu viel Energie und zu wenig Haben. Es äußert sich in dem meist unbewußten Gefühl, zu gering und zu wenig bedeutend zu sein.

Eine Frau begehrt Bedeutung.

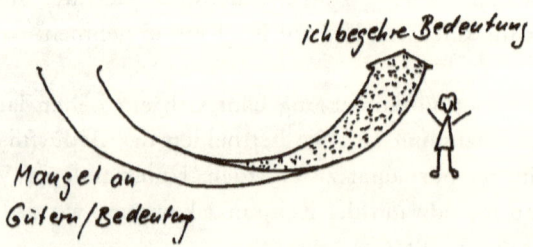

Das sexuelle Begehren von Mann und Frau ist somit komplementär und greift ineinander.

Ein Mann fühlt sich zu einer Frau hingezogen, wenn er einen energetischen Potentialunterschied spürt - sie ist energetisch voll, er ist leer.

Eine Frau fühlt sich zu einem Mann hingezogen, wenn sie, einen Potentialunterschied an Bedeutung fühlt. Er ist jemand und überspitzt formuliert, sie ist niemand. Sie fühlt sich im Vergleich zu ihm unbewußt geringer und ersehnt sich, seine Bedeutung zu haben, denn damit könnte sie ihr geringes Gefühl überwinden. Sie möchte sich durch ihn gehoben fühlen. Auf dieses Hochgefühl kommt es ihr an.

Allerdings interessiert sich nicht jede Frau für jeden bedeutenden Mann. Genausowenig wie nicht jeder Mann jede energetische Frau attraktiv findet. Welche Bedingungen müssen zusätzlich erfüllt werden, damit beide den anderen begehren?

Was macht einen Mann attraktiv?

Ein Mann ist für sie um so attraktiver, desto präziser sein Besitz oder das, was er schaffen kann, etwas ist, das in ihren Augen einen hohen Wert hat. Er muß ausstrahlen, etwas zu haben oder sich erarbeiten zu können, das nach ihren Wertmaßstäben bedeutend, wertvoll oder großartig ist. Nur dieser Mann kann sie in ein inneres Gleichgewicht bringen. Sie begehrt einen Mann, der für sie die Bedeutung hat, die sie sich vorstellt. Die höchste Spannung zwischen Mann und Frau liegt dann an, wenn er genau das hat, was sie begehrt. An diesem Mann kann sie hochschauen, sie findet ihn faszinierend und fühlt sich zu ihm hingezogen.

Nun mag jede Frau andere Dinge wertschätzen. Manche mögen Muskeln, andere Intelligenz. Verbreiteter ist die Vorliebe vieler Frauen für Macht und die Fähigkeit, Schutz und finanzielle Sicherheit zu bieten. In jedem Fall wird eine Frau das schätzen, was sie zur Zeit gerade am dringendsten braucht. Braucht sie vieles, was man kaufen kann, so steht ein Mann mit Geld bei ihr hoch im Kurs. Ist sie literarisch ambitioniert, so hat ein Mann, der auf diesem Gebiet etwas vorweisen kann reelle Chancen.

Der Ausgangspunkt dieses individuellen Begehrens ist ein unbewußter seelischer Hunger. Er ist von der Natur vorgegeben und bildet den Antrieb für pulsierende Lebensdynamik. Solange er noch nicht gestillt ist, drückt er ihr Empfinden. Sie fühlt sich unbewußt gering und spürt, zu wenig zu haben.

Aus diesem unbewußten Mangelgefühl entstehen Wünsche, Vorstellungen und Gedanken, die geeignet sein könnten, Hunger zu stillen. Dabei werden ihre Vorstellungen ziemlich genau das Gegenstück ihres unbewußt empfundenen Mangels abbilden. Nehmen wir an, sie fühlt sich unbewußt wie Aschenputtel, so stellt sie sich vermutlich vor, Königin zu sein, denn damit wäre ihr Mangel behoben. Solche Vorstellungen sind, wie das Ausmalen einer köstlichen Mahlzeit schön, sie entfachen Vorfreude und wollen irgendwann realisiert werden. Zunächst steuern die Phantasiebilder ihr Verhalten. Sie versucht, so gut es eben geht, sich nach außen so zu geben wie es ihrer Innenwelt entspricht und gibt sich Mühe, sich mit ihrem Tun, ihrer Kleidung und der Gestaltung ihrer Umgebung, in ihre vorgestellte Welt hineinzuheben. Dadurch entsteht eine psychische Spannung, zwischen ihrer Vorstellungswelt und ihrem unbewußten Mangel, zwischen ihrem Traum von der Königin und der unbewußten Ahnung tatsächlich doch Aschenputtel zu sein. Diese Spannung ist es, die eine Frau bereits mit Energie aufladen kann, sie macht sie schön, weiblich und gibt ihr eine erotische Ausstrahlung. Sie liegt so lange an wie sie sich darauf freut, daß ihr Begehren wahr wird.

Je mehr sie mit Energie auflädt, desto mehr rutscht sie aus dem Gleichgewicht. Ihr Hunger nach Bedeutung wird größer und muß gestillt werden, sonst verhungert sie.

Begegnet sie einem Mann, dessen Ziel oder Realität mit ihren Vorstellungen übereinstimmt, so hat er genau das, worauf sie hungrig ist. Sie findet ihn bedeutend und begehrt ihn. Jedoch hat nur derjenige Mann bei ihr Chancen, der die Bereitschaft signalisiert, ihren Hunger auch zu stillen. Spürt sie bei ihm die Fähigkeit, alles, was er hat als gemeinsamen Besitz anzusehen, mit anderen Worten, ist er in der Lage, ihr seine Welt zu Füßen zu legen, wird sie sich vermutlich in ihn verlieben, und zwar unabhängig davon wie gut sich beide verstehen.

Was macht eine Frau attraktiv?

Männer antworten auf diese Frage meist, sie sollte schön, klug und charmant sein. Jedoch ist die klügste und charmanteste Frau für einen Mann langweilig, wenn von ihr nicht eine gewisse Faszination, etwas Geheimnisvolles ausgeht, das er meist nicht näher bezeichnen kann. Ein untrügliches Zeichen für diese Faszination ist Schönheit. Wenn ein Mann eine Frau schön findet, so hat sie meist dieses gewisse Etwas. Was könnte dies sein? Was macht eine Frau für einen Mann schön? Kurz gesagt, wenn sie seine unbewußte Seite widerspiegelt. Also wenn ein Mann in einer Frau genau den unbewußten Mangel oder den Hunger wittert, den er selber spürt. Darum ist der Prinz von Aschenputtel fasziniert und nicht von ihren reichen Schwestern. Aschenputtel trägt zwar ein wertvolles Kleid, fühlt sich aber in ihrem Selbstwert gering. Die Differenz zwischen äußerem Glanz und innerer Bescheidenheit macht sie für Männer geheimnisvoll und schön. Aschenputtel verkörpert die Kehrseite des Prinzen. Sie ist seine unbewußte oder schwache Seite, also die Seite, die ihm fehlt. Sie ergänzt das Fehlende und macht ihn vollkommen. Er fühlt sich mit ihr eins. Sie gibt ihm ein Gefühl der Vollkommenheit. Das macht Aschenputtel in seinen Augen schön.

Bei einer solchen Frau sind ideale Voraussetzungen gegeben, viel Energie zu bilden. Die Spannung aus unbewußtem Mangel in einer sie umgebenden Fülle lädt eine Frau mit Energie auf. Die arme Studentin im Luxushotel oder Pretty Women sind Beispiele. Für eine Frau ist es wichtig, sich das Gefühl der Bescheidenheit zu bewahren, ohne ihre geheimen Wünsche bzw. ihren Hunger zu verleugnen. Hunger haben kann schön sein, wenn die Aussicht besteht, daß er gestillt wird. Er gibt Spannung, Vorfreude und läßt auf psychischer Ebene bei der Frau Energie fließen. Energie ist genau das, was ein Mann primär bei einer Frau sucht.

Als Konsequenz dieser Zusammenhänge ist es für den Mann wichtig, sich etwas anzueignen und sich auszupowern. Für die Frau ist es wichtig, Zeit zu haben. Nur so kann sie Energie entwickeln. Nimmt sich eine Frau keine Zeit, so hat sie genausowenig Energie wie er.

Wer begehrt, möchte etwas haben

Jeder braucht die Seite des anderen und bekommt sie idealerweise in der Sexualität, dabei entlädt sich die Spannung zwischen Mann und Frau. Beim Sex übernimmt er ihre Energie. Das heißt nicht, daß Sex ihm sofort Kraft und Dynamik gibt. Im Gegenteil, er wird müde. Die Energie der Frau hat sein inneres Gleichgewicht wieder hergestellt. Anspannung fällt von ihm ab, er entspannt und regeneriert sich. Damit ist die Voraussetzung geschaffen, demnächst wieder powervoll arbeiten zu können.

Sie sollte von ihm die emotionale Gewißheit bekommen, daß seine Verdienste auch ihr gelten. Nur so wird ihr Gleichgewicht wieder hergestellt. Die Intensität des Gefühls, das sie für diese Sicherheit braucht, kann am ehesten in der Sexualität transportiert werden. Gelingt es einem Mann, ihr die Sicherheit der Zugehörigkeit zu geben, so wird sie sich entsprechend verhalten, sich ihm öffnen und ihm ihre Energie geben.

Mancher mag sich die Frage stellen: Wenn einer Frau Bedeutung so wichtig ist, warum versucht sie sie nicht durch eigene Leistung zu erreichen, sondern sucht sie über einen Mann? Die Triebfeder ist die Intensität des Gefühls, und zwar des Hochgefühls, das ein Partner, besonders in der Sexualität, initiieren kann. Eine Frau hat normalerweise keine andere Möglichkeit, zu dieser emotionalen Höhe vorzudringen als über ihn. Keine Beförderung und kein Kontoauszug können vergleichbare Gefühlsreaktionen auslösen. Ein Mann hat genauso die Möglichkeit, durch geistige Übungen wie z.B. der Meditation energetisch autonom zu werden. Orgastische Erlebnisse sind dabei eher selten, darum werden die Meisten eine Partnerin vorziehen.

Gibt ein Mann ihr die Sicherheit der Zugehörigkeit nicht, wird sie unglücklich. Ganz allmählich stellt sie fest, daß ihr Sex doch nicht das gibt, was sie begehrt. Die Bedeutung, die sie sich durch ihn erhofft, wird nicht Wirklichkeit. Ihr Empfinden ist dann vergleichbar mit dem eines Hungrigen, dem immer nur eine köstliche Mahlzeit gezeigt wird, der aber nie essen darf. Irgendwann wird ihm die Lust am Anblick der Mahlzeit vergehen.

Eine Frau verliert das Interesse am Sex. Sex gibt ihm dann zwar Energie, aber ihr keine Bedeutung. Dann gibt ihr Sex nichts. Ihr inneres Ungleichgewicht wird nicht aufgehoben. Dadurch erlahmt ihr Lebensrhythmus. Sie wird vermutlich traurig und wehrt Sex ab.

Mit der Zeit mindert sich die sexuelle Spannung zwischen beiden. Sie kann nicht mehr genügend Energie bilden. Unter dieser Voraussetzung macht Sex eine Frau schlapp und drückt ihre Stimmung. Erst wenn sie die emotionale Sicherheit hat, in den Genuß seines Besitzes und seiner Bedeutung zu kommen, ist sie nachher nicht schlapp und vorher nicht müde.

Bildet sie zu wenig Energie, gibt ihm Sex bald auch nichts mehr. Sein Interesse wird versanden und dann auf dem Nullpunkt sein, wenn beide Gipfelpunkte brauchen. Erst ihr Wissen der Verbundenheit bildet die Basis für eine lebenslange glückliche Partnerschaft.

Nehmen wir an, beiden gelingt der gegenseitige Transfer. Er bekommt ihre Energie und sie lebt in der Überzeugung zu ihm zu gehören und z.B. Frau Professor oder Frau Minister zu sein, wenn er diese Verdienste errungen hat. Jetzt sind beide in der günstigsten Ausgangslage, erneut ihre Aufgaben erledigen zu können. Ein Mann kann sich mit frischer Energie wieder ums Verdienen kümmern und eine Frau kann beruhigt ihrer Bedeutung Ausdruck verleihen und damit erneut Energie erzeugen. Doch bald entgleitet ihr die Gewißheit, zugehörig zu sein. Sie beginnt zu zweifeln. Unbewußtes drängt in ihr hoch und stört ihre Zufriedenheit. Emotional fällt sie ab. Sie fühlt sich zunehmend gering und unbedeutend: Wer ist sie denn schon, sie hat doch nichts. Ein Mann hat in der Zwischenzeit seine Energie in Arbeit umgesetzt. Bei beiden hat sich wieder ein Ungleichgewicht aufgebaut, beide brauchen sich und ziehen sich an. Ein Mann braucht immer wieder ihre Energie und eine Frau braucht immer wieder die Bestätigung, zugehörig zu sein und muß spüren, so bedeutend zu sein, wie er in ihren Augen ist. Das Gefühl der Zugehörigkeit hebt ihre Emotionen wieder hoch. Nur so kann pulsierender Lebensrhythmus und dazu gehört auch Sexualität ein Leben lang stattfinden.

Angst vor Liebe

So einfach könnte es gehen, gäbe es keine Angst. Sie sorgt häufig dafür, daß Hoffnungen zerplatzen, Sehnsüchte enttäuscht werden und bringt so manchem Verzweiflung und Resignation. Jeder hat Angst davor, dem anderen das zu geben, was er braucht. Die Forderungen des einen bringen den anderen an seine Grenzen.

Ein Mann hat Angst davor, sie als Mitbesitzerin seiner Verdienste zu betrachten. Er befürchtet, dadurch zu verarmen. Ihre Angst ist genauso groß, sie ist zunächst nur nicht so offensichtlich. Um ausreichend Energie zu produzieren, ist es erforderlich, daß eine Frau ihren Wunsch aufgibt, selbst mit einer eigenen Karriere Bedeutendes zu erreichen. Sie soll sich um ihn und um andere kümmern. Davor hat eine Frau Angst. Sie befürchtet, an Ansehen und Bedeutung zu verlieren, denn unterstützt sie ihn, so hat er die Chance, erfolgreich zu werden, sie bleibt mit Sicherheit, so meint sie, auf der Strecke. Pulsierender Lebensrhythmus verlangt von beiden, sich ihrer Angst zu stellen und sie zu überwinden. Wer das schafft, wird zu seiner Überraschung feststellen, daß sie völlig unbegründet war. Gehen beide auf die Wünsche des Partners ein, so verliert niemand, wie befürchtet, sondern gewinnt die Leistungen des Partners dazu.

Ein Mann behält alles was er hat, denn eine Frau ist nicht darauf aus, seinen Besitz zu übernehmen. Sie will zugehörig sein, das ist etwas anderes. Es ist für sie viel schöner, einem Mann zu gehören, der Besitz hat. Sie verlangt nach der Bedeutung des Besitzes, nicht nach dem Besitz selbst. Gewährt er ihr Zugehörigkeit, kann er aus ihrer Sicht mit seinem Besitz machen, was er will. Darüberhinaus erfaßt er durch sie die Bedeutung seiner Verdienste und gewinnt so das Bewußtsein, jemand zu sein. Erst mit diesem Schritt ist er am Ziel seines Strebens und kann das, was er erworben hat erstmals genießen.

Eine Frau wird weiterhin anerkannt. Kümmert sie sich nicht um ihre eigene Karriere, sondern um ihren Mann, so spürt er, daß sie eine Leistung vollbringt, die ihm nicht gegeben ist und die er nicht kaufen kann. Dadurch wird sie für ihn wichtig. Von diesem Mann bekommt sie die materielle Grundlage gefühlter Bedeutung. Sie weiß erstmals, daß sie etwas hat.

Diese überraschend positive Erfahrung macht heute kaum noch jemand, denn viele sind nicht bereit, auf die Forderungen des Partners einzugehen. Das Prinzip der Natur: Loslassen um zu gewinnen wird meist nicht erkannt. Viele Männer sehen es nicht mehr ein, sie in ihre Verdienste mit einzubeziehen, und ihr erscheint es absurd, ihn zu unterstützen. Jeder ist nur auf seinen Vorteil aus und fordert vom anderen genau das, was der als völlig unmöglich weit von sich weist. Eine Frau möchte zugehörig sein und sich über seine Bedeutung gehoben fühlen. Ein Mann möchte, daß sie ihm hilft und er braucht ihre Energie. Jeder fühlt sich mit seiner Forderung im Recht, denn bekäme er, was er sich wünscht, so wäre er der glücklichste Mensch, das weiß jeder genau. Das, was der Partner sich wünscht, wird häufig gar nicht erst zur Kenntnis genommen oder führt zu Streit und Aggressionen, denn es erweckt den Anschein, durch die Wunscherfüllung des Partners auf den eigenen Vorteil verzichten zu müssen. Der Mann meint, er verliert seine Verdienste, die Frau meint, sie verliert ihre Bedeutung. Jeder hält fest, an dem was er hat und wehrt sich gegen die Forderungen des

Partners. Jeder will nichts hergeben, sondern noch mehr erreichen. Ein Mann noch mehr an Verdiensten und eine Frau möchte, daß ihre Bedeutung und Wichtigkeit noch deutlicher gewürdigt wird.

Der Widerstand gegen die Forderungen des Partners sollte überwunden werden. Es ist der einzige Weg, der weiterführt. Er macht Angst, wer sie überwindet, entwickelt sich. Die anderen verharren in stummem Widerstand. Jeder will etwas haben und hat es mit einem Partner zu tun, der ihm das, was er braucht nicht geben will. Wer den Zusammenhang erkennt, belächelt die, die resignieren, denn dafür besteht genausowenig Anlaß, wie es einen Grund gibt, traurig zu sein, wenn es nach dem Einkaufen ans Bezahlen geht. Das Leben funktioniert nach der gleichen Devise: Jeder bekommt nur, wenn er gibt. Ein Mann muß sich seiner Angst stellen: Er muß sie als zugehörig ansehen. Das bedeutet für ihn so viel wie, herzugeben was er hat. Dann wird sie ihm nichts nehmen, sondern im Gegenteil, sie wird ihm die Energie geben, die er braucht, um noch mehr Verdienste erwirtschaften zu können. Eine Frau muß sich ihrer Angst stellen: Sie muß ihren Wunsch, selbst jemand Bedeutendes zu sein aufgeben und für ihn da sein. Dann untergräbt niemand ihre Persönlichkeit, im Gegenteil, sie wird von ihm alles bekommen, was sie zum Leben braucht und für ihn immer bedeutender und wichtiger werden.

In einer Partnerschaft kann es nur zwei Verlierer oder zwei Gewinner geben. Die Natur will jeden zwingen, sich zu entwickeln, dazu sollte jeder den Mut aufbringen und über seinen Schatten springen.

Der Mann sollte den Sprung als Erster wagen, denn seine Frau ist mit ihrer Aufgabe ihm nachgeschaltet. Sie kann nur dann etwas verinnerlichen und Energie erzeugen, wenn er sie mit einbezieht. Wenn er ihr nichts gibt, muß sie selbst produktiv arbeiten und kann sich nicht auf das Wagnis der Weiblichkeit einlassen. Beide gehen leer aus. Damit das nicht geschieht, hat die Natur der Frau ein Steuer in die Hand gegeben. Sie bestimmt, wieviel Genuß beide an der Sexualität haben. Die Intensität, mit der sie sich von ihm Zugehörigkeit und Bedeutung ersehnt, macht das Knistern zwischen Mann und Frau aus. Wird sie mit ihrer Sehnsucht frustriert, knistert nichts mehr. Einer Frau kann von einer Sekunde zur anderen die Lust auf Sex vergehen, das ist häufig dann der Fall, wenn er ihr Vorschriften macht oder sie kritisiert. Ein solches Verhalten findet sie nicht bedeutend, sondern kleingeistig. Sie vermißt Großmut. Die Größe zu haben, ihre möglichen Schwächen hinzunehmen, ringt ihr Hochachtung ab. An ihnen herumzukritteln, bringt eher verachtende Reaktionen. Eine weitere gute Möglichkeit, bei einer Frau die Lust auf Sex abzustellen sind Signale, daß er sie wirtschaftlich unabhängig von sich versteht. Wenn sie bei einem Rendezvous aufgefordert wird, ihre Zeche selbst zu zahlen, ist der Höhepunkt des Abends meist schon überschritten. Häufen sich solche Hinweise, vergeht ihr allmählich die Lust am Begehren. Sie kann sich auf Sex nicht mehr so richtig freuen. Vergeht ihr die Freude, wird Sex schal. Meist kann sich keiner diese Verflachung so recht erklären. Erst ihre Vorfreude auf ihn, und zwar auf die Chance, in ihn einzudringen und sich als Teil von ihm zu verstehen, bringt die Spannung, die Sex für beide zu einem Genuß werden läßt. Der steuernde Faktor ist die Frau. Ihr Begehren nach Zugehörigkeit zu seiner Bedeutung, ist das sexuelle Band, das höchste Befriedigung bringen kann.

Eine Frau kann diese Spannung wachsen lassen, sie kann sich aber auch so verhalten, daß erst gar keine Spannung aufkommt. Auf diesem Gebiet ist ein Mann von ihr abhängig. Findet sie an ihm nichts Bedeutendes, was eine Zugehörigkeit für sie verlockend erscheinen läßt, wird sie ihr sexuelles Spannungspotential abstellen. Findet Sex dennoch statt, ist er für beide bedeutungslos. Ein Mann, der nicht die Voraussetzungen mitbringt, daß sie sich in der Zugehörigkeit zu ihm bedeutend fühlt, kann für sie ein guter Freund oder interessanter Gesprächspartner sein, aber er ist sicher kein sexuell begehrenswerter Mann.

Gelingt es hingegen einem Mann, ihr die Bedeutung einer Königin, und zwar seiner Königin zu geben, wächst sexuelle Spannung hoch an. Kommt es beim Sex zur Entladung, fließt ihre Energie zu ihm. Jetzt geschieht das, was sich jeder beim Sex erträumt und ihm höchste Erfüllung gibt. Beide tauchen in ein Gefühl, das man Liebe nennt. Ihre Energie ist dafür entscheidend, denn Energie ist Liebe. Ob sie dafür die nötige Spannung herstellt, damit sie optimal fließen kann, entscheidet sie. Es hängt davon ab, ob er dafür die Voraussetzung schafft. Gelingt ihm das, so schafft sie mit ihrer Energie die Voraussetzung, so daß er sie mit der Zeit immer mehr lieben kann. Liebt er seine Frau, so wird es ihm immer leichter fallen, sie als zugehörig zu verstehen. Sie wird ihn dafür immer mehr lieben.

Ein Mann wünscht sich primär Sex. Gibt er seiner Frau die Gewißheit, daß er sie liebt, so bekommt Sex für ihn die Qualität, nach der er sich sehnt.

Eine Frau wünscht sich primär Liebe. Erst über die Sexualität ist es ihr möglich, die Gewißheit der Verbundenheit zu fühlen, nach der sie sich sehnt.

Ihr Schlüssel muß bei ihm passen

Sex gibt dem Mann nur dann die Erfüllung, die er sucht, wenn ihre Energie die Qualität hat, die seinem Haben entspricht. Diese Energie bekommt er nur von der Frau, der er gibt, was er hat.

Wenn ihr Schlüssel bei ihm paßt, wird Sex schöner. Es wird zu einem gewaltigen und überwältigenden Erleben und hinterläßt ein Gefühl tiefer Befriedigung wie es sich jemand, der diese Erfahrung noch nicht gemacht hat nicht vorstellen kann.

Erfahrene Männer suchen bei einer Frau diese besondere Fähigkeit. Sie suchen eine Frau, die das, was sie haben und tun begreifen kann und es wertschätzt. Sie ahnen, daß sie nur soviel an Erfüllung bekommen können, wie eine Frau in der Lage und bereit dazu ist, ihr Selbstverständnis aus seinem Haben abzuleiten. Diese Frau wollen sie lieben und sind bereit ihr alles zu geben. Eine hohe Energie allein reicht nicht.

Wer liebt braucht Arbeit
Wer arbeitet braucht Liebe

Ihre Energie bildet für ihn die Voraussetzung, erneut zu streben und etwas zu schaffen. Genauso bildet seine Bedeutung für sie die Voraussetzung, erneut Energie zu erzeugen.

Aus dem Gefühl seine Bedeutung zu haben, entwickelt sie das Bewußtsein, jemand entsprechend dieser Bedeutung zu sein. Sie wandelt Haben in Sein. Es ist das Bewußtsein dessen, was ihr Mann geschaffen hat.

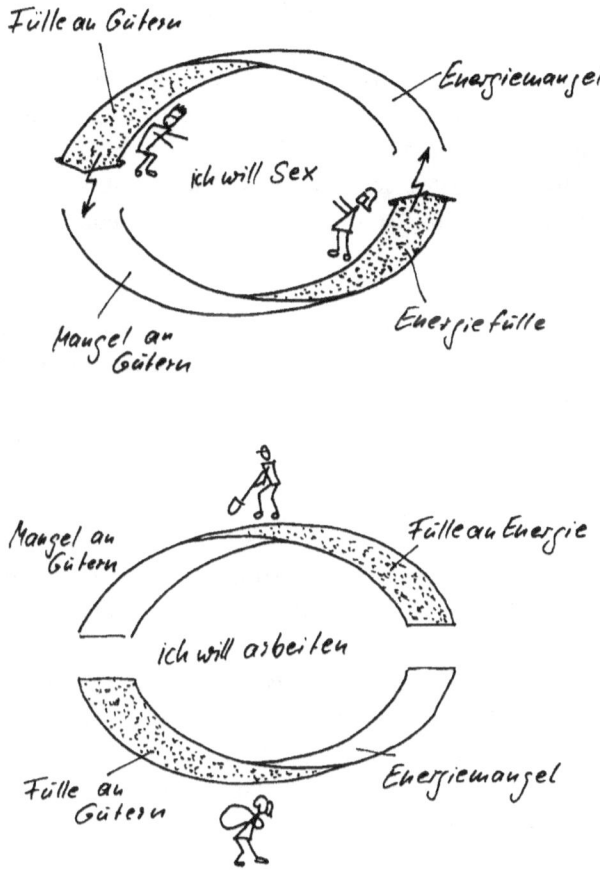

Ein glückliches Leben findet in ständigem Austausch statt. Eine Frau wird durch ihn geschwächt und fühlt sich über ihn gehoben. Ein Mann fühlt sich durch sie verarmt und wird über sie beflügelt. Dieser pulsierende Rhythmus gibt beiden Gewinn. Über die Frau erreichen beide ein immer höheres Energie- und damit Bewußtseinsniveau und über den Mann werden beide immer reicher.

Sex löst Probleme

Was bringt dieser Rhythmus? Das wichtigste Merkmal dieser Entwicklung ist die Überwindung von Angst. Äußere Bedrohung geht zurück, Probleme werden kleiner. Der Mensch muß sich weniger wehren. Abwehr belastet, kostet Kraft und schwächt. Wer sich nicht mehr verteidigen muß, hat weite Grenzen, das Leben wird leicht und unbeschwert.

Sexualität kann Belastungen und Unerträglichkeiten überwinden und abbauen. Wer es schafft, in der Sexualität alle Grenzen und Vorbehalte fallen zu lassen, wird durch keine gravierenden Hindernisse und Lebenstiefs gebremst werden. Damit ist Sex das beste Heilmittel, um gesund und glücklich zu bleiben.

Überwindet ein Mensch Angst wird Sex schöner. Wäre er in der Lage, alle Grenzen fallen zu lassen, so tauchte er in ein Empfinden des Einsseins. Es ist ein Gefühl der Zeitlosigkeit und des Glücks. Es ist reines Sein, in dem alles, so wie es ist gut ist. Jeder ahnt, daß es diesen Zustand gibt und strebt danach, ihn zu erreichen. Er ist Ausdruck hoher Energie. Der Schlüssel dafür heißt Liebe.

Liebe überwindet Polarität. Wer sich darum bemüht, seinen Partner zu lieben, hat die Chance, sich sein Leben lang diesem Empfinden immer weiter anzunähern.

Sex schenkt Männern Zeit

Nimmt ein Mann ihre Energie, nimmt er gleichzeitig ihre Zeit. Jeder kennt das Phänomen, daß Zeit im Fluge vergehen oder schleppend langsam laufen kann. Der Energierhythmus scheint einen direkten Einfluß auf das Zeitempfinden zu haben. Hat sie ihre Energie beim Sex an ihn abgegeben, so ist der nächste Tag für sie langweilig (langwellig). Eine langwellige Verfassung ist passiv. Sie erlebt nichts und schafft nichts, was sie vorweisen kann. Sie trödelt, träumt und verspielt sich. Am Ende des Tages weiß sie nicht, wo der Tag geblieben ist. Es war ein langer Tag ohne Ereignisse.

Erwartet sie von sich selbst Leistung, so wird sie unzufrieden. Eine langwellige Verfassung ist Ausdruck eines niedrigen Energiepegels. Hier helfen keine Vorhaltungen oder Selbstvorwürfe, sondern nur Ruhe.

An einem langwelligen Tag bewegt eine Frau äußerlich wenig, innerlich bewegt sie viel. Sie produziert Energie. Das geschieht mittels Emotionen. Sie fühlt was fehlt. Sie denkt darüber nach, was sie alles verändern möchte und justiert ihre Ziele neu. Sie entwirft ein präzises inneres Bild, was es in Zukunft zu erreichen gilt.

Ein Mann gewinnt durch Sex die Zeit, die ihr verloren geht. Sein Tag ist kurzweilig (kurzwellig) und vergeht wie im Fluge. An einem kurzweiligen Tag bewegt einen Mann innerlich wenig. Nach außen bewegt er viel. Er reflektiert oder bedenkt Dinge nicht, sondern er schafft was. Sein Tag ist eng gefüllt mit tausenderlei Dingen, die er abarbeitet und erledigt. Er erlebt viel und schafft viel und kann vorweisen, was er alles getan hat. Ehe er sich versieht, ist der Tag um.

Pomp und Pumps machen Frauen erotisch

Alles, was eine Frau hebt, baut eine erotische Spannung auf. Meist hebt sich eine Frau selbst, indem sie in eine entsprechende Vorstellungs- und Gedankenwelt eintaucht.

Sie fühlt sich unbewußt schwach oder mangelhaft. Nach außen ist es ihr wichtig, dieses Gefühl zu kompensieren, sich perfekt zu zeigen oder sich über die Gestaltung ihrer Umgebung darzustellen. Dieser innere Spagat ist sexuelle Spannung und diese strahlt eine Frau aus. Je geringer ihr unbewußtes Selbstwertempfinden und je größer sie sich nach außen zeigt, desto erotischer wirkt sie.

Ihr gelingt dieses zur Schau stellen eigener Größe meist über die Kleidung. Ein Hilfsmittel, was sich für diesen Zweck in fast allen Zeiten nützlich erwiesen hat, sind Schuhe mit hohen Absätzen. Ihr Empfinden signalisiert ihr „klein" und sie zeigt sich „groß". Oder wenn Frauen z.B. seinen übergroßen Pullover anziehen, so wird genau dieses Differenzempfinden ausgelöst. Auch mit beruflichen Ambitionen versucht sie häufig, ihre gefühlte geringere Bedeutung auszugleichen und seiner Überlegenheit stand zu halten.

Ein Mann sollte sich freuen, wenn eine Frau lange Zeit darauf verwendet, die richtige Kleidung auszuwählen, sich für ihn schön zu machen, oder wenn sie ihm von ihren beruflichen Erfolgen berichtet. Damit versucht sie, ihren gefühlten Mangel auszugleichen und mit ihm gleichzuziehen. Es ist ein Maß der Bedeutung, die sie ihm beimißt und damit ein Maß ihres sexuellen Begehrens. Eine Frau, die bei einer Verabredung keinen besonderen Wert auf ihre Kleidung legt und kein Interesse daran hat, sich in seiner Gegenwart aufzuwerten, begehrt ihn nicht.

Manche Männer verkennen, daß sich eine Frau bei aller äußeren Stärke dennoch ihm gegenüber schwächer fühlt und sich auch schwächer fühlen möchte. Dann findet er sie gleich stark und kann sich ihr gegenüber nicht männlich fühlen. Er weicht ihr aus.

Wer lieben will muß geben lernen

Ein Mann muß geben und dadurch bei ihr die Emotion wecken zu empfangen. Eine gebende Haltung erreicht ein Mann, indem er seine Frau verwöhnt, ihr Geschenke macht und ihr die Welt zu Füßen legt. Es muß ihm gelingen, alle Vorbehalte und Abgrenzungen ihr gegenüber fallen zu lassen. Er sollte sich ihr ganz hingeben oder sich ihr schenken. Zu dieser emotionalen Verfassung sollte er sich vorwagen. Nur so entwickelt sie das Bewußtsein, Teil von ihm zu sein, und es entsteht das Gefühl der Verbundenheit.

Es reicht keinesfalls aus, wenn er seiner Frau nur Geschenke macht, seien sie auch noch so groß. Eine Frau will integriert sein. Das wird nie erreicht, solange es meinen Teil und deinen Teil gibt.

Bleibt es nur bei Geschenken, so führt dies höchstens zur Ermüdung. Ihr sexueller Hunger wird nur dadurch befriedigend gestillt, wenn sie nicht nur sieht, daß er etwas besitzt, sie möchte das, was ihn aus ihrer Sicht ausmacht besitzen. Erst so wird sie satt.

Ein Mann, der sich seiner Frau in dieser Weise öffnet, dem wird sie sich genauso öffnen und sich ihm hingeben. Erst so kommt ein Mann in den vollen Genuß seiner Frau und ihrer Energie.

Unglaubliche Erkenntnis:

Große Jungs machen Frauen müde
Powermädchen machen Männer schlapp

Sex kann nur zwischen einem männlichen Mann und einer weiblichen Frau ein Leben lang befriedigend stattfinden. Er hat zur Basis, daß ein Mann in Beziehung zur Welt und eine Frau in Beziehung zum Mann tritt. Wer den Entwicklungsschritt vom Jungen zum Mann und vom Mädchen zur Frau noch nicht geschafft hat, wird irgendwann Schwierigkeiten bekommen, entweder mit dem Partner oder mit sich selbst. Heute wehren sich viele Frauen, meist aus wirtschaftlichen Gründen - häufig zu Recht -, ihre Position als Frau einzunehmen und verhindern damit, daß ihr Partner zum Mann wird. Denn das setzt voraus, daß sie mitspielt und ihren weiblichen Part abdeckt. Im Wesentlichen gibt es drei Konstellationen, die normalerweise mit der Zeit zu sexuellen Problemen führen. Das sind Mann mit Mädchen, Junge mit Frau und Junge mit Mädchen. Diese Beziehungen können verschiedenste Probleme aufwerfen. Typische Probleme sind im Folgenden beispielhaft genannt.

Große Jungs, die nehmen wollen

Hat ein Junge noch nicht den Schritt zum Mann gemacht, so erkennt man ihn häufig daran, daß er nehmen will. Schafft er es nicht, die Haltung des Gebenden einzunehmen oder schlimmer noch, kommt er mit dem Ansinnen zu einer Frau, bei ihr unterschlüpfen, von ihr verwöhnt und von ihr etwas in Empfang nehmen zu wollen, rutscht er in die untergeordnete Position eines Kindes. Damit tötet er ihre Lust. Es entstehen höchstens mütterliche Gefühle. Eine Mutter hat nicht den Wunsch mit ihrem Sohn zu schlafen.

Er hat den Anspruch alles zu bekommen und nichts zu geben. Häufig beschleicht eine Frau jetzt das Gefühl, von ihm ausgenutzt zu werden. Damit hat sie recht. Häufig beschwert sie sich, daß er ihr zu wenig im Haushalt hilft. Wenn sich beide die Hausarbeit teilen würden, bleibt das Gefühl draufzuzahlen oder wie mir kürzlich eine Frau sagte, verheizt zu werden. Auf eine solche Situation reagiert eine Frau instinktiv richtig, indem ihr der Wunsch nach Sexualität vergeht, sie Sex abwehrt und Aggressionen entwickelt.

Gegebenenfalls stellt sich bei ihr unter diesen Bedingungen eine latente Traurigkeit ein. Sie wird immer weniger Lust haben, seine Hemden zu bügeln oder ihm irgendwelche Arbeiten abzunehmen. Sie gleitet manchmal in dunkle Stimmungslagen und ist häufig unzufrieden. Ihr gesamtes Lebensgefühl reduziert sich, meist ohne eine Erklärung dafür zu haben.

Er kommt, die Lust geht

Eine andere Variante des großen Jungen zeigt sich, wenn er sein Hauptinteresse nicht auf seine Berufstätigkeit, sondern auf sie und auf das gemeinsame Zuhause richtet. Jetzt bricht unweigerlich die sexuelle Spannung zusammen. Insgeheim schaut er an seiner Frau, wie früher an seiner Mutter hoch. Diese Haltung ist für sie unerträglich. Jetzt ist es ihr unmöglich, an ihm hochzuschauen. Sie kann nur unzureichend Energie produzieren und es wächst ihre Belastung. Jetzt neigt ein Mann dazu, sie dominieren und ihr befehlen zu wollen. Der Haushalt soll so geregelt werden, wie er es sich vorstellt. Er hat die Anmeldefrist für den Kindergarten genauso im Kopf, wie den Handwerker, der bestellt werden muß und macht darauf aufmerksam, daß Zahnpasta fehlt. Er hat das Gefühl, er trage die gesamte Verantwortung für die gemeinsame Lebensführung. Es gibt keine wirksamere Methode die Sexualität auf den Nullpunkt zu schrauben. Mit diesem Verhalten geht von ihm eine Bugwelle an Lasten aus. Die Frau wird in die Rolle des Befehlsempfängers gedrückt ohne eigene Verantwortung und Entscheidungsfreiraum. Dann ist ihre Sexualität tot.

Tut sie nicht das, was er will, so kommt es häufig zum Streit. Streit ist Ausdruck eines hohen energetischen Potentials, d.h. er braucht viel Energie, weshalb ein Mann nach einem Streit häufig Sex verlangt. Dies ist für sie völlig unverständlich. Sie findet bei einem Streit an ihm nichts Bedeutendes, damit kann er ihr nichts geben, und sie wehrt Sex ab.

Ein Streit kann Sex auch schöner machen, wenn die gegenseitige Achtung voreinander gewahrt bleibt.

Wer nichts leistet wird impotent

Die sexuelle Spannung bricht meist auch zusammen, wenn ein Mann keinerlei Interesse hat, irgend etwas in der Welt zu bewegen und voranzutreiben. Sein Wille ist entscheidend, er muß etwas erreichen wollen. Wer das nicht schafft, darf sich nicht wundern, wenn seine sexuelle Kraft sich gen Null neigt. Kein Potenzmittel wird hier helfen können. Erst wenn er etwas erreichen will und sich dafür einsetzt, erweckt er seine Potenz. Diesen Spannungsbogen, der sich auf Ziele in der Welt richtet, darf ein Mann sein ganzes Leben nicht aufgeben.

Diese Haltung wirkt auf Frauen attraktiv. Einem Mann, dem es wichtig ist, ein berufliches Projekt voranzutreiben und dennoch Zeit findet, sich mit ihr zu treffen, strahlt auf eine Frau eine hohe erotische Faszination aus.

Vor kurzem berichtete mir eine Freundin, ihre erotischste Vorstellung sei es, die Partnerin eines Partisanenführers zu sein, der mit einer Kalaschnikov und einem Patronengürtel, durchgeschwitzt und mit schwerem Kampfanzug gerade mal eine Stunde Zeit hat. Sexuell abturnend dagegen ist der Mann, der stundenlang bei ihr herumhängt, nicht weiß, was er tun soll und von ihr erwartet, die Initiative zu ergreifen.

Powermädchen, die Karriere wollen

Wenn Frauen nicht ihren Mann und Familie, sondern ihre Karriere zu ihrem Hauptinteresse machen, so bilden Mann und Frau keine gegensätzlichen Pole, sondern sind eher gleichgerichtet. Auch wenn sie sich hervorragend verstehen, wird Sexualität immer weniger spannend. Zum Zeitpunkt des Kennenlernens war sie meist auf dem Höhepunkt, und danach ging es stetig bergab. Gleiche Pole ziehen sich nicht an. Normalerweise verliert ein Mann mit der Zeit sein Interesse an ihr.

An einer männlich orientierten Frau bemängeln Männer z.B., daß sie Hausarbeiten viel weniger sorgfältig erledigt, als er es als Junggeselle für sich selbst getan hat. Seine Wohnung war früher immer aufgeräumt. Heute liegen überall ihre Sachen herum, und sie schafft es nicht, sie aufzuräumen.

Das ist verständlich, wenn man bedenkt, daß die Wendung nach innen eine Frau in eine völlig andere Verfassung drängt. Dann wird sie zum Gegenpol des Mannes und das heißt, sie wird zur weiblichen Frau. Ein Mann gerät nicht so leicht in eine weibliche Verfassung, auch wenn er täglich Hemden bügelt. Widmet sich eine Frau längere Zeit internen Belangen, so keimt ihr weibliches Bedürfnis auf, und es droht, daß sich ein vollständiger Wechsel einstellt, sie wird immer mehr zur weiblichen Frau. Eine weibliche Haltung ist allerdings nicht sonderlich förderlich für ihr Vorwärtskommen im Beruf. Das spürt eine Frau instinktiv und kümmert sich am liebsten überhaupt nicht mehr um den Haushalt. Es ist ihr zu gefährlich, sie könnte entdecken, daß es schön ist. Sie kann sich von ihrer Karriere verabschieden und hat möglicherweise wirtschaftliche Probleme. Viele Frauen entscheiden sich aus diesem Grund dafür, ihr weibliches Bedürfnis gar nicht erst an sich herankommen zu lassen und erledigen zu Hause nur das Allernötigste.

Die Pille, die den Orgasmus verhindert

Auch die Pille hat bei Frauen zu einem Ungleichgewicht in Beziehungen beigetragen. Dadurch, daß eine Frau keine Angst mehr vor einem ungewollten Baby haben muß, meint ein Mann häufig, seine Ängste auch nicht überwinden zu müssen. Viele Männer wollen Sex, aber keine Verantwortung übernehmen. Läßt sich eine Frau darauf ein, bleibt ihre Befriedigung in der Sexualität mit der Zeit auf der Strecke. Fühlt sie sich nicht zugehörig, wird ihr ein seelisches Eindringen verwehrt, und das ist für die Frau so spannend wie für ihn eine Frau, die nicht mit ihm schlafen will.

Mädchen, die den Vater suchen

Hat ein Mädchen einen Vater zum Mann, so wagt sie es meist nicht, sich gegen ihn durchzusetzen, und das Kräfteverhältnis zwischen beiden gerät aus dem Gleichgewicht. Sie muß in ihrem Aktionsbereich genauso kraftvoll agieren wie er in seinem Bereich. Häufig traut sie sich nicht, ihre Aufgaben nach eigenem Ermessen in die Hand zu nehmen, aus Angst, sie könne es ihm nicht recht machen und ihn damit verlieren. Häufig ist diese Angst begründet, denn Männer mit Mädchen haben meist Angst vor Frauen. Sie fühlen sich von einer Frau gefesselt und dominiert und weichen ihr aus, wenn sie aktiv wird. Für einen hohen Preis. Mädchen werden für Männer bald langweilig. Traut sich ein Mann noch nicht, eine Frau zu haben, richtet sich sein sexuelles Begehren bald auf ein anderes Mädchen.

Kann das wahr sein?

Ein Mann will Sex.
Eine Frau will Liebe.
Ein Mann braucht Liebe, damit Sex ihm Erfüllung gibt.
Eine Frau braucht Sex, damit sie die Gewißheit spürt, geliebt zu werden.

Ein Mann wünscht sich Sexualität, um sich bei der Frau energetisch aufzuladen.
Eine Frau wünscht sich Sexualität, um sich durch ihn emotional gehoben zu fühlen. Sie wünscht sich Bedeutung.

Befriedigende Sexualität verlangt, daß sich beide öffnen. Die Frau muß sich dem Mann körperlich öffnen. Nur so kann er in sie eindringen und ihre Energie übernehmen. Diesen Gewinn sucht er in der Sexualität. Erhält er zu wenig Energie, verliert er das Interesse am Sex mit dieser Frau.

Ein Mann muß sich einer Frau seelisch öffnen. Er muß eine Frau in sein Leben hineinnehmen und sie als zu sich gehörig betrachten. Nur so kann sie in ihn eindringen. Das Gefühl der Zugehörigkeit hebt eine Frau emotional hoch. Sie fühlt sich auf dem Niveau seiner Bedeutung. Diesen Gewinn sucht eine Frau in der Sexualität. Fühlt sie sich durch ihn zu wenig gehoben, verliert sie das Interesse am Sex mit diesem Mann.

Der Mann hebt die Frau.
Die Frau beflügelt den Mann.

Befriedigende Sexualität findet statt, wenn sich eine Frau durch das Bewußtsein der Zugehörigkeit zu ihm gehoben fühlt, und der Mann durch ihre Energie beflügelt wird.

Das kann nicht wahr sein!

In der Sexualität gibt eine Frau ihre Energie an den Mann ab. Dadurch wird sie energetisch leer. Sie verliert an Lebenskraft. Ihre Willenskraft, Zielstrebigkeit und innere Stärke wird geschwächt.

Willenlosigkeit und eine innere Haltung von eigenen Zielen abzulassen - aufgeben, geschehen lassen und die Dinge gleichmütig so hinnehmen wie sie sind, ist die Voraussetzung, Energie zu entwickeln. In dem Maße, wie sie dies schafft, erzeugt sie Energie. Ihre Lebenskraft nimmt zu. Jetzt formiert sich in ihr erneut ein fester Wille, Zielstrebigkeit und innere Stärke. Diesmal auf einem höheren energetischen Niveau.

In der Sexualität übernimmt der Mann die Energie, also Lebens- und Willenskraft der Frau. Ein gebündelter Wille ist die Voraussetzung, um etwas zu erwirtschaften.

In der Sexualität entwickelt eine Frau idealerweise das Gefühl der Zugehörigkeit. Sie übernimmt seinen Besitz und seine Bedeutung. Das Gefühl, ihr alles abgegeben zu haben, arm zu sein, ist die Voraussetzung für ihn, erneut etwas zu schaffen. Je mehr er von seinem Besitz abgibt, desto reicher kann er werden.

Zugehörigkeit zu seinem Besitz und seiner Bedeutung ist für die Frau Voraussetzung dafür, erneut Energie zu entwickeln.

Die Energie der Frau ist für den Mann Voraussetzung dafür, erneut etwas zu schaffen.

Je mehr Energie sie abgibt, desto mehr kann sie gewinnen.

Je mehr er sie in seine Verdienste mit einbezieht, desto mehr kann er gewinnen.

Gibt eine Frau Energie an ihn ab, verarmt sie an Lebensenergie.

Ein Mann, der seiner Frau etwas bietet, wird arm.

Je mehr ein Mann leistet, desto mehr Energie nimmt er von ihr.

Bei einem leistungsstarken Mann läuft eine Frau Gefahr ihren Geist aufzugeben.

Eine Frau kann einen Mann materiell aussaugen, dann hat er nichts mehr.
Ein Mann kann einer Frau ihre Energie nehmen, dann ist sie unscheinbar. Ein Mann wird besitzlos. Eine Frau wird willenlos.

Ein Mann gibt seiner Frau nur so viel Güter, wie sie bereit ist, von ihrem Willen loszulassen.

Ein geiziger Mann paßt zu einer eigenwilligen Frau.
Ein großzügiger Mann paßt zu einer gleichmütigen Frau.

Vielleicht ist es wahr?

Sexualität verlangt Hingabe.
Eine Frau gibt dem Mann ihren Geist.
Ein Mann gibt der Frau seine Verdienste.

Gibt ein Mann seiner Frau das Gefühl, daß seine Verdienste ihr gelten, so fühlt sie sich geliebt. Das Gefühl geliebt zu werden, ist für eine Frau die Voraussetzung, sich ihm hinzugeben.

Der Wunsch nach sexueller Erfüllung wird ihm auf direktem Wege nicht gewährt. Erst wenn ein Mann ihren Wunsch erfüllt, wird ihm Sex das geben, wonach er immer gesucht hat.

Gibt ein Mann einer Frau das Gefühl, sie zu lieben, sie zu integrieren und zu geben, so erhält er die Energie, die Sex für ihn immer erfüllender sein läßt.

Sex ohne Liebe macht höchstens schwanger!

Ein kluger Mann wünscht sich von der Frau Sex und Geist.
Eine kluge Frau wünscht sich vom Mann Sex und Bedeutung.

Ein Mann braucht eine geistvolle Frau, mit der er regelmäßig Sex hat.
Eine Frau braucht einen für sie bedeutenden Mann, mit dem sie sich verbunden fühlt.

Darf das wahr sein?

Hat eine Frau ihre Energie an den Mann abgegeben, so ist sie sie los. Jetzt ist er energetisch aufgeladen, und sie ist energetisch leer. Dieser Potentialunterschied stößt ihn ab und bewirkt seinen Antrieb, um in der Welt aktiv zu werden.

Ist ihr Energiepegel am Boden, so fallen ihm meist Verhaltensweisen bei ihr auf, die er nicht ertragen kann. Es ist wahrscheinlich, daß er sie ablehnt und Aggressionen entwickelt.

Hat ein Mann zeitweise Aggressionen gegenüber seiner Frau, so ist das ein Zeichen einer vitalen Ehe, hoher Gegensätzlichkeit und Potenz und keinesfalls ein Trennungsgrund.

Ist er energetisch leer und sie energetisch aufgeladen, so verhält es sich umgekehrt. Jetzt findet er sie attraktiv, fühlt sich zu ihr hingezogen und will Sex haben.

Hat ein Mann in der Sexualität seiner Frau die emotionale Sicherheit vermittelt, zu ihm zu gehören, so fühlt sie sich zufrieden und will ihre Ruhe. Sie hat erst einmal genug von ihm.

Liegt ein Mann wirtschaftlich am Boden und kann ihr nichts mehr bieten, so beginnt eine Frau, die ihn liebt, sich intensiv um ihn zu kümmern. Sie entwickelt Vorstellungen und Ideen und motiviert ihn, sie umzusetzen. Nur ein Mann, der nichts tut und nichts schafft, verliert für sie an Bedeutung. Sie will nichts mehr mit ihm zu tun haben und schafft selber.

Das darf nicht wahr sein!

Durch Arbeit verliert ein Mann Energie. Wenig Energie wehrt sie ab, Güter und Bedeutung ziehen sie an. Die Spannung zwischen Abwehr und Begehren ist die sexuelle Spannung der Frau.

Eine Frau, die aus seiner Sicht Schwächen hat, der er darum eine geringe Bedeutung beimißt, wehrt ein Mann ab, aber gleichzeitig begehrt er ihre Energie. Die Spannung zwischen Abwehr und Begehren ist die sexuelle Spannung des Mannes.

Eine Frau, die aus seiner Sicht bedeutend und stark ist, wehrt ein Mann nicht ab. Allerdings kann er diese Frau häufig nicht heben und sie sich nicht verlieben.

Für eine lang andauernde, befriedigende Partnerschaft ist es günstig, wenn beide ungefähr den gleichen sozialen Status haben. Steht ein Mann im Vergleich zur Frau zu hoch, kann er sie nicht lieben. Seine Abwehr ist unüberwindlich. Steht eine Frau im Vergleich zu ihm zu hoch kann sie ihn nicht lieben. Sie kann an ihm nicht hochschauen.

Darf das wahr sein?

Durch Sex verliert eine Frau ihre Energie, also ihre Lebens- und Willenskraft, innere Stärke und ihren Biß eigene Ziele zu verfolgen. Phasen der Ruhe, also Phasen ohne Sex, ohne Mann und ohne Arbeit sind für eine Frau für ihre Regeneration absolut notwendig.

Durch Arbeit reduziert sich die Energie des Mannes. Frau und Sex sind für seine Regeneration absolut notwendig.

Eine gute Ehe findet im pulsierenden Rhythmus zwischen Energie und Energielosigkeit beider statt.

Das ist wohl wahr!

Eine hohe sexuelle Anziehungskraft hat eine Frau, die begeistern kann und dem Mann ein überlegenes Gefühl vermittelt.

Eine hohe sexuelle Anziehungskraft hat ein Mann, der aus ihrer Sicht etwas Bedeutendes geschaffen hat und jetzt ausgepowert ist.

Eine Frau ist nicht sonderlich attraktiv, wenn sie erschöpft ist und viel von sich hält.

Ein Mann ist nicht sonderlich attraktiv, wenn er bisher noch nichts erwirtschaftet hat und immer ausgeruht ist.

Ist das wahr?

Eine Frau mit viel Energie zieht einen Mann an.

Hat ein Mann ihre Energie übernommen, zieht er beruflichen Erfolg an.

Eine Frau ohne Energie findet keinen Mann.
Ein Mann ohne Energie hat keine Erfolge.

Produktive, auf Leistung ausgerichtete Tätigkeit kostet Energie.

Produktive, auf Leistung ausgerichtete Tätigkeit reduziert die sexuelle Anziehungskraft der Frau.

Frauen, die hart arbeiten, haben es schwer, einen Mann zu finden.
Männer, die hart arbeiten, haben es nicht schwer, eine Frau zu finden.

Wenn ein Mann sich ausgepowert hat, möchte er Sex.
Wenn eine Frau sich ausgepowert hat, möchte sie ihre Ruhe.
Wenn sie Ruhe gehabt hat, möchte sie Sex.

Je geringer die Energie der Frau, desto weniger Interesse zeigt der Mann, mit ihr zu schlafen.

Verpulvert eine Frau ihre Energie an ihren Chef, bleibt für ihren Mann nichts mehr übrig.

Eine Frau mit geringer Energie macht einen Mann impotent.

Je mehr ein Mann leistet, desto mehr Energie kann eine Frau entwickeln.

In einer Partnerschaft ist die Power von Mann und Frau gleich groß. Eine Frau hat die Wahl ihre Power als Tatkraft einzusetzen, dann leistet sie ähnlich wie ein Mann und verbraucht Energie. Sie kann jedoch auch ihre Power nach innen richten. Dann macht sie sich Gedanken, überlegt und begreift. Eine nach innen gerichtete Haltung der Frau erzeugt Energie.

Leistungsstarke Frauen lassen ihre Familie energetisch verarmen.

Eine Frau lädt sich mit Energie auf, wenn sie sich eher passiv verhält, damit ist gemeint, wenn sie nichts produktiv leisten will.

Nicht auf Produktivität ausgerichtete, eher spielerische Beschäftigungen, erhöhen die sexuelle Anziehungskraft der Frau.

Ideen entwickeln, sich gedanklich aktiv mit Themen auseinandersetzen, umdenken, überlegen und sich neue Sichtweisen erarbeiten- aber auch, umdekorieren, sich umziehen, alle Tätigkeiten, die etwas verschönern, sich pflegen, spielen, tanzen, Musik hören, Geschichten hören, Spielen mit Kindern - nichts wollen nur sein - gibt der Frau Energie.

Fühlt sich eine Frau mit ihrem Mann verbunden, ist sie meist in der Lage, so viel Energie zu produzieren wie er braucht.

Fühlt sie sich nicht mit ihm verbunden, nimmt er ihr mehr, als er ihr gibt, und sie verarmt an Energie.

Eine Frau sollte sich nur auf eine langfristige Beziehung einlassen, wenn sie weiß, daß sein Verdienst auch ihr Verdienst ist.

Das ist unmöglich!

Sex ohne Liebe macht eine Frau mit der Zeit traurig, frustriert und niedergeschlagen.

Sex ohne Liebe gibt dem Mann Energie und ihr schlechte Laune.

Einer Frau, die merkt, daß der Mann sie nicht als Teil von sich versteht, vergeht die Lust am Sex.

Sex ohne Liebe verunmöglicht es ihr, ein höheres Bewußtseinsniveau zu entwickeln.

Sex ohne Liebe kann manchmal tierisch sein.

Ein Mann, der viel leistet, nimmt ihr viel. Fühlt er sich nicht mit ihr verbunden, wird eine Frau traurig und sie fühlt sich belastet.

Eine belastete Frau ist eine Last für einen Mann.

In Phasen geringer Energie kann sich eine Frau belastet, traurig oder wohl fühlen. Sie fühlt sich wohl, wenn sie sicher ist, daß sie zu ihm gehört und er für sie sorgt. Dann ist ein niedriger Energiepegel, wie das Ausatmen eine Übergangsphase. Fühlt sie sich nicht zugehörig, bleibt ihr Pegel am Boden. Sie wird traurig.

Ein Mann der viel leistet und sie als Teil von sich versteht, läßt eine Frau aufblühen und macht sie weiblich.

Ein leistungsstarker Mann hat eine weibliche oder eine traurige Frau.

Gibt ein Mann einer Frau zu wenig, sollte sie ihre Energie für sich behalten und selbst etwas schaffen.

Ein Mann, der einer Frau nichts gibt, ist für eine Frau uninteressant.

Geizige Männer sind unerotisch.

Geht das zu weit?

Weiblichkeit unterliegt einem Rhythmus. In Phasen geringer Energie ist eine Frau am weiblichsten.

An den Tagen geringer Energie, sollte eine Frau keinen Sex haben.

In der Sexualität sollte er ihr das Gefühl vermitteln, etwas geben zu wollen. Nur so kann sich eine Frau dem Mann öffnen.

Geschenke machen Frauen erotisch. Jedoch nur so lange wie sie Vorboten einer baldigen Bindung sind. Geschenke können Frauen traurig machen, wenn es dabei bleibt.

In der Sexualität sollte der Mann ihr auf keinen Fall das Gefühl vermitteln etwas nehmen zu wollen.

Einen Mann, der von einer Frau etwas haben will, lehnt eine Frau ab. Er weckt in ihr höchstens mütterliche Gefühle, meist Aggressionen. Dann wehrt sie Sexualität ab.

Ein Mann, der beschenkt oder verwöhnt werden möchte, tötet sexuelles Begehren der Frau. Erst wenn ein Mann eine Frau verwöhnt, wird er von ihr die Geschenke erhalten, die er sich insgeheim erhofft hat.

Das geht zu weit!

Je konsequenter eine Frau sich um ihren Mann kümmert, desto mehr fühlt er sich mit ihr verbunden.

Je mehr sich ein Mann mit seiner Frau verbunden fühlt, desto eher ist er bereit, für sie zu sorgen.

Kümmert sich eine Frau um ihren Mann, so provoziert sie ihn, sich als Kind oder als Mann zu verhalten. Ein Kind empfängt, ohne zu geben. Ein Mann empfängt und hat die Kraft zu geben.

Männliche Männer haben Frauen, die sich um sie kümmern.

Weibliche Frauen kümmern sich um ihre Männer.

Zweiter Teil

Welt und Mensch

21

Bill & Paula (1)

Paula schaut in den Topf. Es riecht köstlich. Bill kommt in die Küche.
Paula schmeckt die Sauce ab. „Was ist wohl der Sinn des Lebens?"
Bill hat Hunger und spürt keinerlei Lust sich mit philosophischen Fragen zu beschäftigen. „Etwas zu essen zu bekommen."
„So? Probier auch mal!" Paula hält ihm einen Löffel zum Abschmecken unter die Nase."
„Perfekt. Hähnchen in Paprikasauce? Du hast dir ja richtig Mühe gegeben."
Paula stellt fest, daß er sich zum Abendessen extra umgezogen hat.
„Du aber auch! Ich habe heute schon den ganzen Tag darüber nachgedacht, welchen Sinn das wohl alles macht."
Bill holt eine Flasche Wasser aus dem Kühlschrank und setzt sich an den Tisch.
Paula füllt zwei Teller auf. „Das fängt doch damit an, daß Löcher gerissen werden. Als Kind schon. Alles, was du siehst, willst du haben. Und dann wirst du im Laufe der Zeit immer hungriger."
Bill freut sich auf sein Lieblingsgericht und hat Schwierigkeiten, sich auf Paulas tiefsinnige Gesprächsführung zu konzentrieren.

„O ja, da hast du ins Schwarze getroffen."
Paula stellt beide Teller auf den gedeckten Tisch und setzt sich auf ihren Platz. „Die Dinge, die du siehst, hinterlassen quasi einen Abdruck, ein Negativbild in dir. Alles, was du siehst, sticht in dir eine Form aus. Wie beim Kekse backen, und dann bleibt ein Loch zurück."
„Guten Appetit!
„Danke, dir auch!"
„Ein sehr interessanter Gedanke. Dein Hirn ist also ein ausgerollter Keksteig, in dem alle möglichen Förmchen dieser Welt ihre Abdrücke hinterlassen haben. Und jetzt besteht dein Kopf vorwiegend aus Löchern."
„Noch vor einer Minute bestand dein Kopf nur aus Hähnchen."
„Einem fehlenden Hähnchen um präzise zu sein."
„Ja, genauso ist das. Also diese Förmchenlöcher im Kopf erzeugen Bedürfnisse und dadurch entstehen Vorstellungen und Gedanken, denn die Löcher müssen gestopft werden. Du stellst dir vor, was du brauchst. Du konntest eben nur Hähnchen denken. Oder wenn als Kind dich mal ein Pilot beeindruckt hat, dann willst du auch Pilot werden. Oder wenn ich im Fernsehen die neueste Mode sehe, dann will ich das auch haben."
„Aber wenn du heute die Mode von 1920 siehst, willst du die nicht haben."
„Ja das stimmt. Ein bißchen komplizierter ist es schon. Denn genau genommen sind die Löcher von Anfang an da. Jeder kommt mit seinem Lochmuster, so einer Art Programm auf die Welt. Und wenn er jetzt irgendetwas sieht, was in eines der Förmchenlöcher so ungefähr passen könnte, was dem ähnlich ist, dann will er das haben."
„Oder was ich rieche oder höre. Als ich nach Hause kam, war mir bis dahin mein Hunger noch nicht aufgefallen. Aber als ich den Duft in der Nase hatte und ich es brutzeln hörte, ging es los."
„Ja, durch die Sinne wird mein Programm aktiviert und der Hunger geweckt. Und um so präziser man sich etwas vorstellt, um so mehr

zieht man es an."
Erinnerst du noch, als ich den doppelreihig geknöpften Mantel haben wollte? Ich wußte genau wie er aussehen mußte und genau dieser Mantel hängt in dem Laden, in dem wir für dich einen Pullover kaufen wollten."
„Zufall."
„Das glaube ich allmählich nicht mehr, weil das bei allem so geht."
„Dieser Mantel hat nun also so ein Keksloch gestopft." Bill hat seine Gabel etwas zu voll gehäuft und schiebt sie sich genußvoll in den Mund. „Das ist sehr gut, findest du nicht auch?"
„Ja sehr gut." Paula freut sich, daß es Bill schmeckt möchte aber, daß er sich etwas mehr aufs Gespräch konzentriert. „Wie paßt bitte ein Mantel in meinen Kopf?"
Bill hatte sich auf einen fröhlichen, angenehmen Abend gefreut. Jetzt macht er sich darauf gefaßt, daß er anstrengend wird. „Entschuldige bitte, daß ich so unaufmerksam war. Das geht natürlich nicht."
„Das siehst du doch bei Jan. Als Kind wird den mal der Reichtum anderer Leute beeindruckt haben. Und nun hat er selber viel Geld. Aber findest du, daß der deswegen reich ist? Wenn du mich fragst ist der ganz schön arm dran. Wer es nötig hat, drei Sportwagen zu fahren, hat es noch lange nicht geschafft. Geld allein kann nämlich nie satt und zufrieden machen. Solange du nur Geld hast willst du immer noch mehr, mehr, mehr. Je mehr du hast, desto mehr brauchst du."
„Bill ist nachdenklich geworden. Und wie kann mich mein Geld, oder das, was ich verdient habe zufrieden machen?"
Paula schaut Bill verschmitzt an. „Geld paßt nie in deinen Kopf. In den Kopf paßt nur Geist und keine Materie."
Bill kennt bereits Paulas besondere Logik. „Absolut einleuchtend. Also hätten wir dir den Mantel gar nicht kaufen brauchen!"
„Nein, etwas zu erwerben, ist zunächst notwendig. Erinnere dich doch an das Märchen, das wir gelesen haben. Erst mußte der Prinz

etwas nach Hause bringen. Dann bildeten sich auf ihrem Kleid die Brillanten. Sie standen für den Geist der Materie. Erst dieser Geist stopft die Löcher. Und dafür ist nebenbei eine Frau zuständig. Da siehst du einmal, was du an mir hast. Ein Mann kann für sich allein nicht so richtig satt werden."
„Du hast ausgezeichnet gekocht mein Schatz."
„Danke. Der erste Schritt ist zu streben. Du strengst dich an und schaffst etwas, entsprechend deinem individuellen Programm."
„Was ich mir mit den Kekslöchern im Kopf vorstelle und was mir wichtig ist."
„Dann ist Halbzeit. Und jetzt kommt die Kehrseite der Medaille."

„Das, was ich erreicht habe, muß vergeistigt werden, damit es in die Löcher paßt."
„Genauso."
Bill nimmt sich noch eine zweite Portion. „Ich bin gespannt."
„Aber mit dem, was du anstrebst, sitzt du einem Trugschluß auf. Du täuschst dich, wenn du meinst, dein Ziel sei da, wo du es vermutest."
„Wie bitte?"
„Du mußt schon diesen Weg einschlagen, er ist in jedem Fall richtig. Aber das Leben nimmt dich damit auf den Arm."
„So?"
„Das ist doch ganz klar, sieh mal, das Förmchenloch, daß sich in dich eingebrannt hat, ist doch etwas, das verkehrt herum ist. Beim Auge ist es genauso. Auf der Netzhaut stehen die Bilder auf dem Kopf."

Paula ist ganz erstaunt, daß ihr so ein treffendes Beispiel eingefallen ist, und nimmt sich noch etwas Sauce. „Nehmen wir mal an, du bist von dem Reichtum anderer Leute beeindruckt und willst das nun auch haben. Dann verdienst du Geld, sammelst immer mehr an und hoffst, daß du mal sagen kannst: Ich bin reich. Das geht so aber nie, weil das Förmchen in dir den Namen trägt: Ich bin arm."

„Und was heißt das? Soll ich etwa nicht nach Reichtum, sondern nach Armut streben?"

„Nein, das darfst du nicht. Du mußt schon das anstreben, was dir wichtig ist, denn nur so kannst du merken, daß du arm bist. Du kannst dich nur arm fühlen, wenn du Reichtum siehst. Genauso, wie du dich nur klein fühlen kannst, wenn Große um dich herum stehen. Unter Kleinen kannst du dich nicht klein fühlen. Du brauchst immer eine Bezugsgröße."

„Dann sind meine ganzen Anstrengungen reich zu werden - nehmen wir mal an - nur dafür da, daß ich mich arm fühlen kann?"

„Zunächst einmal ja. Brutal nicht wahr? Wenn du schmerzhaft spürst, daß du irgendwas nicht hast - also wenn du eine Sehnsucht nach etwas spürst, dann wird das Förmchenloch bald satt."

„Du wirst dann satt."

„Dann strömt Geist ins Förmchen und damit ist es voll."

„Wann ist es denn dann so weit?"

„Das liegt doch jetzt auf der Hand. Wenn du weißt, daß du arm bist."

„Trotz Millionen auf dem Konto?"

„Nein, wegen der Millionen. Erst mußt du dir etwas erarbeitet haben. Das ist die Voraussetzung. Wenn du etwas hast und gleichzeitig fühlst und zulassen kannst: Ich bin arm - vielleicht weil du keine Freunde hast, zu viel Arbeit oder nicht schlafen kannst. Irgendeinen Grund wirst du schon finden. Es kommt darauf an, „ja" dazu zu sagen. Und die ganz hohe Schule ist, wenn du dich auch noch darüber freuen kannst."

„Arm dran sein und sich freuen? Wie soll das denn gehen?"

„Wie eben beim Hähnchen. Du hast Hunger gehabt und dich gleichzeitig gefreut."

„Weil es bald los ging."

„Das ist doch genauso. Ob nun das Hähnchen im Topf oder das

Geld auf dem Konto. Das ist das Gleiche. Wenn du „ja" zum Arm sein sagen kannst, wird serviert und du wirst satt. Du fühlst dich dann rund und wohl."
„Und dann will ich nicht mehr reich werden?"
„Du weißt jetzt doch, daß du es bist! Du bist doch satt. Und das weißt du für immer. Das kann dir keiner mehr nehmen."
„Dann kann ich ja ab da nur noch Urlaub machen."
„Wie kommst du denn da drauf? So ein Förmchenloch reagiert da wie du. Das kriegt wieder Hunger. Nur diesmal auf einem höheren Niveau. Nach unten ist es für immer satt, nur nach oben noch nicht. Das heißt, in Zukunft mußt du dich nicht mehr so bitter arm fühlen, um satt zu werden, arm reicht."
Bill versucht, die Struktur, die Paula beschrieben hat zu erfassen. „Hm, es sind Kreise, die nach oben enger werden. Und das könnte ja der Sinn des Lebens sein..."
Paula schaut ihn neugierig an. „Ja, sag mal, was denn?"
Bill grinst. „Ohne Ende Löcher stopfen."
„Ich glaube du nimmst das alles nicht so ganz ernst."
„Es hat köstlich geschmeckt. Das muß ich jetzt alles erst einmal verdauen. Oder, gibt es auch Nachtisch?"

Unglaubliche Erkenntnis:

Wer hoch hinaus will, von dem wird viel verlangt

Jede Absicht, aktiv etwas zu bewirken erzeugt eine Spannung, die mit passivem Erdulden des Gegenteils ausgeglichen wird. Verliert ein Mensch davor seine Angst, hat er die Chance, das, was er beabsichtigt zu erreichen.

Wer reich sein will, muß arm zu sein lernen.

Wer nehmen will, muß geben lernen.

Wer siegen will, muß verlieren lernen.

Wer Nähe will, muß Trennung lernen.

Wer Macht ausüben will, muß die Macht anderer erdulden lernen.

Wer befehlen will, muß Gehorsam lernen.

Wer kontrollieren will, muß lernen, Kontrolle abzugeben.

Wer unabhängig sein will, muß lernen, abhängig zu sein.

Wer der Größte sein will, muß lernen, der Kleinste zu sein.

Wer Gemeinsamkeit will, muß Einsamkeit lernen.

Wer Bindung will, muß es lernen, allein und frei zu sein.

Wer Freiheit will, muß Bindung lernen.

Es ist leicht Größtes zu wollen.
Es ist nicht ganz so leicht, es auch zu erreichen.
Aber es ist schwer, es auch genießen zu können.
Denn das setzt die Fähigkeit voraus, das Kleinste zu ertragen.

Wer darunter leidet, zu wenig zu bekommen, wünscht sich, von anderen etwas zu erhalten. Je größer dieser Wunsch, desto mehr zwingt das Leben ihn dazu, etwas abzugeben. Erst wenn er die Größe entwickelt, anderen freiwillig zu geben, wird er das erhalten, was er sich immer gewünscht hat.

Das kann wahr sein!

Wer Großes erreicht hat und es nicht genießen kann, hat nur Arbeit gehabt.

Wer Großes erreicht hat und es nicht genießen kann, dem geht es nicht gut.

Wer Großes erreicht hat und es genießen kann, hat gelernt, was es heißt, klein zu sein.

22

Bill & Paula (2)

Paula reicht ihm den Nachtisch.
„O, Schokoladenpudding. Eins verstehe ich nicht."
„Was denn?"
„Wie kommt denn dabei die Frau ins Spiel?"
„Das ist doch jetzt einfach. Ich geb dir einen Tip. Die Frau ist wie ein Mann, nur verkehrt herum."
„Das begreife ich nicht."
„Sie ist das Förmchen, ich meine das Loch."
Bill nimmt einen großen Löffel Schokoladenpudding und sieht so aus, als ob er etwas verstanden hätte.
„Also sie ist das Förmchen und hat Sehnsucht nach dem passenden Keks. Das ist der Mann."
„Nach einem beeindruckenden Mann."
„Er muß jemand sein, der etwas erreichen will, was ihr wichtig ist. Er muß ihrem Programm entsprechen."
„Und was ändert sich dadurch für den Mann?"
„Im ersten Schritt nichts. Er muß danach streben, etwas zu tun, was ihm wichtig ist, er muß was schaffen, wie gehabt."
„Also die Sehnsucht des Mannes ist es reich zu werden und die Sehn-

sucht der Frau ist es, einen Mann zu haben, der reich ist?"
„Fast. Nur daß ein Mann sich dann nicht arm fühlen muß, wenn er die Millionen auf dem Konto hat. Das erledigt seine Frau. Sie ist ja sein Förmchen."
„Dann führen ja alle Anstrengungen des Mannes, z.B. reich und stark zu werden dahin, daß nicht er, sondern seine Frau sich arm und schwach fühlt."
„Ja, und er kann sich, wenn er sie sieht, reich und stark fühlen. Wegen der Differenz zwischen beiden. Großartig kann sich ein Mann nur fühlen, wenn er eine Frau hat."
„Wie gut, daß ich ein Mann bin und eine Frau habe."
„Für eine Frau ist das auch in Ordnung. Sie ist doch das Förmchen. Sie möchte sich doch leer und hungrig fühlen."
„Das kann eine Frau schön finden?"
„Ja, Hunger kann schön sein, aber nur, wenn sie weiß, daß sie ein Hähnchen im Topf hat, oder von mir aus, den Keks im Ofen, wie du willst. Das ist dann der Fall, wenn sie weiß, daß sie zu all dem, was ein Mann besitzt dazugehört. Es muß genauso ihr's sein."
„Wußte ich doch. Frauen kochen Männer ab."
„Ja, und damit geht es beiden gut. Dem Mann geht es gut, weil er ein Förmchen hat und die Frau freut sich, weil sie weiß, daß sie den Keks besitzt, der ins Förmchen paßt."

„Und wenn sie das nicht weiß?"
„Dann kann keiner satt werden. Hat eine Frau keinen Keks im Ofen, kann sie ihn nicht essen. Sie kann sich zwar arm fühlen, aber sich nicht freuen, weil sie nichts besitzt. Ihr Mann bleibt auch hungrig, weil er nur über seine Frau satt werden kann. Das läuft immer über sie. Häufig macht ein Mann sie dafür verantwortlich, daß es ihm schlecht geht und schließt sie noch mehr aus. Irgendwann wird es dann der Frau zu blöd, sich ihm als Förmchen anzubieten. Bevor sie langsam verhungert, emanzipiert sie sich lieber. Aber wenn sie weiß, daß er sie liebt, spielt sie mit. Ihm zu Liebe."

Bill schaut zu ihr herüber. „Mir fällt gerade was ein: hast du eigentlich Kontovollmacht?"

„Seit drei Jahren rede ich davon. Aber du vergißt immer die Formulare mitzubringen."

„Jetzt notiere ich mir das mal."

„Und wie hat dir der Schokoladenpudding geschmeckt."

„Gut, sehr gut. So gut war er noch nie."

Unglaubliche Erkenntnis:

Liebe gibt Energie

Liebe ist die Vereinigung von Gegensätzen

Die Vereinigung von Gegensätzen baut das Gefühl, belastet zu sein ab und schafft Energie.

Ein Mensch hat so viel Energie, wie er in der Lage ist, Gegensätze zu ertragen.

Eine Frau kann die Belastung, die ihr von ihm aufgebürdet werden, in dem Maße abbauen wie sie die Fähigkeit entwickelt, ihre Schwächen zu ertragen. D.h. so weit sie in der Lage ist, sich selbst zu lieben.

Ein Mann kann die Belastung, die seine Frau für ihn bedeutet, in dem Maße abbauen, wie er die Fähigkeit entwickelt, ihre Schwächen zu ertragen. D.h. so weit er in der Lage ist, seine Frau zu lieben.

Zu schön um wahr zu sein!

Hat eine Frau Sex mit einem Mann, übernimmt sie seine Belastungen. Wenn ein Mann eine Frau liebt, löscht er damit die Belastung, die sie ihm abgenommen hat.

Ein Mann, der gelernt hat, seine Frau zu lieben, dem sind alle Lasten genommen.

Eine Frau, die sich von ihrem Mann geliebt fühlt, spürt durch ihn keine Belastung mehr.

Das stimmt!

Wer liebt, lebt in Hochform.

Wie geht das?

Eine Frau muß lernen, ihre Schwächen zu lieben. Es sind seine Schwächen, die sie ihm abgenommen hat.

Ein Mann muß lernen, die Schwächen der Frau zu lieben. Es sind seine eigenen Schwächen, die ihm durch sie widergespiegelt werden.

Das ist schon möglich.

Eine Frau braucht das Vertrauen, daß ihre Schwächen geliebt werden, nicht nur ihre Stärken.

Ein Mann, der nur ihre Stärken liebt, ist schwach.

Eine Frau, die nicht geliebt wird, kann unter der Last, die er ihr aufbürdet zusammenbrechen.

Einem Mann, der nicht geliebt wird, wird keine Last abgenommen. Eine Frau wird sich ihm nicht öffnen.

Eine Frau wird einem Mann nur so viel Last abnehmen, wie sie spürt, von ihm geliebt zu werden.

Mit einem Mann, der nicht lieben kann, wird eine Frau bald keine Lust mehr haben zu schlafen.

Nur wenn ein Mann liebt, sollte sie ihm seine Lasten nehmen. Sonst darf sich eine Frau auf einen Mann nicht einlassen.

Ein Mann, der lieben kann, kann viel erreichen.

Sex mit Liebe macht Männer erfolgreich.

Ist das wahr?

Verliebt zu sein, ist zunächst ein Geschenk. Dann zieht es sich langsam wieder zurück. Jeder behält nur so viel, wie er es schafft, Liebe entstehen zu lassen.

Eine große Liebe verlangt, Gleichmütigkeit zu üben und durchzuhalten.

Zur großen Liebe kann sich jeder vorarbeiten.

Liebe ist harte Arbeit.

Das wäre genial!

Wer das Höchste von sich verlangt, hat die Chance, daß die Energie der anfänglichen Liebe sein Leben lang bleibt.

23

Julie

Julie liegt auf ihrem Bett und sieht fern. Ihr Vater schaut vom Flur aus in ihr Zimmer. „Julie, du sollst nicht so viel fernsehen. Mir wird ganz schlecht, mit anzusehen, wie du stundenlang vorm Fernseher hockst."
„Es ist gerade ein so lustiger Film."
Ihr Vater bleibt im Türrahmen stehen. „Es gibt vieles im Leben, was im Moment lustvoll ist. Aber das dicke Ende kommt dann unweigerlich. Wie beim Essen. Essen ist schön, aber zu viel essen macht Bauchschmerzen und dick."
„Vom Fernsehen wird man nicht dick."
„Doch, in gewissem Sinne schon. Irgendwann hast du dann alles „dicke". Du bist unzufrieden und schleppst dich nur noch mit Problemen herum."
Jetzt schaut Julie zu ihrem Vater hoch. „Davon merke ich aber nichts."
„Das ist ja das Gefährliche. Im Moment noch nicht. Wie bei einer Schwangerschaft. Aber wenn du erst mal schwanger bist, nehmen die Dinge unaufhaltsam ihren Lauf. Bis zum dicken Ende. Da kannst

du nicht mehr eingreifen."
„Fernsehen macht psychisch schwanger?"
„Na ja, nicht nur das Fernsehen und auch nicht jede Sendung. Nur alles, was du siehst, hörst und für dich neu ist. Jeden neuen Sinneseindruck nimmst du quasi in dich auf - unbewußt. Darum merkst du es nicht. Genauso, wie du Verdauung nicht merkst."
„Und dieser unbewußte Eindruck verdaut sich dann und bildet Energie, stimmt's?"
„Ja, schon, aber es entsteht auch ein Rest. Den fühlst du als Belastung. Erst mußt du die Belastung los werden. Dann wird Energie frei. In dieser Reihenfolge geht es Zug um Zug."
„Energie bleibt und ein Rest will wieder raus. Hört sich bekannt an. Eigentlich ganz easy."
„Wenn man es richtig macht, ist es das auch. Probleme gibt es nur, wenn man was falsch macht."
So interessant war der Film doch nicht. Julie hat den Ton leiser gedreht. „Was kann man denn falsch machen?"
„Wenn man zu viel in sich hineinstopft, also wenn man zu viel sieht und erlebt und der Seele keine Ruhe zum Verdauen gönnt."
„Was passiert denn, wenn ich zu viel in mich hineinstopfe?"
 Ihr Vater setzt sich zu ihr aufs Bett. „Stell dir vor, du füllst einen Gummischlauch mit Wasser und läßt am Ende weniger raus, als du vorn reinfüllst. Was passiert dann?"
„Der Schlauch wird dicker."
Ihm fällt auf, daß sein Beispiel nicht so gelungen ist. „Hm, oder?"
„Länger."
„Ja genau. Und in der Seele des Menschen wirkt sich das so aus, daß die Distanz zu dem Ziel, das du im Leben mal erreichen willst immer größer wird. Du hast das Gefühl, daß du erst dann zufrieden sein kannst, wenn du Vorstand von General Motors geworden bist. Und diese Entfernung, die du zu deinen Zielen hast, hast du auch zu anderen Menschen. Du fühlst dich von anderen immer weiter weg und bekommst das Gefühl, allein zu sein."

Julie zappt durch die Programme, um zu sehen ob sie nicht irgendwo etwas verpaßt. „Hat das was damit zu tun, daß es immer mehr Singles gibt?

„Das hat wohl einen Zusammenhang. Auch die Unzufriedenheit."

Dann ist es ja irre wichtig, daß die Seele ordentlich verdaut. Und du meinst da hilft Ruhe?

„Ja, abends nicht so viel fernsehen, sondern darüber erzählen, was tagsüber gewesen ist oder Spiele spielen und lesen, vorlesen oder zuhören ist auch gut. Keine Nachrichten, sondern Geschichten, wo man sich was vorstellen muß. In dir muß ein Film ablaufen. Das ist das Beste.

Und ganz wichtig ist es, von Zeit zu Zeit, so ungefähr einen Tag in der Woche, nichts zu tun. Rein gar nichts. Einfach die Seele baumeln lassen."

Julie schaut ihren Vater an. „Damit habe ich keine guten Erfahrungen gemacht. Vor einer Zeit habe ich am Sonntag mal nichts getan und da ging es mir richtig schlecht. Und obendrein hatte ich einen riesen Krach mit Frederic. Ich war froh, als ich am nächsten Tag wieder was um die Ohren hatte.

„Ja, das ist typisch. Wenn in der Woche vorher zu viel passiert ist, dann spürst du in den Zeiten der Ruhe die Belastung. Aber dafür ist die Ruhe da, damit du die Belastung los wirst. Besser so, als wenn du jahrelang die Belastung ansammelst und dann hast du mal Pause und fällst tot um oder wirst zumindest krank.

Julie weiß schon lange, daß zu viel Fernsehen nicht gut ist. Jetzt versteht sie warum. „Aber wenn sich nun schon mal so viel Müll angesammelt hat, kann man denn sonst gar nichts tun, um den los zu werden?"

„Erzählen, malen, aufschreiben, singen, musizieren, tanzen... das, was dich beeindruckt hat, mußt du vor dein geistiges Auge holen und es wieder ausdrücken, irgendwie. Und für den, der es mag ist auch beten oder meditieren gut."

Unglaubliche Erkenntnis:

Glück ist harte Arbeit

Jedes Vorhaben, jedes Erlebnis und jede Information, letztlich alles, was wir mit unseren Sinnesorganen aufnehmen setzt einen seelischen Verdauungsprozeß in Gang. Energie wird frei und es bilden sich Schlacken. Diese spürt ein Mensch als Belastung, die mit äußeren Problemen korrespondiert. Bedrückende Empfindungen müssen verarbeitet und entsorgt werden. Wer Belastungen nur verdrängt, sammelt sie an und irgendwann bahnen sie sich doch den erlösenden Weg, der dann schmerzhaft ist.

Um Leid zu vermeiden, ist es wichtig, sich immer rechtzeitig zu entlasten.

Wem dies gelingt, der taucht in unbeschwerte und glückliche Lebensphasen, in denen er Leichtigkeit und Dynamik bis ins hohe Alter zurückgewinnt.

Kann das wahr sein?

Alles, was einen Menschen beeindruckt muß verdaut werden. Bei diesem Verdauungsprozeß wird Energie frei. Erst diese Energie versetzt den Menschen in die Lage, das zu begreifen, was ihn einmal beeindruckt hat.

Jede neue Erfahrung muß verdaut werden. Wer viel erfährt, muß viel verdauen. Wer zu viel erfährt, kann krank werden.

Neue Erfahrungen können schön sein. Viele neue Erfahrungen können überwältigend sein. Überwältigende Erfahrungen können töten.

Was schön ist und glücklich macht, kann zu viel werden.

Menschen sind normalerweise am glücklichsten, wenn sie arbeiten. Das berechtigt aber noch nicht zu der Annahme, daß Arbeit glücklich macht. Denn Erfolg und Glückserleben in der Arbeit können belasten und sogar krank machen. Diese Auswirkungen machen sich erst in dem Moment bemerkbar, wo der Mensch ausruht. Wer sich keine Ruhe gönnt, bei dem wird die Belastung unterschwellig unaufhaltsam anwachsen. Dann kann es sein, daß ein Mensch, auch wenn er kontinuierlich guter Stimmung ist und Erfolg hat, stirbt.

Das Durchstehen von Durststrecken und Belastungen gehört zum Leben. In diesen Zeiten besteht die Chance, seine Grenzen zu erweitert.

Leben findet in Grenzen statt. Nicht zu viel und nicht zu wenig wollen.

Ein glückliches Leben ist kein Zufall, sondern das Resultat harter Arbeit.

Das kann nicht wahr sein!

Wünsche zeugen immer von dem Unvermögen Mängel oder Belastungen zu ertragen. Schwinden solche Unerträglichkeiten, schwinden die Wünsche. Wenn ein Wunsch verblaßt besteht meist erst die Chance, ihn zu realisieren.

Wen die Götter strafen wollen, dem erfüllen sie seine Wünsche. (Griechisches Sprichwort)

Wem ein großer Wunsch in Erfüllung geht, kann hohe Belastungen erwarten.

Ein Wunsch wird meist erst in dem Moment erfüllt, wenn man ihn nicht mehr hat.

Niemand sollte traurig sein, wenn sein Wunsch nicht in Erfüllung geht. Es ist ein Zeichen, daß man ihn noch nicht ertragen kann.

Nicht Wünschen nachjagen, sondern lernen, mit Mängeln, also Zuständen, die man nicht will oder kaum ertragen kann, fröhlich zu leben und den Tag zu genießen. Es ist wichtig, sich mit aller Konsequenz darum zu bemühen, Mängel abzubauen.

Wer die Unerträglichkeit der Welt akzeptiert, überwindet sie.

Das darf nicht wahr sein!

Ein Wunsch ist dazu da zu lernen, ihn zu entbehren. Hat man dies gelernt, verschwindet er. Damit ist der Weg frei, ihn zu erfüllen.

Wem seine Wünsche zu schnell erfüllt werden, den belastet das, was er sich gewünscht hat und er hält es noch nicht aus. Darum schätzt er es meist nicht und verliert es wieder. Dann weiß er, was er gehabt hat.

Wer schöne Dinge nicht schätzt, hat noch nicht die Größe entwickelt, sie auszuhalten.

Das geht zu weit!

Wen viel beeindruckt hat, der will hoch hinaus.
Wer hoch hinaus will, hat einen weiten Weg vor sich.

Ein Mensch hat erst dann bewiesen, daß er ihn zurückgelegt hat, wenn er wieder heil zu Hause angekommen ist.

Wer zu Hause ankommen will, muß irgendwann umkehren.

24

Jenny & Adrian (1)

Jenny trifft Adrian auf der Straße vor ihrem Haus. Seit seiner Trennung von Alexandra ist er völlig verändert. „Adrian, was ist eigentlich in letzter Zeit mit dir los?"
„Ich glaube, ich stecke in einer Krise."
„Sorgen?"
„Ich verliere vermutlich meinen Arbeitsplatz."
„O Gott, das tut mir aber leid. - Willst du einen Moment mit ins Haus kommen?"
„Ja, o.k."
„Was ist denn bei dir los?"
„Das weiß ich selbst nicht so genau. Bisher sind alles nur Gerüchte. Aber seit 'ner ganzen Zeit werde ich immer mehr an den Rand geschoben, und ich kann nichts machen. Man hat mir fast alle meine Kompetenzen genommen und ich muß das ohnmächtig mit anschauen."
„Dabei war es dir immer wichtig zu führen und anderen zu sagen, wo es lang geht."
„Und nun sind mir die Hände gebunden. Das geht mir ganz schön

an die Nieren."

„Vermutlich meinst du, versagt zu haben. Wie jemand, der viel falsch gemacht hat und hinter seinen Möglichkeiten zurückgeblieben ist. So richtig erniedrigt. Ich kenne das."

„Woher weißt du denn das?"

„Darauf läuft es immer hinaus, wenn man nicht hören will. Die Konsequenz sind dann solche schrecklichen Gefühle. Jeder, der nicht hören will, rutscht in einen solchen Schlammassel. So ist nun mal der Konstruktionsplan des Lebens."

„Auf was hätte ich denn hören sollen?"

„Du warst schon immer ein Mensch, dem Führung und Macht gefallen hat. Darum bist du ja auch in die Industrie gegangen, weil du dort Führungsaufgaben übernehmen kannst. Nun funktioniert das Leben aber so, daß du nur so viel Macht auf Dauer ausüben kannst, wie du deinerseits in der Lage bist, daß auf dich Macht ausgeübt wird. Das ist der Haken und den übersehen viele. Man sollte nur so viel austeilen, wie man in der Lage ist einzustecken. Die Kraft, mit der du austeilst, kommt eins zu eins wieder auf dich zurück. Wie ein Bumerang, den du losschleuderst. Das geht in allem, was man erreichen will so. Wer reich sein will, wird irgendwann mit Gefühlen, eigentlich arm zu sein traktiert. Wer gewinnen will, auf den fliegen Befürchtungen zu, ein Looser zu sein und wer groß sein will, quält sich irgendwann mit der stillen Gewißheit, klein zu sein. Diesen blöden Gefühlen muß man sich stellen und mit ihnen fertig werden. Und das geht, indem du davor nicht wegläufst, sondern dich ihnen stellst. Wie beim Tennis. Du kannst nur gewinnen, wenn du das Wagnis eingehst, auch möglicherweise zu verlieren. Wenn du wegläufst, kannst du nie gewinnen. Natürlich auch nicht verlieren. Gewinnen ohne Risiko geht nicht. Du mußt immer bereit sein, genau das auf dich zu nehmen, was du einem anderen antust. Diese Bereitschaft eingehen, das ist das, was ich mit hören meine. Das verlangt das Leben."

„Und was hätte ich anders machen müssen?"

„Du hattest zwar enorm viel Macht erreicht, aber hast es versäumt, zu trainieren einzustecken. Davor bist du immer weggelaufen. Das war ja auch der Kummer, den Alexandra mit dir hatte. Du konntest es nicht einmal ertragen, wenn sie mal die Möbel umstellte. Das war schon ein Eingriff in deine Machtdomäne und von der wolltest du keinen Millimeter abrücken. So was hättest du zulassen müssen. Da hast du dich verhalten wie ein Tennisspieler, der einen Aushang macht, auf dem steht „ich bin der Sieger", und immer wenn dich einer zum Match auffordert, fängst du einen Streit an, um nicht spielen zu müssen. So darf man das nicht machen. Du siehst, es hat viele Chancen gegeben, deine schwache Seite mal an dich herankommen zu lassen. Du bist dem immer ausgewichen. Das geht eine Zeitlang, bis es nicht mehr geht. Du hast Macht gewollt, die Wahl stand dir frei. Aber wer A sagt muß auch B sagen. Wer Macht will, der muß auch Ohnmacht akzeptieren und die ist jetzt dran. Wenn du vor Jahren angefangen hättest, immer mal ein bißchen Leine zu geben, dann wäre der Sturz jetzt nicht so tief. Aber nur nach oben wollen und unten nie und nimmer ertragen können, geht nicht. Irgendwann muß man es so oder so lernen."

„Aber Jenny, meine berufliche Situation hat sich verändert. Darum geht es mir so dreckig."

„Deine berufliche Situation ist nur ein Spiegel dafür, wie es dir geht. Hast du gelernt, auch einzustecken, ändert sich deine berufliche Situation sofort, oder du hast die Kraft, etwas zu verändern. Solange du noch nichts gelernt hast, wirst du immer weiter in die Knie gezwungen."

„Und was kann ich jetzt tun?"

„Hör auf, dagegen anzugehen, sondern gib auf. Wie beim Tennis. Wenn du schon mal verloren hast, dann sag nicht, der andere war schuld, sondern du hast schlecht gespielt. Das ist die beste Methode rauszukriegen, daß verlieren gar nicht so schlimm ist. Fang mal an zu akzeptieren, am Rand zu stehen. Jetzt bist du zur Abwechslung mal einer, den du früher vermutlich verachtet hast. Jetzt siehst du mal, wie das ist. Aber laß dich dadurch bloß nicht unterkriegen. Verlieren

gehört auch mal dazu. Zur Zeit bist du die Ameise und nicht der Elefant. Die Ameise braucht sich keinesfalls gegenüber dem Elefanten zu schämen. Sie hat die gleiche Existenzberechtigung wie er. So mußt du das sehen. Und wenn du dann bald erhobenen Hauptes das akzeptieren kannst, was dein Chef mit dir vorhat, dann hast du es geschafft. Du wirst sehen, dann hat sich auf einmal alles verändert. Dann geht es dir wieder richtig gut und viel besser als vorher."
„Dein Wort in Gottes Ohr."

Unglaubliche Erkenntnis:

Wer austeilt muß einstecken können

Wer keine Angst vorm Verlieren hat, hat eine Chance, Sieger zu werden.

Belastungen können abgebaut werden, indem sich ein Mensch gegen das, was ihn belastet wehrt und versucht, es zu ändern.

Wer nichts mehr verändern kann, sollte das, was belastet akzeptieren.

Dies ist nicht einfach. Der Mensch muß die Kraft entwickeln, gleichmütig das hinzunehmen, was er nicht ertragen kann. Dazu muß er sich klar machen und erkennen, was ihm fehlt. Fehlt es ihm Sieger zu sein, ist er der Verlierer. Wer es schafft, dieser Erkenntnis stand zu halten, ohne an ihr zu zerbrechen ist seine Belastungen los.

Das kann nicht wahr sein!

Das Eingeständnis zu wenig zu haben ist die Voraussetzung, Güter zu erzeugen.

Das Eingeständnis zu wenig zu sein ist die Voraussetzung, Energie zu erzeugen.

Mehr Haben als Sein führt zu einer inneren Belastung.

Fühlt sich ein Mensch belastet, so ist dies ein Zeichen von zu wenig Energie.

Das Eingeständnis, geringer zu sein als zu haben erzeugt Energie.

Wer will das schon?

Wer es aushält, sich selbst als gering zu akzeptieren, spürt keine Belastung mehr.

25

Jenny & Adrian (2)

Diese schwierige berufliche Situation hättest du vermutlich nicht, wenn du dich nicht von Alexandra getrennt hättest."
„Was hat denn unsere unfähige Geschäftsführung mit Alexandra zu tun?"
„Deine Gefühle zu beiden sind so ziemlich die Gleichen. Sieh mal, du meinst, daß du zu lange bei deiner Firma geblieben bist und meinst genauso, daß du zu lange mit Alexandra zusammen geblieben bist. Du stehst bei deiner Firma außen vor und du stehst bei Alexandra außen vor. Dein Beruf interessiert dich nicht mehr, Alexandra interessiert dich nicht mehr. Das läuft immer parallel. Darum wakkelt jede Ehe, wenn der Mann arbeitslos wird und jeder Beruf wird für den Mann schwierig, wenn ein Paar sich trennt. Das ist nun mal so. Darum sagt man ja auch Frau Welt. Weil die Welt und die Frau für den Mann emotional identisch sind."
„Du meinst also, wenn ich mich um Alexandra mehr bemüht hätte, hätte ich damit mein Standing im Beruf beeinflußt?"
„Ja, beides zieht immer gleich."
Adrian hat eine hohe Meinung von Jenny. Aber in manchen Punkten hebt sie ab. „Nun bleib mal auf dem Teppich. Das ist doch

Unsinn."

Jenny spürt, daß sie Adrians Offenheit für neue Weltanschauungen zu sehr strapaziert hat. „So wichtig ist das auch nicht. Wichtiger ist, daß es falsch war, sich zu trennen."

Adrian weiß, daß keiner der Freunde seinen Entschluß, sich zu trennen verstanden hat und ist froh, daß er zumindest Jenny seine Gründe mitteilen kann. Das war zum Schuß alles andere als schön. Ich hatte das Gefühl, daß sie mir Fesseln anlegt und sie sah immer elender aus. Und ich konnte irgendwann von heute auf morgen nicht mehr mit ihr schlafen. Keine Ahnung woran das lag. Es war halt so. Was hätten wir denn anderes tun sollen, als uns zu trennen?"

„Tja, wenn es erst so weit gekommen ist, ist es tatsächlich schlecht. Trotzdem hättet ihr auch in dem Fall euch nicht trennen dürfen. Ihr wart doch fast 20 Jahre zusammen oder? In so einem Fall nimmt man sich eine große Wohnung, wenn es geht und jeder geht seinen Aufgaben nach. Denn eines darf nie zerstört werden und das ist das Bewußtsein der Zusammengehörigkeit. Wenn das zerstört wird, das ist das Schlimmste. Das Gefühl, vom anderen getrennt zu sein, an ihn nicht heranzukommen, mit ihm nicht schlafen zu können, ihn blöd finden, das ist immer ein Ausdruck von Bindung."

„Was sagst du da? Wenn ich mich getrennt fühle, so zeigt das meine Bindung?"

„Ja! Ich kann nur das Gefühl entwickeln, vom anderen getrennt zu sein, wenn es den anderen gibt und wenn er mir etwas bedeutet. Bei vielen Paaren gehört es zur natürlichen Entwicklung, solche Gefühle des Getrennt seins zu spüren und zu verarbeiten. Das gelingt nur wenn Zusammengehörigkeit bestehen bleibt. Sonst wird Entwicklung unterbrochen. Es ist nicht mehr möglich, sich darüber aufzuregen, zu viel allein zu sein oder sich vernachlässigt zu fühlen. Ein solcher bindungsloser Zustand macht nicht frei sondern einsam und kann krank machen. Er sollte darum möglichst vermieden werden.

Adrian ist nachdenklich geworden. „Ach so, ja."

„Es ist ohne weiteres möglich, den Partner jahrelang nicht zu sehen. Das ist nicht immer angenehm, aber durchaus o.k., gemessen an dem, was passiert, wenn man weiß, daß der Partner nicht mehr zu einem gehört. Das ist die Hölle. Und dieses Wissen tritt in dem Moment ein, wo sich der andere für einen anderen Partner oder eine andere Partnerin entscheidet. Eben, wenn einer eine andere Bindung eingeht. Dann hängt der andere in der Luft und damit kann kein Mensch leben. Es ist weniger schlimm einen Partner an den Tod zu verlieren. Wenn er stirbt, kann man sich weiter verbunden fühlen, wenn er mit einem anderen zusammen ist nicht."
Adrian ahnt, daß irgend etwas von dem, was Jenny sagt richtig ist.
„So siehst du das?"
„Ja."
„Hm, und wenn beide einen neuen Partner haben, wie ist das dann?"
„Dann ist das auch nicht so einfach, wie du denken magst. Denn ehe eine neue Beziehung eingegangen werden kann, muß erst eine Trennung vollzogen werden. Sonst schleppst du den alten Partner in die neue Beziehung mit rein. Dann verarbeitest du die Trennung vom alten Partner in der neuen Beziehung. Im Klartext heißt das, du mußt es fühlen, getrennt zu sein. Meist geht das nur dadurch, indem du dich tatsächlich trennst - vom neuen Partner. Oder du wirst hochgradig eifersüchtig. Eifersucht ist Trennungsangst. Das hält auch die größte Liebe nicht aus. Du siehst, Trennung ist nie einfach. Aber wenn es geschafft ist, geht die nächste Beziehung meist gut."
„Dann hat es sich doch gelohnt."
„Tja, nicht weil die nächste Beziehung so viel besser wäre. Sondern weil man um jeden Preis eine erneute Trennung vermeiden möchte. Es gibt Ausnahmen, aber die sind nicht so häufig."
„Aber sag mal, sexuell frustriert zu sein ist aus deiner Sicht auch kein Trennungsgrund?"
„Nein. Du hast dann mit deinem Schicksal nicht unbedingt das große Los gezogen. Aber wirklich schlimm sind andere Dinge. Nach vielen gemeinsamen Jahren ist Zugehörigkeit und Vertrauen, der über allem stehende Maßstab."

Adrian hat Mühe damit, seine Zweifel zu verdrängen. Er muß sich immer wieder einreden, daß seine Beziehung am Ende und seine Entscheidung richtig war. Auf der anderen Seite geht es ihm seit seiner Trennung ganz und gar nicht so gut wie erwartet.
Er hat einfach keinen Drive und fühlt sich längst nicht mehr so stark und unbesiegbar, wie es früher für ihn selbstverständlich war. Sollte da etwa doch ein Zusammenhang bestehen? „Noch einmal zu dem Thema eben. Wieso kommst du darauf, daß meine berufliche Situation besser wäre, wenn wir uns nicht getrennt hätten?"
„Weil Alexandra dir dann diese Gefühle, in die du jetzt abgestürzt bist vermutlich abgenommen hätte. Du würdest dann meinen, sie könne ohnmächtig nichts ausrichten und würde am Rand stehen. Männer delegieren ihre schwache Seite an ihre Frau und dann haben sie selbst nichts mehr damit zu tun."
„Aber faktisch stünde ich doch dann in der Firma genauso auf der Abschußliste. Würde es mir dann etwa nichts ausmachen? Das kann doch nicht sein."
„Dann hättest du dich vermutlich gar nicht erst in diese Situation manövriert. Erst sind immer die Gefühle da. Dann steuerst du deine äußere Situation so, daß es mit deiner innere Befindlichkeit zusammenpaßt. Denk mal in Ruhe darüber nach."
„Nach dem Motto, jeder ist seines Unglücks Schmied. Gesetzt den Fall, du hättest recht. Dann ginge es mir gut, aber Alexandra miserabel. Das wär dann doch auch keine Lösung."
„Eine Frau fühlt sich nur dann miserabel, wenn ein Mann sie wegen der Schwächen, die er ihr auflädt ablehnt oder ihr Vorhaltungen macht. Dann geht es ihr schlecht, weil das ganze so ausweglos ist. Er beschimpft sie wegen irgendwelcher Fehler, die sie nur hat, weil es ihn gibt. Aber wenn ein Mann einer Frau das Gefühl geben kann, sie zu lieben, also auch die vermeintlichen Fehler von ihr zu akzeptieren, dann ist das für eine Frau nicht so schlimm. Dann kann sie sich sogar wohl fühlen."
„Frauen sind ja für mehr zu gebrauchen, als ich bisher dachte."
„Nicht gebrauchen, lieben, das ist der Schlüssel im Leben."

Unglaubliche Erkenntnis:

Die Welt des Mannes ist die Welt
Die Welt der Frau ist ihr Mann

Manche Männer wollen nicht mehr heiraten. Sie meinen, temporäre Partnerschaften seien allemal abwechslungsreicher, längst nicht so anstrengend und bürden ihm keine Verantwortung auf. Einem Mann sollte die Ehe genauso wichtig sein, wie einer Frau. Warum?

Seine Berufstätigkeit hat sehr viel mehr mit seiner Frau zu tun, als sich ein Mann meist eingestehen mag. Es gibt eine enge Wechselwirkung zwischen der Welt und seiner Frau. Pointiert gesprochen, läßt sich dieser Zusammenhang folgendermaßen darstellen:

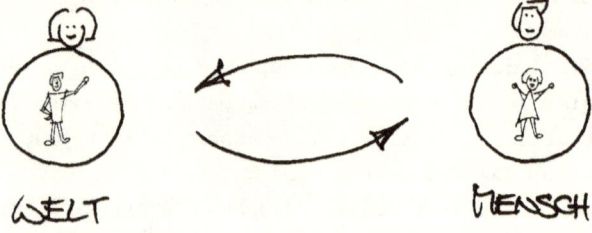

Geschehnisse in der Welt sind das primäre Interesse des Mannes. Auf eine Kurzformel gebracht:

Die Welt des Mannes ist die reale Welt.

Das primäre Interesse von ihr richtet sich auf ihn, oder:

Die Welt der Frau ist ihr Mann.

Die Frau ist die Instanz, die seine Welt begreift und sie im Bewußtsein verfügbar macht. Oder auf eine Kurzformel gebracht:

Die Welt des Mannes ist seine Frau.

Damit schließt sich der Kreis.

Diesen Zusammenhang kann jeder spüren. Kaum einer Frau bleibt es erspart, zu erfahren was es heißt, mit einem Partner zusammen zu leben, der im Beruf belastet ist. Normalerweise wird für sie die Zeit mit ihm genauso schwer wie für ihn seine beruflichen Anforderungen. Den Druck, den ein Mann aus der Welt spürt, gibt er meist an seine Frau weiter.

Sie dient ihm häufig als Blitzableiter. Das entlastet ihn und belastet sie. Allerdings hat ihre Verfassung wieder Auswirkungen auf ihren Mann, denn:

Den Druck, den eine Frau von ihrem Mann spürt, übt die Welt auf ihn aus. Ein Mann fühlt sich von der Welt wie von seiner Frau gleichermaßen belastet. Diese Last resultiert aus unverarbeiteten und damit bedrückenden Bewußtseinsinhalten, die der Mann auf die Welt projiziert. Solange sie noch nicht verarbeitet sind, schlagen sie ihm aus der Welt entgegen. Er wird mit so manchen Gegebenheiten konfrontiert, die er noch nicht ertragen kann.

Dieser Teufelskreis - die Welt belastet ihn, er belastet die Frau, ihre Belastung spürt er wiederum in seinen beruflichen Anforderungen - sollte durchbrochen werden. Das geschieht nicht von selbst, sondern erfordert Anstrengung:

Gelingt es einer Frau, ihre Belastungen zu verarbeiten und damit ihren Mann nicht mehr zu belasten, sondern im Gegenteil, ihm Anerkennung und Achtung entgegenzubringen, so wird es wahrscheinlich, daß sie von ihm anerkannt und geachtet wird.

Gelingt es einem Mann, mit seiner Entwicklung nachzuziehen und seine Frau nicht mehr zu belasten, sondern im Gegenteil, ihr Anerkennung und Achtung entgegenzubringen, so wird es wahrscheinlich, daß er von der Welt anerkannt und geachtet wird.

Gelingt beiden diese Entwicklung, erhält jeder die Anerkennung, nach der er sucht.

Nicht seine Leistungen oder ein gefülltes Bankkonto allein können einem Mann Befriedigung geben. Erst die emotionale Gewißheit, von ihr anerkannt zu werden, ist sein Lohn. Das ist die Triebfeder seiner Arbeit. Das Gleiche gilt für sie. Das Gefühl tiefer Befriedigung kann ein Mann nur über seine Frau und eine Frau nur über ihren Mann erreichen, unter der Voraussetzung, daß jeder die Stärke erworben hat, dem anderen genau die Anerkennung entgegenzubringen, nach der er selbst sucht.

Das geht zu weit!

Wie ein Mann mit seiner Frau umgeht, so geht die Welt mit ihm um.

Ein Mann, der seine Frau schlecht behandelt, hat viele Feinde.

Ein Mann, der seine Frau unterdrückt, fühlt sich in seinem Beruf unterdrückt. Er kann nicht mächtig werden.

Ein Mann, der die Kraft hat, sich von seiner Frau regieren zu lassen ist mächtig.

Ein Mann, der seine Frau verehrt, wird von der Welt verehrt.

Ein Mann, der seine Frau erhöht, wird von der Welt erhöht.

Ein Mann, der seine Frau erniedrigt, wird von der Welt erniedrigt.

Hat ein Mann Zorn auf seine Frau, hat die Welt Zorn auf ihn.

Hat ein Mann die richtige Frau gefunden, hat er den richtigen Beruf gefunden.

Trennt sich ein Mann von seiner Frau, werden berufliche Probleme wahrscheinlich. Er kann seinen Arbeitsplatz verlieren.

Ein Mann, der seine Frau verwöhnt, wird von der Welt verwöhnt.

Männer die viel geben können sind erfolgreich.

Ein Mann, der seine Frau liebt, wird von der Welt geliebt.

Streß im Beruf bedingt Streß in der Ehe.

Wird ein Mann arbeitslos, so wackelt die Ehe.

Ist ein Mann in seinem Beruf unzulänglich, so meint er, seine Frau sei unzulänglich.

Das geht entschieden zu weit!

Die Überzeugungen der Frau steuern die Karriere des Mannes

Fühlt sich eine Frau von ihrem Mann geliebt, wird er von der Welt geliebt.

Hält eine Frau zu ihrem Mann, hält die Welt zu ihm.

Ist eine Frau mit ihrem Mann unglücklich, ist der Mann mit seinem Beruf unglücklich.

Hat eine Frau Zorn auf den Mann, hat die Welt Zorn auf ihn.

Den stummen Widerstand einer Frau kann ein Mann in der Welt nicht durchbrechen.

Will eine Frau dem Mann nichts mehr geben, kann er nicht reicher werden.

 Möchte eine Frau dem Mann alles geben, wird er von der Welt verwöhnt werden.

Eine Frau gibt einem Mann normalerweise so viel, wie sie von ihm bekommt.

Findet eine Frau ihren Mann großartig, so ist er beliebt.

Wenn Frauen sich bei ihren Männern nicht sicher fühlen, fühlen sich Männer an ihrem Platz in der Welt nicht sicher. Meist äußert sich diese Situation durch einen unsicheren Arbeitsplatz und Angst vor Entlassungen.

Fühlt sich eine Frau mit ihrem Mann eng verbunden, fühlt er sich mit seinem Beruf eng verbunden.

Fühlt sich eine Frau glücklich und eins mit ihrem Mann, so fühlt sich ein Mann glücklich und eins mit der Welt.

26

Das Energiegesetz

Bestimmte Sinneswahrnehmungen erzeugen Sinneseindrücke und aktivieren Unbewußtes. Ein unbewußter Sinneseindruck wird als spezifischer Mangel empfunden. Es ist Mangel an Energie. Es entsteht das Bedürfnis, Hunger zu stillen. Zwei Prozesse sind dafür erforderlich.

Der psychische Rhythmus

Bei beiden Prozessen bauen sich spürbare Spannungen auf. Die erste Spannung ist Antrieb. Der Mensch möchte etwas erreichen. Es ist eine Spannung, zwischen dem unbewußten Mangel (-) und seinen angestrebten Vorstellungen (+). Je größer der resultierende Antrieb ist, desto kurzweiliger ist das absolute Zeitempfinden. Der Mensch produziert kurzwellige (kurzweilige) Hochgefühle. Er schafft und erreicht um so mehr, je schneller die Zeit vergeht. Jedesmal, wenn er das, was er sich vorgestellt hat, erreicht, entspannt sich diese Spannung. Mit dem Ergebnis, etwas zu haben: „Ich habe".

Jede Entspannung und Erholung vom Streben baut eine Spannung mit entgegengesetzten Vorzeichen auf. Es ist eine Spannung zwischen Bewußtem, dem Wissen dessen, was er erreicht hat (-): Ich habe Reichtümer, und Unbewußtem, seinem unbewußt gefühlten Mangel (+), der ihn zunächst dunkel und bei zunehmender Spannung immer bedrückender ahnen läßt: Mir fehlen Reichtümer. Dem Menschen fällt immer mehr auf, was ihm alles fehlt. Diese Spannung verlangsamt die Zeit. Der Mensch produziert langwellige Gefühle und kommt zu sich selbst. Hat diese Spannung das Potential des Antriebs erreicht, besteht die Chance, daß sie sich entlädt. Für einen Moment überwältigt ihn ein Gefühl, ihm wird bewußt: Ich bin arm. Mit dieser Erkenntnis, den Gegenpol dessen zu verkörpern, was ich anstrebe, hat sich bedrückender Mangel aufgelöst. Bewußtsein ist entstanden: „Ich bin".

Liegt das „Ich bin" deutlich außerhalb des bewußt Empfindbaren, ist ein Mensch z.B. reicher geworden als er das Gefühl, arm zu sein ertragen kann, entsteht Angst, die ihm seine Grenzen zeigt.

Streben nach Hochgefühl, nach einer höheren Bewußtseinsebene, entzieht dem Körper Energie. Zurück bleibt das Empfinden der Leere (burn out Syndrom) und der Abhängigkeit. Kann der Mensch seinen Mangel bewußt empfinden, so löst er ihn auf, schafft Energie und damit Bewußtsein.

Wird es nicht geschafft, die notwendige Energie zu erzeugen - durch die Erkenntnis: „Ich bin" - wird der Körper krank. Ein Energiemangel ist manifestiert.

Das bewußte Wahrnehmen des unbewußten Mangels löscht Unbewußtes aus. Das Gefühl arm oder nicht mächtig zu sein, löst sich auf. Bewußtsein ist entstanden. Das nächst höhere Energieniveau ist erreicht.

Der psychische Rhythmus bei Mann und Frau

In einer Beziehung teilen sich beide Prozesse auf Mann und Frau auf. Der Mann spürt Antrieb, resultierend aus der Spannung zwischen unbewußtem Mangel (-) und seinen angestrebten Vorstellungen (+). Fühlt er sich z.B. unbewußt arm, strebt er es vermutlich an, reich zu werden. Jedesmal, wenn er etwas erreicht hat, löst sich die Spannung. Er freut sich über seine Leistung.

Sein Antrieb zieht seine Emotionen hoch. Der Mann gerät in Hochstimmung. Er fühlt sich stark. Gefühlte Stärke macht den Mann männlich. Je größer sein Antrieb, desto kurzweiliger (kurzwelliger) sein Zeitempfinden. Er schafft um so mehr, je schneller die Zeit läuft.

Jede Spannungsentladung bei ihm, läßt bei seiner Frau eine Spannung mit entgegengesetzten Vorzeichen anwachsen. Es ist die Spannung zwischen Bewußtem, ihrem Wissen dessen, was sie über ihn erworben hat (-): Ich habe Reichtümer, und Unbewußtem, ihrem unbewußt gefühlten Mangel (+): Ich bin jemand, dem mangelt es an etwas. Unbewußt heißt, sie weiß von diesem Mangel noch nichts. Ganz allmählich macht er sich bemerkbar. In ihr formiert sich das Gefühl, nicht genug und hungrig zu sein. Jedesmal, wenn ihr Mann etwas erreicht hat, wird ihr Mangelgefühl deutlicher. Diese Spannung zwischen dem Wissen, etwas zu haben und dem Gefühl, weniger zu sein setzt einen Bewußtwerdungsprozeß in Gang und erzeugt Energie. Dieser Prozeß setzt voraus, daß sie sich mit ihm verbunden fühlt und weiß, das selbe zu besitzen, wie er. Dann lädt sie durch ihre Arbeit, besonders durch die Verschönerung ihrer Umgebung, immer mehr mit Energie auf. Ihre Spannung steigt.

Sein Antrieb zieht ihre Emotionen herunter. Sie fühlt sich nicht stark. Gefühlte, noch unbewußte Schwäche macht eine Frau weiblich und läßt sie aufblühen. Je größer sein Antrieb, desto langweiliger (langwelliger) ihr Zeitempfinden. Sie bildet um so mehr Energie, je langsamer die Zeit läuft.

Zieht sein Antrieb ihre Emotionen tiefer hinab, als sie bewußt empfinden kann, so entsteht bei ihr Angst, die ihm seine Grenzen zeigt.

Jetzt bilden Mann und Frau Pole. Solange der ursächliche Mangel nicht behoben ist, baut ihre Spannung beim Mann immer wieder Antrieb auf. Je mehr er erreicht, desto höher wächst ihre Spannung an. Je höher ihre Spannung, desto größer sein Antrieb, noch mehr zu schaffen.

Erreicht ihre Spannung das Potential seines Antriebs, so besteht die Chance, sie zu entladen und Hunger zu stillen. Dann bricht Unbewußtes ins Bewußtsein, Energie wird frei und löst Mangel auf. Bewußtsein ist entstanden. Das nächst höhere Energieniveau ist erreicht.

Eine schöne Möglichkeit, Spannung so zu entladen, daß beide von diesem Energiegewinn profitieren, bietet die Sexualität. Wagt sie es, sich bei ihm fallen zu lassen und ihren unbewußten Mangel bewußt zu fühlen, besteht die Chance, Mangel zu beseitigen und Hunger zu stillen. Jetzt fließt ihre Energie zu ihm. Im Moment überwältigt beide das Gefühl, reich zu sein. Beide spüren tiefe Befriedigung und Erfüllung und können erstmals das, was sie erreicht haben, genießen. Je mehr Mangel mit der Zeit überwunden wird, desto mehr Bewußtsein entsteht, desto mehr wächst Liebe.

Lassen Hochgefühle des Mannes bei der Frau die Zeit stillstehen, so kann ein Mann alles erreichen, seine Frau wird für ihn alles sein.

www.ingramcontent.com/pod-product-compliance
Lightning Source LLC
Chambersburg PA
CBHW020944230426
43666CB00005B/155